科技大数据理论与技术丛书

科技大数据的查询检索与智能分析

杜军平　李文玲　徐　童等　著

科学出版社

北　京

内 容 简 介

本书针对科技大数据呈现的跨领域、跨学科、跨媒体、跨时空特征，充分利用人工智能理论与技术，对科技大数据进行深层次的语义学习和关联分析，实现智能化和精准化的科技大数据查询检索与智能分析。主要内容包括跨媒体科技大数据的获取与处理、科技大数据的特征提取、科技大数据语义学习与关联、科技大数据的实体关联与实体识别、科技大数据的关系预测与演进规律分析、科技大数据的知识表示与知识服务、跨媒体科技大数据知识图谱构建、基于深度学习的科技资源立体精准画像、科技资源跨媒体信息的分布式检索查询、跨媒体科技大数据的知识服务构件等。

本书可供计算机科学、大数据分析与应用、人工智能等领域的研究人员、管理人员和工程技术人员阅读、参考，对于相关专业的研究生和高年级本科生也是一部有价值的参考书。

图书在版编目（CIP）数据

科技大数据的查询检索与智能分析 / 杜军平等著. —北京：科学出版社，2022.6

（科技大数据理论与技术丛书）

ISBN 978-7-03-071385-8

Ⅰ. ①科… Ⅱ. ①杜… Ⅲ. ①科学技术–数据处理–研究 Ⅳ. ①G203

中国版本图书馆 CIP 数据核字(2022)第 021608 号

责任编辑：马 跃 李 嘉 / 责任校对：贾娜娜

责任印制：张 伟 / 封面设计：无极书装

科学出版社 出版

北京东黄城根北街 16 号

邮政编码：100717

http://www.sciencep.com

北京中科印刷有限公司 印刷

科学出版社发行 各地新华书店经销

*

2022 年 6 月第 一 版 开本：720×1000 1/16

2024 年 1 月第二次印刷 印张：14 1/2

字数：302 000

定价：158.00 元

（如有印装质量问题，我社负责调换）

编写组成员

杜军平　北京邮电大学

李文玲　北京航空航天大学

徐　童　中国科学技术大学

董伟生　西安电子科技大学

王立威　北京大学

薛　哲　北京邮电大学

梁美玉　北京邮电大学

邵蓥侠　北京邮电大学

寇菲菲　北京邮电大学

前　言

随着大规模信息网络技术在科技领域的应用，逐步形成和积累了海量的科技大数据资源，包括科技文献、专利软著、研究报告、技术标准、产业产品、科技咨询等科技成果资源大数据，专家学者、科研团队、科技政策、仪器设备等科技支撑资源大数据，以及百度百科、维基百科、谷歌学术、百度学术、百度文库、科技论坛等互联网科技信息资源大数据。科技大数据作为数字经济的基础性战略资源，在国家科技创新能力、核心竞争力提升以及产学研协同创新发展过程中，发挥着极其重要的战略保障和基础性支撑作用。科技服务业是围绕科技创新开展的服务支撑行业，是科技经济结合的关键环节，具有人才智力密集、科技含量高、产业附加值大、辐射带动作用强等特点。当前我国科技服务业中仍然存在科技资源标准体系不统一、资源共享困难、服务模式单一等问题。加强科技资源管理、推动科技资源共享是提升科技服务质量的关键，人工智能技术的发展给科技大数据的高效管理和科技服务的模式创新带来新的机遇。

海量的科技资源大数据中蕴含着丰富且有价值的信息，充分分析和挖掘这些信息，对科技大数据进行语义学习与关联、关系预测和演进规律分析，构建跨媒体科技大数据知识图谱和科技资源立体精准画像，实现科技资源跨媒体信息的分布式检索查询，设计科技大数据的知识服务构件，可为科研人员、企业人员、科研管理部门以及其他政府部门等提供更为精准的查询检索与智能分析服务，有助于科研人员及时了解不同学科领域的研究成果和发展趋势、企业技术需求和需求趋势等，有助于企业人员及时查询最新的行业技术发展趋势、知识产权、专家咨询以及相关科技政策等，加速推进技术创新，并为科研管理人员及时发现优秀科研团队、跟踪批准项目的成果产出，以及进行学科交叉评估等提供决策服务。因此，深入研究科技大数据的查询检索与智能分析相关理论及技术具有重要的理论意义和广泛的应用价值。

这些海量的科技大数据呈现跨领域、跨学科、跨媒体、跨时空等特性，对科技大数据的查询检索与智能分析提出了新的要求和挑战。传统的信息查询检索与智能分析技术已经难以满足用户日益增长的智能化、精准化的科技资源获取需求。因此需要提升科技大数据查询检索与智能分析的智能性和精准性，充分利用大数据驱动的人工智能技术，对跨媒体科技大数据进行深层次的语义学习和关联分析，实现更加智能化、精准化的智慧综合的科技大数据查询检索。在大数据时代下，面对海量异构的跨领域、跨学科、跨媒体、跨时空的科技大数据，要实现科技大数据的查询检索与智能分析的智能化、精准化，有必要深入研究以下关键技术：跨媒体科技大数据的获取与处理、科技大数据的特征提取、科技大数据语义学习与关联、科技大数据的实体关联与实体识别、科技大数据的关系预测与演进规律分析、科技大数据的知识表示与知识服务、跨媒体科技大数据知识图谱构建、基于深度学习的科技资源立体精准画像、科技资源跨媒体信息的分布式检索查询、跨媒体科技大数据的知识服务构件等。

在跨媒体科技大数据的获取与处理方面，结合科技资源数据指标繁多、类别细分的特点，利用信息抽取系统对科技资源数据进行多层次的信息采集；对科技资源数据进行语料清洗，对文本内容统一格式、去噪等，利用正则表达式匹配规则提取文本中符合特性的文本数据；对图像内容统一进行数据增强，如图像的切割、灰度化等。在繁多的数据中，过滤掉科技大数据中广泛存在的噪声信息，获得科技大数据对象自身相关的属性数据、发布的内容消息，做好数据预处理和分类别存储对后续研究至关重要。对于科技资源数据预处理与存储架构，由于其具有多领域的跨学科特点，为实现科技大数据预处理和持久化，本书构建了一种灵活的数据处理体系，设计了一种针对科技大数据的采集、处理与存储流水线式处理体系。通过多领域跨媒体科技大数据的获取与特征表示方法，针对海量的多模态科技资源，搭建了一种基于发布-订阅模式的科技大数据采集、处理与持久化体系。针对科技大数据中文本资源在不同领域存在二义性等特点，对科技文本资源进行深度特征提取与表达。针对科技大数据中图像资源存在的尺寸不统一等问题，通过引入空间金字塔池化层的卷积神经网络（convolutional neural network，CNN）对科技图像资源进行深度特征的提取与表达，从而避免由缩放等操作造成的信息丢失。对于跨媒体科技大数据的处理，需要结合科技资源自身的特点，进行跨媒体科技大数据文本数据和图像数据处理。本书针对不同类型的跨媒体科技资源大数据，利用图数据库、关系型数据库、搜索引擎数据库等不同的存储模式实现了跨媒体科技资源的结构化存储，增强了数据获取与处理的灵活性以及扩展性。

在科技大数据的特征提取方面，本书从科技大数据特征与信息关联、科技资源跨媒体信息特征提取、科技资源多模态大数据特征提取与表示、科技需求跨模态大数据的特征提取、科技资源跨媒体深度特征提取与表达等方面展开深入研究，深入剖析了不同模态的科技大数据语义特征提取所面临的关键问题。对于科技大数据特征与信息关联，基于深度学习的特征提取网络对原始数据进行信息的深度挖掘，在原始科技数据信息的基础上进一步提炼抽象出深层次的信息，为用户提供更为丰富且有价值的信息反馈。对于科技资源跨媒体信息特征提取，本书结合不同数据来源的特点有针对性地设计爬虫规则，通过数据清洗和数据变换等操作完成数据的预处理，抽取科技资源中文本和图像的特征，为资源关系发现和演进规律分析做准备。对于科技资源多模态大数据特征提取与表示，本书分别针对文本资源特征和图像资源特征，基于语义相同的词可能会有各种各样的不同表现形式，结合出现在不同的位置上科技语义特征进行提取建模构建全局特征。对于科技需求跨模态大数据的特征提取，本书针对科技需求文本数据存在的规模大、内容专业化、关系结构复杂、特征属性多等问题，对科技需求文本数据进行语义扩展；针对科技需求图像数据存在的形状以及尺寸不规则等问题，采用基于空间金字塔池化改进后的深度残差网络模型学习科技需求图像数据的语义特征。

在科技大数据语义学习与关联方面，科技大数据来源广、领域覆盖面大，且结构复杂、关联隐匿，科技大数据正逐渐呈现出图像、文本、音频、视频等相互交融的多源、异构、多模态等复杂特性，且在语义上相互关联。这需要通过跨媒体语义挖掘和融合技术，学习不同模态、多个领域科技大数据间的语义相关性，将不同模态数据映射至公共的语义表示空间中，获取统一的跨媒体语义关联。因此要实现科技大数据的查询检索与智能分析，进而为未来的科学研究提供指导，必须建立在对跨媒体科技大数据的有效语义学习及关联分析基础之上。现有科技大数据语义学习与关联方法一般仅考虑了不同媒体数据的成对关联，忽略了细粒度局部上下文信息之间的语义关联，且无法针对多源异构的科技资源内部的语义关联性进行分析。本书围绕科技大数据的跨模态、多领域、多源异构等特性，研究了跨模态科技大数据的关联映射学习与统一语义表示、跨媒体科技大数据的语义统一表征、多领域跨媒体科技大数据的语义学习、多模态科技大数据语义理解与对齐、科技资源实体的跨媒体语义关联关系分析，建立了跨模态资源的语义关联，完成了多源、异构、跨模态科技大数据的统一语义表示与概要性语义理解，实现了科技大数据的语义关联关系的深度挖掘。

在科技大数据的实体关联与实体识别方面，科技大数据蕴含了大量的科技实体和科技活动要素。科技实体及科技活动要素之间关系复杂。无论是科技知识或者实体的跨领域、跨学科交叉融合，还是作为参与者的科研人员的合作、协同与竞争，都表现为各种复杂的、异构的语义关联，这些关联信息在为科技大数据分析提供更丰富线索与更广阔可能的同时，也带来了诸多新的挑战。要实现对于科技大数据的有效分析，需要识别蕴含在科技大数据中的各类科技大数据实体及实体之间的复杂关联，借以把握未来发展趋势以提供指导。传统基于图论的社交分析技术已经很难适用于科技大数据应用场景，尤其是在科技场景中大量未知关系存在的情况下。因此，本书在有效把握科技大数据特性的基础之上拓展和完善已有技术，解决新应用场景带来的各类挑战。本书围绕科技实体关联的可解释性描述和多模态科技知识的实体描述与归纳方法，研究了科技大数据的实体深度关联建模、跨媒体细粒度实体抽取、跨媒体细粒度实体关联方法，实现了跨媒体科技大数据的细粒度实体挖掘；通过结合分词词性、双向长短时循环网络和注意力机制，利用有监督方法对数据进行学习与训练，实现了科技大数据的实体识别；提出了基于多注意力机制的实体关系识别算法，实现了科技大数据的实体关系抽取；提出了基于 BERT（bidirectional encoder representation from Transformers，基于 Transformer 的双向编码表示）融合局部特征的注意力机制的科技实体抽取算法，实现了科技资源实体信息与实体关联关系挖掘与发现。

在科技大数据的关系预测与演进规律分析方面，随着科技大数据在资源量呈指数增长的同时，数据间蕴含的关系也在随之呈爆发式增长。如何有效地针对科技大数据之间的关系进行预测与演进规律分析成为近年来兴起的研究热点之一。科技大数据还有着不同于其他数据的特征有待预测。首先，针对科研工作者想要研究的内容，可以划分学科、研究兴趣、研究主题和关键词，彼此之间存在可预测的对应关系。研究兴趣是指从论文、专利和基金项目等科技资源中获取到的大量科研工作者的科研兴趣偏好信息以及学科相关的主题关键词；不同学科和研究主题之间存在交叉关系，也就是常说的交叉学科，大量的科技资源信息中隐含着科研工作者的研究热点，以及学科之间复杂的关系网络；学科及研究主题演进规律是体现科技资源信息的一个重要维度，研究主题按生命周期不断演进，从诞生到成熟再到衰退。要了解科技领域的演进规律，就需要了解科技领域资源信息的发展情况。研究科技大数据的关系预测有助于推动学科发展与学科未来走向，辅助进行研究热点的预判，从而进行研究资源的合理分配。研究演进规律可以明确研究主题的演进过程，进而发现交叉学科中的研究热点和未来的发展方向。本书通过研究科技大数据之间的关系预测并分析交叉学科关系以及学科和研究主题的演进规律，实现了科技大数据隐含和潜在关系的智能推理预测以及演进规律的智能分析。

在科技大数据的知识表示与知识服务方面，科技大数据中包含复杂多样的实体知识，而不同的科技数据之间可能包含大量跨领域的科技实体知识，与此相关联的还有众多的科技学者知识，学者的信息也同样具有关系结构复杂、规模巨大、特征属性丰富等特征。因此利用科技相关的数据进行科技大数据的知识表示与知识服务具有很大挑战。在进行科技大数据的知识表示学习时，科技大数据的各个不同领域的科技知识图谱对于实体与关系的定义各不相同，知识抽取的方式与粒度也不同，实体与关系的数量也有巨大的差异。为了能够充分利用各个来自不同来源的科技资源，需要寻找到一种方式学习不同科技知识图谱中蕴含的知识。虽然不同领域的科技资源知识图谱差异很大，但是不同的知识图谱中实体与关系都能够构成一张高维稀疏的有向图。如果能够利用知识图谱的图结构提出一种有效的知识表示学习方法，那么这种方法在多个不同领域的科技知识图谱下都能够直接应用。通过深层次的科技大数据知识表示，增强数据之间的语义信息以进一步提高科技大数据知识表示和知识服务的精确度，具有重要的研究价值。本书针对科技大数据，研究科技大数据的知识表示与知识服务，为实现科技大数据的查询检索与智能分析提供技术支撑。

在跨媒体科技大数据知识图谱构建方面，知识图谱作为语义搜索的强大引擎，在科技大数据查询检索和知识服务平台的建设方面起到了至关重要的作用。科技领域知识图谱面向科学技术领域，集专家学者、机构、论文、专利、专著、项目、资讯、政策等各类科研实体和概念于一体，构建包括引用、所属、合作、子类、发表等多种关系相互关联的复杂知识网络，在知识层面对科技大数据进行深度关联与集成，在文献检索、学科知识网络、科技成果检索等方面使科技知识服务更加智能化、精准化、人性化。科技大数据知识图谱是由科技实体关系三元组所组成，由顶点（即实体）和边（即实体关系）所构建成的有向图。相比于传统的信息管理方式，知识图谱的数据结构的数据表达方式有利于更加快速有效地从冗长复杂的数据中获取所需的知识以及知识间的相互关系。知识图谱因其基于图而具有的较强的解释性，在挖掘数据中潜在语义关系和知识之间关系推理上扮演着重要角色。三元组因其自身简便独特的数据格式被知识图谱用作数据的表达。因此如何完成从科技大数据中抽取知识三元组是构建科技领域知识图谱的关键，面向科技大数据的知识抽取对于构建科技资源相关实体和概念的知识图谱具有重要的作用。科技大数据拥有海量的数据规模，涉及论文、专利、科研人员、科研团队与机构、项目等各类与科技研究相关的数据，这些数据通过各种关系相互关联，形成了海量、异质的科研大数据网络。科技大数据知识图谱与通用知识图谱相比，数据模态多、结构不统一、数据间的语义关系更稀疏，如何构建异质知识网络，如何准确识别和抽取科技实体和实体间的关联关系，并通过实体消歧进一步提升科技实体间语义关系的准确性是科技领域知识图谱构建所需解决的关键问题。

在基于深度学习的科技资源立体精准画像构建方面，由于科技资源规模的爆炸性增长，现有的科技资源正面临着指标繁多、类别细分、难以完整覆盖、难以精确提炼等问题，如何实现科技资源高精度动态立体精准画像成为国内外众多研究者所需要解决的关键问题。科技资源画像目的是针对海量的非结构化科技资源信息实现对核心科技实体的抽取，以及不同领域内相似实体信息的关联补充。通过科技实体的抽取和相似关系的识别，可让用户形象地了解科技资源实体间的相似关系，实现科技资源立体精准画像。从繁杂的科技资源信息中提炼出科技资源画像，是对科技资源核心信息的重新整理归纳，使之相对原始数据可以用更加简洁与直接的方式观察和分析数据。现有的科技资源立体精准画像技术受制于数据扩增带来的一词多义的问题，往往随着动态数据更新影响到科技资源立体画像的精准性，使得画像的动态可用性也随之大为受限。同时，对科技资源画像进行立体呈现需要可视化技术的同步支持，有区分性地进行多样化选择，从而对科技资源中优先级较高的核心内容进行更为直观高效的展示。科技资源画像虽然为高效利用科技大数据提供了值得期许的可能性，但是如何满足大数据时代下科技资源在高频实时动态更新的条件下保留其画像的精准特性，同时依据重要程度对科技资源进行画像的可视化，仍旧是目前亟待解决的难题。

在科技资源跨媒体信息的分布式检索查询方面，随着各信息检索平台不断发展，越来越多的用户倾向于在这些平台上查询所需的科技资源信息，这在一定程度上促进了互联网中多种类型的科技资源库的发展。用户想要浏览参阅某一领域下的科技资源信息，如基金项目、学术论文、专利信息等，便会检索不同的资源平台和系统。然而，这些平台在跨媒体科技资源的属性等方面存在内容重复度高的问题，用户需要逐个检索、人工整合并筛选这些数据，才能获得想要的结果，这导致查询效率不高。通过学者合作关系图和论文引用关系图，结合科研领域的独有特点，可以进行学者影响力计算，从而发现和预测学术领域内的专家学者。同时，在科技资源检索过程中，考虑学者用户的兴趣以及学者学术影响力，根据数据库中存储的数据资源与查询语句的相似性返回检索候选集，可以从海量数据中快速过滤掉不相关的结果，得到仅考虑关键词匹配程度的近似结果集。本书针对科技大数据的海量资源进行高效检索，采用一种两阶段的检索查询架构，基于多领域跨媒体科技大数据的特征表示方法构建多领域跨媒体科技大数据的检索查询、预测与可视化方法，集成科技大数据中交叉学科数据的特征与演进规律、科技大数据的检索查询、预测与可视化等服务，保证科技服务基础功能模块的重用及信息共享和互操作，最终形成支持面向服务的高效检索查询系统。

在跨媒体科技大数据知识服务构件方面，为了使知识服务构件具有良好的可扩展性和开放性，并实现知识服务构件的分布式运行，本书从跨媒体科技大数据的知识服务构件的开放协同机制出发，通过使用 Spring Cloud 微服务技术完成对知识服务构件的开发，使用 Docker（应用容器引擎）容器化技术完成对知识服务构件的部署运行并提供开放接口，同时使用相应的容器编排工具完成对知识服务构件的调度和管理。针对检索知识服务构件，采用一种基于对抗生成学习和语义相似度的跨媒体科技大数据检索方法，对科技文本以及科技图像进行检索，并根据语义相似度进行排序。针对跨媒体数据特征异构性问题，使用基于对抗生成学习和语义相似度的跨媒体科技大数据的检索知识服务算法，提高了跨媒体检索准确率。针对跨媒体科技大数据内部关联关系复杂性问题，本书利用可视化技术帮助用户获取数据背后隐藏的价值，并利用循环神经网络（recurrent neural network，RNN）结构，将知识图谱中的实体和关系向量作为输入，结合上一时刻的状态进行计算，迭代运算后输出一个融合了知识图谱中的实体和关系的结果向量，采用基于多特征聚集、语义特征、集合模拟等多视角可视化方法，利用基于反馈的人机交互机制，实现了跨媒体科技大数据的交互可视化。

本书以科技大数据的查询检索与智能分析关键理论和技术为研究对象，系统且深入地研究了跨媒体科技大数据的获取与处理、科技大数据的特征提取、科技大数据语义学习与关联、科技大数据的实体关联与实体识别、科技大数据的关系预测与演进规律分析、科技大数据的知识表示与知识服务、跨媒体科技大数据知识图谱构建、基于深度学习的科技资源立体精准画像、科技资源跨媒体信息的分布式检索查询、跨媒体科技大数据的知识服务构件等关键问题。通过整合跨领域、跨学科、跨媒体、跨时空的科技资源，对科技资源数据进行智能分析与挖掘，构建跨媒体科技领域知识图谱和科技资源立体精准画像，设计面向服务的知识服务构件，提出跨媒体科技大数据的高效检索算法，构建分别面向科研人员、企业创新和科研管理的查询检索系统，可为科研人员、企业人员和科研管理部门等提供智能化、精准化、集成化和个性化的查询检索与智能分析等知识服务。本书的研究对于突破科技大数据的查询检索与智能分析等方面的关键问题，具有重要的理论意义和实际应用价值。

本书的组织结构如下。

第 1 章研究了跨媒体科技大数据的获取与处理。该章详细介绍了科技资源数据收集、预处理与存储架构，跨媒体科技大数据的获取，跨媒体科技大数据的处理以及跨媒体科技大数据的存储方法；针对科技大数据具有多模态、多领域、跨学科等特点，设计了基于发布-订阅模式的科技大数据采集、处理与持久化体系，实现了跨媒体科技大数据的获取和特征提取，并利用图数据库、关系型数据库、搜索引擎数据库等不同的存储模式实现了跨媒体科技资源的结构化存储，为科技大数据的查询检索与智能分析提供了基础。

第 2 章研究了科技大数据的特征提取。该章详细介绍了科技大数据特征与信息关联、科技资源跨媒体信息特征提取、科技资源多模态大数据特征提取与表示、科技需求跨模态大数据的特征提取以及科技资源跨媒体深度特征提取与表达方法；提出了基于科技资源学科特性的特征提取算法，利用科技资源中学科分类和研究主题的特性，对获取到的科技资源进行语义扩展；提出了面向科技资源不同模态数据的特征提取与表示算法，通过对现有的深度特征学习模型进行优化改进，从语义层面实现了不同模态科技大数据的深度语义特征学习和语义扩展。

第 3 章研究了科技大数据语义学习与关联。该章详细介绍了跨模态科技大数据的关联映射学习与统一语义表示、跨媒体科技大数据的语义统一表征、多领域跨媒体科技大数据的语义学习、多模态科技大数据语义理解与对齐以及科技资源实体的跨媒体语义关联关系分析方法；通过跨模态科技大数据深度映射、基于语义约束的科技资源多模态对抗学习、多模态实体对齐、基于生成对抗网络与共享语义结构的科技资源跨媒体语义关联等技术，为科技大数据高效检索和智能分析提供了技术保障。

第 4 章研究了科技大数据的实体关联与实体识别。围绕科技大数据应用场景中各类科技大数据的复杂关联及科技大数据的跨模态、跨领域、跨学科交叉融合等多种特性，针对跨媒体科技大数据的不同媒体类型的数据分布和特征表示之间存在的不一致性现象，即“异构鸿沟”问题，研究科技实体关联的可解释性描述方法、多模态科技知识的实体描述与归纳方法、科技大数据的实体深度关联建模方法、跨媒体科技大数据的细粒度实体挖掘方法、跨媒体科技大数据的实体识别与关联关系发现方法、科技资源实体信息与实体关联关系挖掘与发现方法，实现了科技大数据的实体关联与实体识别。

第 5 章研究了科技大数据的关系预测与演进规律分析。该章介绍了科技大数据的隐性关系推理与预测以及其关系演进规律分析的相关方法，通过科技大数据隐性关系推断指导科技机构实体更好地选择合作伙伴，以在竞争中产生优势；通过科技大数据实体关系预测来识别潜在科技从业关系，以便设计出更加高效的应对策略；深入剖析了科技大数据分析在关联关系挖掘方面所面临的科学问题，针对传统关联关系挖掘算法在科技需求大数据上准确率较差的问题提供了有效的解决方案；通过科技资源跨媒体信息挖掘与演进规律分析，实现了科技资源跨媒体信息中资源关系的发现；针对科技资源学科进行演进预测，提出了基于图团体检测的科技大数据演进规律分析方法。

第 6 章研究了科技大数据的知识表示与知识服务。该章介绍了科技大数据的知识表示方法以及基于知识表示的科技服务；将科技大数据的原始形式转换为便于各类应用算法利用的表示形式，用于对外提供知识表示的资源聚类、智能问答和可视化等服务；通过知识图谱表示学习方法的核心思想，充分利用各个来自不同来源的科技资源，挖掘不同科技知识图谱中蕴含的知识，进行科技大数据的知识表示；在科技大数据知识表示服务构件的基础上，实现各类应用服务构件，提供可以用于更高层的研究或者开发服务，主要包括基于知识表示的资源聚类服务、基于知识表示的智能问答服务和基于知识表示的可视化服务。

第 7 章研究了跨媒体科技大数据知识图谱构建。该章详细介绍了跨媒体科技大数据的知识图谱的结构、跨媒体科技大数据的实体消歧算法的框架以及跨媒体科技大数据的实体消歧算法的分析，设计并实现了跨媒体科技大数据的知识图谱构建系统，包括系统总体架构、系统各模块详细设计、系统数据库设计，以及系统实现的跨媒体科技大数据的收集、处理与存储模块和跨媒体科技大数据知识图谱的构建模块。

第 8 章研究了基于深度学习的科技资源立体精准画像。介绍了跨媒体科技大数据的动态精准画像的构建和基于深度学习的跨媒体科技资源立体精准画像系统实现，通过提出的基于 BERT-BLSTM-CRF 的实体识别算法完成科技实体的提取，形成画像的点；通过提出的基于 BGRU-BATTENTION 的实体关系抽取算法完成科技实体间的关系提取，形成画像的边，并基于科技资源实体信息与实体关联关系挖掘与发现方法、科技资源实体的跨媒体语义关联关系分析与抽取方法，实现基于深度学习的跨媒体科技资源立体精准画像系统。

第 9 章研究了科技资源跨媒体信息的分布式检索查询，包括科技资源跨媒体信息检索查询与可视化、科技大数据索引与检索排序、基于学者合作关系和引文影响力融合的专家学者发现算法、基于学者兴趣和专家学者预测的科技大数据检索查询、多领域跨媒体科技大数据高效检索查询系统实现和科技资源跨媒体信息的分布式检索查询系统的实现，实现了基于学者合作关系和引文影响力融合的专家学者发现与基于学者兴趣和专家学者预测的科技大数据检索，设计并实现了多领域跨媒体科技大数据的高效检索查询系统，详细阐述了系统的功能与目标，给出了系统总体的框架以及模块划分，通过系统对所提出的各种算法提供了验证。

第 10 章研究了跨媒体科技大数据的知识服务构件。该章详细介绍了跨媒体科技大数据的知识服务构件的开放协同机制、跨媒体科技大数据的动态推演展示与交互可视化、跨媒体科技大数据知识服务与交互可视化构件系统和跨模态科技大数据的知识服务构件系统实现，提出了基于对抗生成学习和语义相似度的跨媒体科技大数据的检索知识服务算法，实现了跨媒体科技大数据的动态推演展示与交互可视化，实现了跨媒体科技大数据的知识图谱、热点词云等的可视化，实现了跨媒体科技大数据知识服务与交互可视化构件系统，开发了实体关系抽取、跨媒体检索、交互可视化等知识服务构件。

本书的出版得到国家重点研发计划项目（项目编号：2018YFB1402600）资助。

目　录

第1章 跨媒体科技大数据的获取与处理

科技资源跨媒体信息包含的内容是多种多样的，其中，最有代表性的类型为论文、基金项目和资讯新闻数据。这些数据不仅包含摘要、正文、发表时间、引用数量等基础信息，也包含关键词、学科、研究主题等更高维度的抽象信息，而这正是科技资源的独特属性，即学科之间存在嵌套和交叉关系，学科和研究主题之间存在对应关系。考虑到这些数据集来源的不同，需要采用针对不同数据的获取方法，获取互联网及各知识库中与成果信息相关的庞大的知识集，应用正则表达式，针对不同的数据源制定相应的规则，解析爬取到的结果数据，并进行初步的筛选和处理。在获取到数据后，进行预处理操作，对重要的属性值，可以结合属性特征补全某个特定值，如果数据的残缺程度过高，可研究和挖掘的价值已经不大，可将这些数据作为无用数据删除，对于从多个数据源重复采集到的数据，进行去重操作。本章给出了跨媒体科技大数据的数据收集、处理与存储的方法。结合科技资源数据指标繁多、类别细分的特点，利用信息抽取系统对科技资源数据进行多层次的信息采集；对于科技资源数据进行语料清洗，对文本内容统一格式、去噪等，利用正则表达式匹配规则提取文本中符合特性的文本数据；对图像内容统一数据增强，如图像的切割、灰度化等。处理后的结构化数据存储到关系型数据库 MySQL 的表中。科技大数据包含大量相关数据，存在着大量的噪声。在繁多的数据中，过滤掉科技大数据中广泛存在的噪声信息，获得科技大数据对象自身相关的属性数据、发布的内容消息，做好数据预处理，以及分类别存储对后续研究至关重要。

1.1 科技资源数据收集、预处理与存储架构

科技资源不同于社交、新闻等数据，科技资源天然具有专业性，因此数据的分布呈现比较强的集中性。对于采集到的科技数据，因为其具有多领域的跨学科特点，需要做不同的预处理和持久化，所以需要一种灵活的数据处理体系。因此本节设计了一种针对科技大数据的采集、处理与存储流水线式处理体系。本节所用到的数据主要取自 AMiner、知网空间和百度学术以及一些公开学术数据集等。为了完成数据的高效自动获取工作，本节设计了一个多领域跨媒体科技资源的实时采集系统。采集系统主要包含以下几个组件：采集引擎、爬虫、调度器、下载

器、管道、中间件。采集引擎是核心模块，基于事件驱动机制用来处理整个系统的数据流，分布式的爬虫负责根据 URL（uniform resource locator，统一资源定位器）列表循环请求网络上的科技资源或者调用开放 API（application program interface，应用程序编程接口）获取信息，调度器负责整个采集系统的任务调度，下载器用于下载网页内容，管道负责对数据进行处理以及持久化，中间件主要用于定制化组件间和引擎的逻辑交互。由于有些网页是动态渲染生成，直接爬取无法正确获取到有价值的信息，采用 Selenium 工具模拟浏览器的行为，采集由 JavaScript 等脚本动态生成的数据。

百度学术、知网空间与网络科技资讯站点作为重要的信息发布和信息获取工具，每时每刻都在产生着大量的数据，这些数据的规模庞大，形式多种多样，包含大量多模态信息，高效地对数据进行抓取，过滤其中无关信息，将数据进行初步处理，以恰当的形式存储到合适的位置至关重要。本节提出一种集群分布式部署抓取方法，实现对数据的收集与预处理。图 1-1 为跨媒体科技大数据获取、预处理与存储架构图。

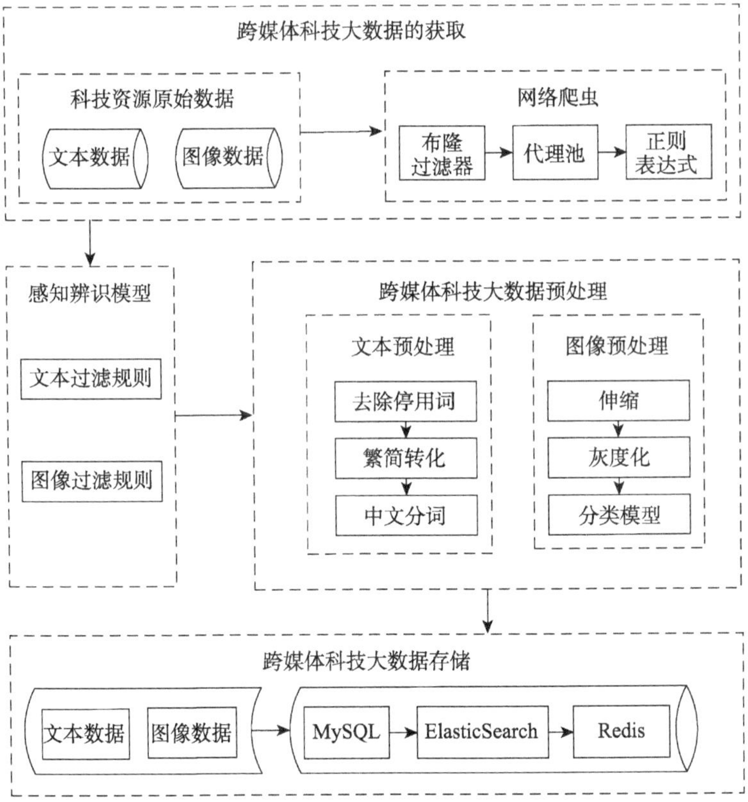

图 1-1　跨媒体科技大数据获取、预处理与存储架构图

1.2 跨媒体科技大数据的获取

针对海量的多模态科技资源，建立一种基于发布-订阅模式的科技大数据采集、处理与持久化体系。针对科技大数据中文本资源在不同领域存在二义性等特点，提出基于密集卷积注意力的特征表示算法，对科技文本资源进行深度特征提取与表达。针对科技大数据中图像资源存在的尺寸不统一等问题，通过引入空间金字塔池化层的 CNN 对科技图像资源进行深度特征的提取与表达，从而避免由缩放等操作造成的信息丢失。多领域跨媒体科技大数据的获取架构如图 1-2 所示。

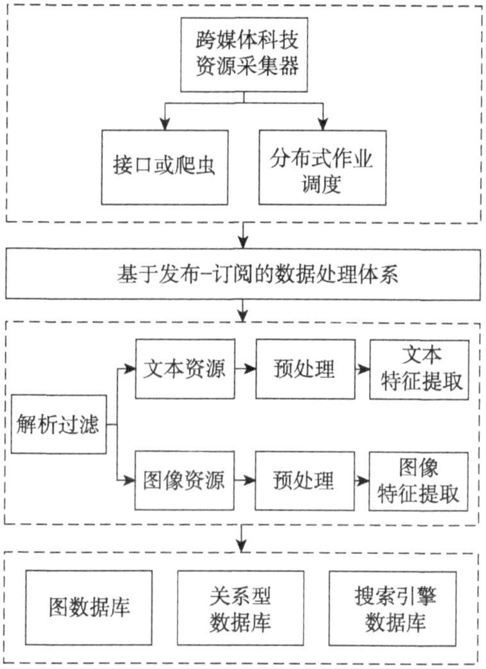

图 1-2 多领域跨媒体科技大数据的获取架构

获取科技资源原始数据后，通过构建规则库对科技大数据进行评估，去除无效和重复的内容，将有效的内容进行下一步的处理。对于提取到的文本数据，去除对于字符串解析乱码或者只包含特殊符号的数据。对剩余的数据进行去停用词和特定标点等操作。对文本实现繁体转简体的工作，以降低同义文本不同形式的影响。将数据进行 ORM（object relationship mapping，对象关系映射），实现对数据的结构化存储。对每个持久化存储的文本生成唯一 ID，得到一系列由 ID 符号构成的文档集。对于图像数据，图像进行灰度化处理，去除色彩信息，将所有图像向量输入到修改后的 VGG（visual geometry group，视觉几何小组）网络中，得到图像的语义特征向量。对于已经预处理好的文本以及图像数据进行序列化处理，文本以文档的形式，存储到全文检索型数据库 ElasticSearch 中，多媒体类型数据以机器码的形式存放到本地的机械磁盘中，实现了科技资源数据的获取、预处理和存储。

跨媒体科技大数据数据采集流程和框架如图 1-3 所示。采用的是从网上各大信息平台爬取的非结构化数据，其中包含了部分结构化数据。表 1-1 为获取数据的处理步骤，表 1-2 为获取到的主要的科技资源文本政策数据的规模。

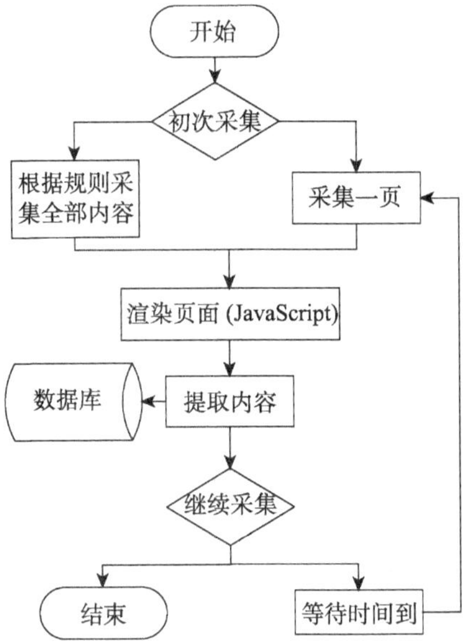

图 1-3　数据采集流程和框架

表 1-1　获取数据的处理步骤

输入：抓取站点 URL 集合
输出：科技资源跨媒体数据资源信息
步骤 1：链接分发模型将 URL 集合中的链接实现哈希取模，分发到不同的消息分区，实现抓取的负载均衡 步骤 2：下游消息消费者对对应主题下的 URL 进行消费处理，对 URL 进行过滤去重。将去重后的 URL 传递到下游抓取模块 步骤 3：抓取模块首先对 URL 进行校验，判断是否合法，是否会超时响应，将正确的 URL 数据进行网页源码获取。将网页源码进行统一编码传递到下游解析模块 步骤 4：解析模块主要实现对抓取模块得到内容的解析，利用正则表达式和选择器解析实现对所需科技资源数据的获取 步骤 5：将网页源码中的 URL 进行匹配，添加到 URL 待抓取集合 步骤 6：将以上解析到的数据内容进行持久化存储 步骤 7：继续从待抓取集合进行下一批次的数据抓取。直到集合为空

表 1-2　科技资源部分政策文本数据的采集规模

编号	省市	网址链接	文本数量/个	图像数量/个
1	北京	http://www.beijing.gov.cn/	24 295	3 000
2	天津	http://www.tj.gov.cn/	3 982	1 500
3	河北	http://www.hebei.gov.cn/	5 741	1 500
4	山西	http://www.shanxi.gov.cn/	6 254	2 000
5	上海	http://www.shanghai.gov.cn/	12 475	3 000
6	江苏	http://www.jiangsu.gov.cn/	7 812	2 000
7	安徽	http://www.ah.gov.cn/	7 124	2 000

1.3　跨媒体科技大数据的处理

结合科技资源自身的特点，提出了一种适合多领域跨媒体科技资源的数据处理方案，采用发布–订阅设计模式增强其灵活性。数据处理层提供一个高层次的接受订阅者订阅的功能接口，允许每个业务功能去向数据处理层进行订阅，在订阅时绑定业务处理逻辑。将数据治理模块按照距离数据源的远近划分为三层，所有的数据均从源点逐级经过数据采集层、数据处理层、数据存储层，存入适合自己数据特点的数据库中，从而实现了连贯、灵活的数据处理方式。对于每一层的实例，在多机上部署相同的处理逻辑，通过分布式框架的调度，实现动态的负载均衡和压力缓冲。整体的架构如图 1-4 所示。

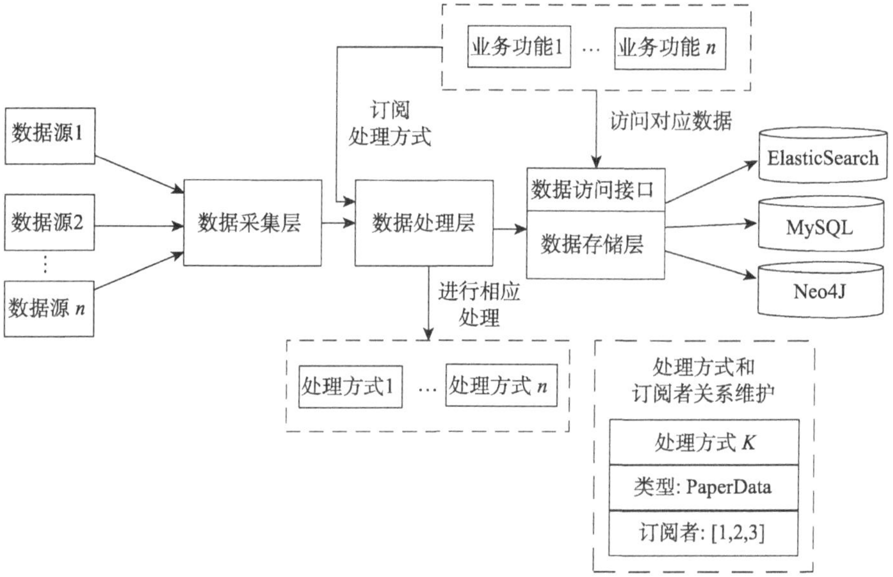

图 1-4　基于发布–订阅模式的跨媒体科技大数据处理架构图

在持久层的选择方面，实现了透明的异构存储。科技资源包含学者个人信息、学者合作信息、以论文为代表的学术资源信息以及科技资讯信息等不同种类的多学科、多模态的数据。由于这些差异性的数据内在的结构化和稀疏性等属性的不同，系统提供了图数据库、关系型数据库、搜索引擎数据库等不同的底层存储，这些异构数据库在存储层面上增强了系统的灵活性以及扩展性。学者个人信息等主要存储在关系型数据库中，学者的合作信息由于关联性强，可以建立图模型进行推理和预测，预处理之后可以存入图数据库中。搜索引擎数据库通过建立索引等方式存储少量的用于加速检索的数据，从而提高查询检索的效率。

1.3.1 跨媒体科技大数据文本数据的处理

在基于分词和去停用词处理完原始数据之后，每个分词后的词组会被Word2Vec 模型转换成模型向量，将科技大数据文本数据映射成其相应的矩阵向量，科技大数据可以使用词向量，表示为 $\text{sentence}_i = (\text{word}_1, \text{word}_2, \cdots, \text{word}_n)$，其中 i 表示该类别的第 i 条科技数据，n 表示该条科技数据存在 n 个词组。每个词组可以通过 Word2Vec 模型被转换成相应的词向量，词向量表示为 $\text{word}_j = (x_1, x_2, \cdots, x_k)$，其中 j 表示该条科技数据的第 j 个词组，k 表示 Word2Vec 模型的向量长度。

对于已经爬取到的非结构化的科技资源数据进行关键词的挖掘，构建每个条科技数据的关键词信息，基于 LDA（latent Dirichlet allocation，隐含狄利克雷分布）主题模型构建，将每个分类下的关键词提取出来作为该类别的科技资源关键词。关键词转换成相应的 k 维向量表示，利用科技数据的词组向量和关键词的向量进行相似度计算，将其相似度的平均值作为该科技数据和关键字的相似度值，采用余弦相似度来进行相似度的计算，如式（1-1）所示。

$$\text{similarity} = \cos(\theta) = \frac{\sum_{i=1}^{m} x_i \times y_i}{\sqrt{\sum_{i=1}^{m} (x_i)^2} \times \sqrt{\sum_{i=1}^{m} (y_i)^2}} \tag{1-1}$$

计算出每条科技数据和关键词的相似度后，将该值与设定好的阈值相比较，如果该值大于阈值，可以判定该科技数据与关键词相关，则该科技数据需要保留；反之，认为该科技数据和关键词无关，舍弃该科技数据。对于所爬取到的科技资源数据完成噪声处理。针对科技资源数据噪声的处理流程如图 1-5 所示。

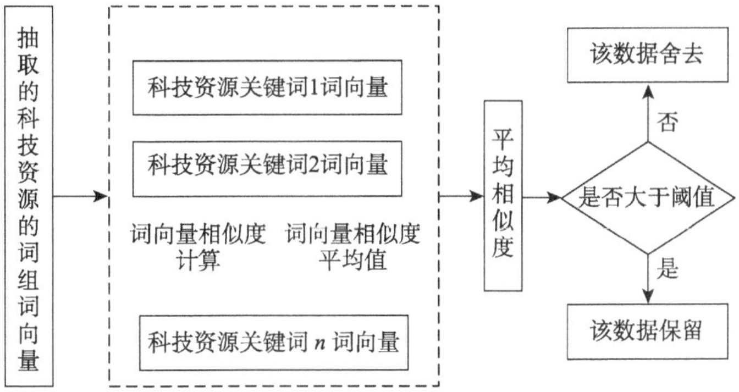

图 1-5　跨媒体科技大数据噪声处理流程图

对科技资源如科技政策数据的发布时间、科技论文的发表时间等进行归一化处理。由于爬取到的时间为北京时间，为了提高科技大数据画像的及时性，需要将时间按照时间发展的时间段进行处理，其中单位时间为小时。通过噪声处理后的科技数据表示为 $\text{Time}=\{\text{time}_1,\text{time}_2,\cdots,\text{time}_t\}$，其中 t 为关键词科技资源的大小，从时间集中获取关键词的开始时间为 $\text{time}_{\text{start}}=\min(\text{Time})$，完成时间的归一化处理，将科技资源爬取到的原始数据映射为所需要的序列时间，即从开始时间截至目前的时间距离。

在对科技资源文本数据去除噪声之后，基于 BERT 和双向长短时记忆（bi-directional long short-term memory，BLSTM）网络建立文本数据的特征提取模型。爬取到的原始文本数据经过数据预处理之后被输入到 BERT 预训练语言模型中，将文本数据转换为网络可识别的词特征向量，把转化后的词向量输入到一个双向的长短时记忆网络中，将文本数据的上下文特征数据提取出来，将原始的文本数据转换为词向量数据。通过结合 BERT 预训练语言模型和 BLSTM 网络，从大量的文本数据中学习挖掘到语义知识，实现对稀疏文本特征的压缩。

1.3.2　跨媒体科技大数据图像数据的预处理

对于采集到的科技大数据图像数据，因为爬取到的图像数据质量无法直接进行分类，所以需要对图像数据进行预处理，对爬取到的数据进行标注。由于爬取到的图像中存在大量与科技资源无关的图像，需要先删除这些噪声图形，保留的图形数据再进一步做格式转换，使得处理之后的数据可以输入到神经网络模型完成分类任务。

在建立的二维坐标系中，设四个点分别为 $P_{11}(x_1,y_1)$、$P_{12}(x_1,y_2)$、$P_{21}(x_2,y_1)$、$P_{22}(x_2,y_2)$，在 x 轴进行线性插值，得到 $R_1(x,y_1)$ 和 $R_2(x,y_2)$，记映射像素点灰

度值的函数为 f，其计算式如式（1-2）和式（1-3）所示：

$$f(R_1)=\frac{x_2-x}{x_2-x_1}f(P_{11})+\frac{x-x_1}{x_2-x_1}f(P_{21}) \tag{1-2}$$

$$f(R_2)=\frac{x_2-x}{x_2-x_1}f(P_{12})+\frac{x-x_1}{x_2-x_1}f(P_{22}) \tag{1-3}$$

基于 y 轴进行线性插值，其计算式如下：

$$f(P)=\frac{y_2-x}{y_2-y_1}f(R_1)+\frac{y-y_1}{y_2-y_1}f(R_2) \tag{1-4}$$

将式（1-2）和式（1-3）代入式（1-4）中，得到 P 点的灰度值计算结果。

图像经过裁剪和伸缩达到 224×224 像素之后，基于深度卷积神经网络 VGG19 网络对图像特征进行学习，得到 4096 维的特征向量。对于跨媒体科技大数据的图像数据的特征提取，采用最常见的图像特征提取网络 CNN。基于 CNN 的科技资源图像特征提取的学习框架如图 1-6 所示。

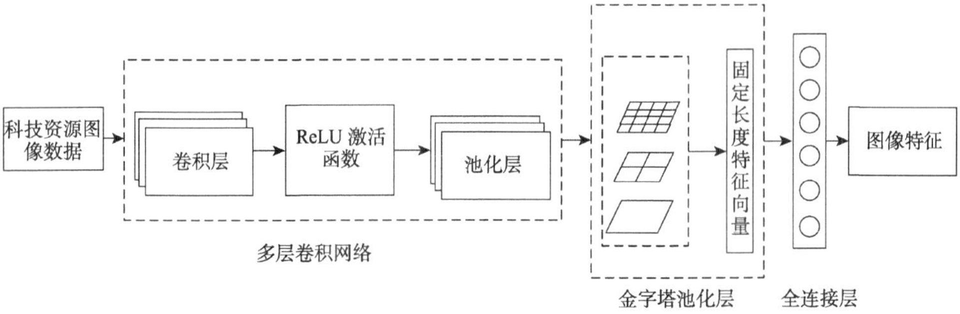

图 1-6　基于 CNN 的科技资源图像特征学习框架

将任意维度的输入向量变换为指定维度的特征向量，空间金字塔式的池化层结构如图 1-7 所示。

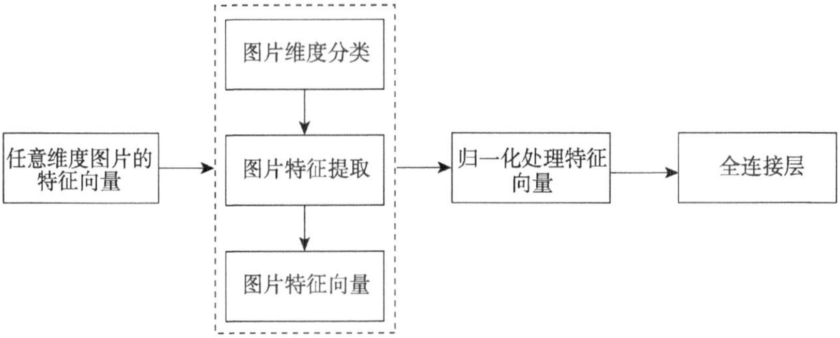

图 1-7　空间金字塔式池化层处理结构

1.3.3　跨媒体科技大数据的处理实验结果

对于采集到的跨媒体科技大数据进行预处理，处理完之后的数据集情况如表 1-3 所示。通过跨媒体科技大数据的数据获取和跨媒体科技大数据的预处理，保留跨媒体科技大数据 32 150 条，其中包含跨媒体科技大数据的文本数据 24 150 条，包含跨媒体科技大数据的图像数据 8000 条。将数据按照 6∶2∶2 的比例划分为训练集、验证集、测试集。对于科技文本数据，共有 14 490 条训练集、4830 条验证集、4830 条测试集；对于科技图像数据，共有 4800 条训练集、1600 条验证集、1600 条测试集。

表 1-3　跨媒体科技大数据数据集

数据类型	训练集/条	验证集/条	测试集/条	总计/条
科技文本数据	14 490	4 830	4 830	24 150
科技图像数据	4 800	1 600	1 600	8 000

为了验证提出的基于 BERT 预训练语言模型和双向长短时记忆网络（即 BERT-BLSTM）对文本数据的特征提取效果，选取了目前主流的特征提取模型作为对比实验，其中包括 Word2Vec、Doc2Vec、LSTM（long short-term memory，长短时记忆）网络、BERT。不同模型在科技资源文本数据的特征提取的实验效果如表 1-4 所示，对比图如图 1-8 所示。

表 1-4　不同模型在科技资源文本数据的特征提取的实验效果

算法名称	准确率	召回率	F-measure
Word2Vec	0.8171	0.8237	0.8224
Doc2Vec	0.8212	0.8454	0.8409
LSTM	0.8873	0.8901	0.8829
BERT	0.8912	0.8985	0.8934
BERT-BLSTM	0.9021	0.8984	0.9007

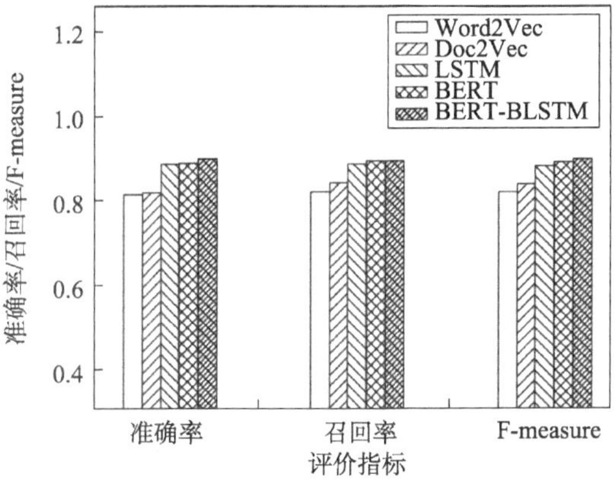

图 1-8　不同模型在科技资源文本数据的特征提取的实验对比

从表 1-4 和图 1-8 所显示的结果对比中可以得出，相比于常见的文本特征提取模型，本章提出的基于 BERT 和 BLSTM 网络的文本特征提取模型在准确率、召回率和 F-measure 实验值上都有了明显的提升，说明该模型能够有效地解决科技资源文本数据存在的语义离散性、多义性等问题。本节对 BLSTM 网络的隐藏层的取值开展了对比实验，确定了最佳隐藏层参数，实验结果如表 1-5 所示，对比图如图 1-9 所示。

表 1-5　隐藏层维度对模型的影响

隐藏层	准确率	召回率	F-measure
32	0.7654	0.7417	0.7579
64	0.7978	0.7863	0.7882
128	0.8345	0.8112	0.8197
256	0.8741	0.8675	0.8701
512	0.8817	0.8714	0.8785
1024	0.8636	0.8603	0.8621

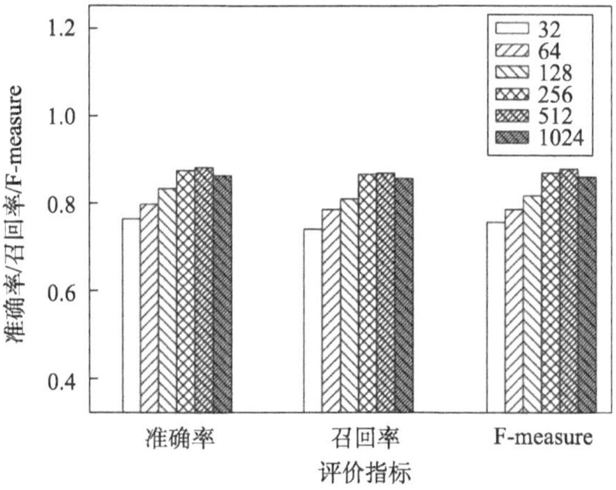

图 1-9　不同隐藏层维度下的实验对比图

从图 1-9 可以看出，实验指标的性能随着隐藏层的增加而增加，当隐藏层达到一个临界值时，在实验中是 512 维度，各项指标均达到了峰值，随着隐藏层的增加实验指标的性能会降低，这是因为在隐藏层较少时无法充分表达语义特征，随着隐藏层的不断增加，网络层发生了变化，导致模型出现过拟合现象，导致实验指标性能出现降低趋势。选取目前主流的 Alex-Net、VGG-Net 两种图像特征提取模型，分别改进这两种模型来作为对比实验。不同模型的分类结果如表 1-6 所示，对比图如图 1-10 所示。

表 1-6　不同模型在科技资源图像数据的特征提取的实验效果

算法名称	准确率	召回率	F-measure
Alex-Net	0.6411	0.6317	0.6392
Alex-Net-金字塔	0.7443	0.7229	0.7340
VGG-Net	0.7682	0.7421	0.7563
VGG-Net-金字塔	0.7981	0.7838	0.7905

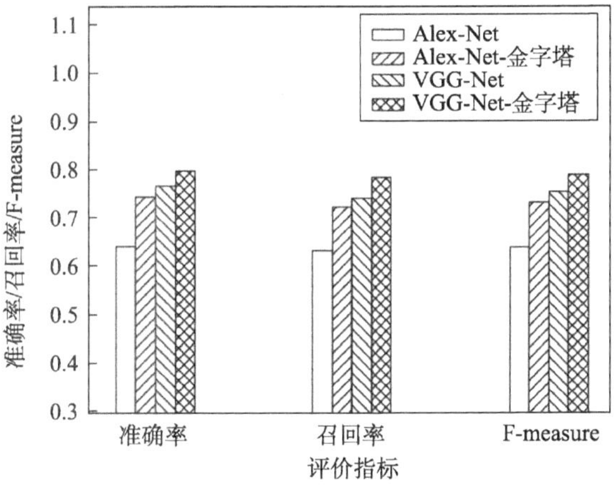

图 1-10　不同模型图像分类实验结果对比图

从表 1-6 和图 1-10 所显示的结果对比中可以看出，在准确率、召回率和 F-measure 指标值方面，相比于其他常见的图像特征提取模型，基于金字塔池化改进后的 CNN 模型取得了不错的表现，这对于解决科技资源原始图像尺寸大小不一致、长宽比例大的问题有明显的帮助，可以提取到更加精准的图像语义特征。

1.4　跨媒体科技大数据的存储

利用 Mysql 关系型数据库对上述数据进行结构化的存储。表 1-7 为政策文本数据内容，表 1-8 为政策图像数据集。表 1-7 介绍了政策文本数据表结构中相应的字段、数据类型以及内容解释，包含了政策标题、政策链接、政策发布时间、政策发布一级地区、政策发布二级地区、政策发布三级地区、政策发布部门、政策摘要、政策关键字、政策是否是扶持等字段数据。表 1-8 介绍了政策图像数据表结构中相应的字段、数据类型以及内容解释，其中包括政策图像 id、政策图像链接、政策图像发布时间、政策图像标题、政策图像特征向量、政策图像本地路径等字段数据。

表 1-7 政策文本数据表

字段	数据类型	内容解释
policy_title	varchar(512)	政策标题
policy_url	varchar(512)	政策链接
policy_time	varchar(512)	政策发布时间
policy_area_first	varchar(512)	政策发布一级地区
policy_area_second	varchar(512)	政策发布二级地区
policy_area_third	varchar(512)	政策发布三级地区
policy_department	varchar(512)	政策发布部门
policy_abstract	varchar(512)	政策摘要
policy_keyword	varchar(512)	政策关键字
policy_is_help	int(10)	政策是否扶持

表 1-8 政策图像数据表

字段	数据类型	内容解释
image_id	varchar(512)	政策图像 id
image_url	varchar(512)	政策图像链接
image_time	varchar(512)	政策图像发布时间
image_title	varchar(512)	政策图像标题
image_feature	varchar(512)	政策图像特征向量
image_path	varchar(512)	政策图像本地路径

1.5 本章小结

针对科技大数据具有的多模态、多领域、跨学科等特点，本章建立了科技资源数据收集、预处理与存储架构，提出了一种基于发布–订阅模式的科技大数据采集、处理与持久化体系。考虑到不同类型科技大数据的数据来源不同，本章提出了针对不同来源的跨媒体科技大数据信息采集方法，并通过正则表达式，针对不同的数据源制定相应的规则，解析爬取到的结果数据，进行筛选和预处理。之后，本章提出了一种适合多领域跨媒体科技资源的数据处理方法，对采集到的跨媒体科技大数据的文本和图像进行了预处理，采用发布–订阅设计模式增强其灵活性。针对不同类型的跨媒体科技资源大数据，实现了跨媒体科技资源的结构化存储，增强了数据获取与处理的灵活性以及扩展性。

第2章　科技大数据的特征提取

海量的跨媒体科技大数据中蕴含着丰富且有价值的信息，如何对科技大数据进行特征提取是需要解决的关键问题。现有的数据特征提取方法面临两个方面的问题：文档表征维度过大以及语义相关性的缺失，缺乏对科技资源文本、图像等多模态大数据的深度语义理解和关联挖掘。因此，需要结合跨媒体科技大数据的特性，提出适合跨媒体科技大数据的特征提取和表示方法。本章围绕跨媒体科技资源大数据的特征提取，从科技大数据特征与信息关联、科技资源跨媒体信息特征提取、科技资源多模态大数据特征提取与表示、科技需求跨模态大数据的特征提取、科技资源跨媒体深度特征提取与表达等方面展开深入研究，解决不同模态下的科技大数据语义特征提取所面临的关键问题；提出科技大数据的特征与信息关联分析方法以及面向科技资源不同模态大数据的特征提取与表示算法，利用科技资源中学科分类和研究主题的特性，对现有的深度特征提取模型进行优化改进。

2.1　科技大数据特征与信息关联

科技大数据的信息载体有多种多样的形式，如学术论文、技术文章、讲座分享、说明文档等，其最大体量的文件载体是文本信息，文本信息是大多数检索系统的间接载体。从文本信息中提取特征是检索算法的第一步，而特征提取的好坏在一定程度上决定着检索算法的效率。数据特征提取的主要技术包含以特征工程为代表的方法和基于深度学习的特征提取方法。

2.1.1　传统文本信息的特征工程

特征工程的两个核心问题是构造特征和变量选择。构造特征是如何表示一篇文档的问题；变量选择是关于是否需要保留文档的全部文本信息的问题，主要侧重于数据的噪声去除和维度压缩。

1. 构造特征

科技大数据大量文件载体以非结构化的文本形式存在，文本数据固有的非结构化和嘈杂的特性使得原始的文本信息难以直接进行处理，从科技论文信息中提取有意义的特征，整合到一个规范的空间中是基础。以抽取英文学术论文数据特征为例，一篇学术论文一般由不同的文本段落构成，文本由句子构成，句子由词汇构成，词汇由无意义的字母构成。基于统计的特征提取方法将信息切分粒度最小单元设置为词汇。将原始的以文本信息存储的文档 Document_1、Document_2、Document_n 依次传给分词器 Tokenizer 模块：

$$\text{token}_1,\text{token}_2,\cdots,\text{token}_n = \text{Tokenizer}\left(\text{Doc}_i\right),\ i \in \text{Document} \tag{2-1}$$

一篇完整的文档按照词汇的粒度得到其在词汇特征空间的相应表示，进一步需要进行特征的权重的确定。通常提取后的特征词汇的权值设置与该词汇的词频、文档频次、在句法结构上所处的位置、专业词库、词语直径等都存在一定的关系，其中最核心的设置参照来自该词汇的词频。在多方因素的协调下得到该词元在该文档中所占据的权重参数，权重参数和词元特征组成了一篇文档最基础的统计特征信息，提供给下游算法完成相似度计算的任务。

2. 变量选择

学术论文等文档文本由人类的自然语言组成，目的是供人类阅读使用，天生带有嘈杂的属性。文本中充斥着缩写、时态、连词等混淆原本语义的信息元素，即便以词汇为最小粒度，也会因为日常语言文法而遭到语义信息的破坏和重复信息的不同存储，造成特征冗余。

在进行文本分词的同时进行第二步文本清洗工作，即对分词后得到的词元列表进行清洗、去除噪声、减少多余的无关特征变量。文本清洗流程将由分词器输出的词元 token 传给语言处理组件，将英文单词全部转换为小写，通过词干提取操作和词形还原操作将单词缩减为词根形式。将得到的词汇通过停用词表进行过滤，以减少文本信息中与语义信息无关的词汇对空间的占用。倘若简单地保留文档中所有的词汇，将增加查询的计算负担和数据保存的负担，同时对查询的效果造成不利影响，大量的噪声掩盖了文档本身所表示的真实信息。通过第一步的分词模块和第二步的文本清洗模块，得到文档数据预处理后的输出结果。

我们在原始 TF-IDF 算法的基础上进行了一些改进，融入了文本区域类型信息，以较小的时间和空间代价实现一个词在单独一篇文档中区域差异的区分，进一步丰富了权重和特征信息。原始的 TF-IDF 算法从词汇的词频和逆文档频率中建立词汇的权重信息，其中 TF（term frequency，词频）表示每个单词在文档中的数量（频数），TF 依赖于 BoW（bag-of-words，词袋）模型的输出。IDF（inverse document frequency，逆文档频率）代表一个单词的普遍程度，当一个词越普遍（即有大量文档包含这个词）时，其 IDF 值越低；反之，则 IDF 值越高。IDF 是包含该单词的文档数量和文档总数的对数缩放比例。TF 在一定程度上可以看作该词汇在该文档中所占的权重，IDF 可以看作该词汇在整个词汇库里所占的权重（即词汇的信息价值），TF-IDF 共同作用构成了某个词汇在某篇文档上的权重参数。

学术论文不同于其他文本信息，科研学术论文大多具有较为规范和完整的组成部分和格式要求，可以对出现在不同区域的相同词汇进行文本类别区分，为传统的 TF-IDF 算法提供更加丰富的类别信息。在检索召回问题的解决方法里融合了文本区域类型信息，区分保存不同的论文部分的文本词频信息，形成（documentID，frequency，type）三元组。类别标识的增加对于算法本身没有增加多少计算负担，能够在检索阶段对不同区域的词汇设置不同的权重参数，增加对词汇价值的区分度。遇到精确性检索语句的时候，能够在召回阶段提供更准确的相关度计算过程。在信息再组织和检索返回的时候能够利用文本区域信息，借此减少重复性工作。

特征工程被包含在矢量空间框架下，即从另外一个空间表达物体，揭示物体间的潜在关系。特征提取将原本文档的文本表示进行了结构化的拆分，转换到了一个相对低维的词汇文本表示空间，将自然语言转化到数学语言，将语言空间转换到矢量空间，将具体的科技大数据文档信息转换到抽象的数字表征。矢量空间框架对文档文本的建模仍然存在两个问题：一是文档表征维度过大，二是语义相关性的缺失。文档特征并没有通过稠密的向量进行表征，同时文档的语义并没有被完整地提取出来，整体表征方式呈现一定离散化和语义含义的缺失性。

2.1.2　预训练语言模型的特征提取

文本的信息提取实质上对每个词汇进行了独立的编码表示，one-hot encoding（独热编码）虽然解决了文本信息的保存问题，维度等同于词汇表中词汇的种类数量，由于词汇的数量过大，即使改用 multi-hot encoding（多热编码）也是非常稀疏的矢量。深度神经网络在特征提取方面有独特的优势，如从 CNN、RNN、LSTM、到如今的 Transformer。

1. 词嵌入

假设一个长度为 T 的句子 $w_1, w_2, \cdots, w_T$。模型训练的正样本由长度为 2c+1（目标词前后各选 c 个词）的滑动窗口制作而成，逐渐从句子左边滑到右边，每滑动一个词的单位长度，窗口中的词就形成了一个正样本。每个词 w_t 都决定了相邻词 w_{t+j} 优化目标，通过极大似然方法获得所有样本的条件概率 $P(w_{t+j} \mid w_t)$ 之积的最大值，得到如下目标函数：

$$\frac{1}{T}\sum_{t=1}^{T}\sum_{-c\leqslant j\leqslant c,j\neq 0}\log P(w_{t+j}\mid w_t) \tag{2-2}$$

其中，$P(w_{t+j}\mid w_t)$表示一个多分类问题；用词之间的距离$v_i^{\mathrm{T}}v_j$表示语义的接近长度，根据条件概率定义写出：

$$P(w_O\mid w_I)=\exp({v_{w_O}}^{\mathrm{T}}v_{w_I})\Big/\sum_{w=1}^{W}\exp({v_{w_O}}^{\mathrm{T}}v_{w_I}) \tag{2-3}$$

网络经过训练后，输入矢量矩阵$W'_{N\times V}$中每一行对应的权重矢量，自然转换成了 Word2Vec 的 Lookup Table。通过考察单词与背景文本共同出现的概率，将单词映射为有限维欧氏空间中的矢量，从而实现对文本的数值化分析。

2. 预训练语言模型

使用下式来量化句子的合理性：

$$P(S)=P(w_1,w_2,\cdots,w_n) \tag{2-4}$$

其中，S表示 Sentence 句子；w_n表示在句子中依次出现的词汇。根据条件概率公式展开上式得

$$P(w_1,w_2,\cdots,w_n)=P(w_1)P(w_2\mid w_1)P(w_3\mid w_1,w_2)\cdots P(w_n\mid w_1,w_2,\cdots,w_{n-1}) \tag{2-5}$$

$$L=\sum_{w\in C}\log P(w\mid \mathrm{context}(w)) \tag{2-6}$$

核心函数P的思想是根据句子里面前面的一系列前导单词预测后面跟哪个单词的概率。

2.1.3　信息关联再组织

以科研论文为例，科研学术论文在时间线上看似独立地被一篇一篇发表出来，实际上每篇论文数据相互之间的关联信息被其独立的存储形式所掩盖。对原本独立存储的学术论文进行信息的抽取关联和对其相对独立的存储结构进行再组织，有利于为检索提供更多有用的启发性信息，也有利于挖掘出更多隐藏于原始信息下的高价值内容。信息关联和抽取需要进行命名实体识别和实体关系抽取，由抽取的实体进一步抽取出关系三元组，以及更复杂的一些涉及多元关系的事件信息抽取。

1. 命名实体识别

学术论文本身由文本载体构成，通过自定义的实体抽取规则或相匹配的深度学习模型从文本中抽取出实体。由命名实体识别模块得到的命名实体主要是文本中的原子信息元素，学术论文数据中常见的实体有人名、组织/机构名、论文名、会议/期刊名等。这些信息能够给原本单薄的科技数据增加更有意义的特征项标识，也是为下游任务实体关系的识别、文本语义的理解做铺垫工作。命名实体识别任务通过找到实体和分类实体标签两个步骤，能够找到命名实体，并对其进行分类，下游任务能够通过实体进一步抽取实体之间的关联信息。

2. 数据关系挖掘

1）学者和论文

从独立的科技论文中抽取出深层次的关联信息具有较高的难度，但是学术论文本身就带有数据间的信息关联属性。信息再组织就是学者和论文之间的对应关系，在大多数学者都在某个领域内进行研究而且个人的工作都具有强相关性的常识假设下，通过组织学者和论文之间的对应关系能够为检索用户提供更多的相关推荐信息，给用户推荐某个具体研究方向的发展情况。学者和论文之间的简单关联信息能够串联起论文和论文之间的递进关系，提供丰富的信息反馈。

2）论文和论文

论文以独立的文档形式被一篇一篇发表出来，但是任何研究成果都不是凭空孤立产生的，大部分的研究都有前人的工作作为铺垫。学术论文的参考文献在一定程度上表达了论文与论文之间的参考联系。学术论文的参考文献也能够提供该研究方向的整体脉络和研究在时间线上的进展。论文和论文之间形成引用关系的树状结构，引用树结构能够不断递归生长，由一篇学术论文为起点，自底向上地为用户提供一个领域某一个方向的较为完整的发展轨迹和趋势。

2.2　科技资源跨媒体信息特征提取

科技资源跨媒体信息包含文本信息和图像信息，结合不同数据来源的特点有针对性地设计爬虫规则，通过数据清洗和数据变换等操作完成数据预处理。提出基于科技资源学科特性的特征提取算法，抽取科技资源中文本和图像的特征。科技资源跨媒体信息特征提取框架如图 2-1 所示。

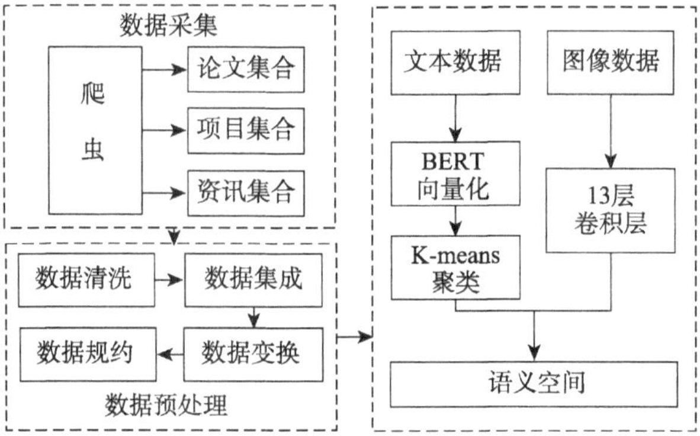

图 2-1　科技资源跨媒体信息特征提取框架

2.2.1　科技资源跨媒体数据特征提取算法

本节提出基于科技资源学科特性的特征提取（research disciplines based feature extraction，RDFE）算法，利用科技资源中学科分类和研究主题的特性，对获取到的科技资源进行语义扩展。RDFE 算法的核心思想是对科技资源跨媒体进行一系列预处理后，提取有价值的信息进行向量化表示。从论文数据中获取的关键词以及所属学科等信息中，可以推演出学科分类和各学科下的研究主题，拓展至其他类型的科技资源跨媒体数据。

对获取到的数据构建交叉学科的关键词词库，关键词一部分来源于爬取论文数据直接取得的关键词，一部分来源于其他知识库。针对科技资源信息的特点，为了更好地提取学科和研究主题的属性，结合 BERT 和 K-means 对文本做特征提取和学科分类。利用 BERT 中文预训练模型将关键词及学科名称向量化，以学科为初始质心利用 K-means 聚类，从而得到标签。注意力机制的值是通过三个步骤得到的，对 query（查询）和每个 key（键）做相似度计算，获得权值，使用 softmax 函数对权值归一化，将归一化的值和与 key 对应的 value（值）加权求和，得到的结果就是注意力值，可以得出注意力分布如下：

$$f(x_i,q)=\begin{cases} x_i^{\mathrm{T}}q \\ \dfrac{x_i^{\mathrm{T}}q}{\sqrt{d}} \\ x_i^{\mathrm{T}}W_q \\ v_T\tanh(Wx_i+U_q) \end{cases} \tag{2-7}$$

$$\alpha_i=\mathrm{softmax}(f(\mathrm{key}_i,q))=\mathrm{softmax}(f(X_i,q))$$

$$\mathrm{att}\left(q,X\right)=\sum_{i=1}^{N}\alpha_i X_i$$

为了获得向量化的文本信息，RDFE 算法应用编码器完成向量构造，获得向量的方法是取第二层隐状态值在 token 中的均值，将其向量化，为了获得科技资源信息中与学科和研究主题相关的特征，选择初始质心利用 K-means 聚类，从而得到标签。对编码器输出的向量进行处理，将其作为初始质心，选用 K-means 对向量做聚类操作，聚类的距离计算是余弦相似度和欧几里得距离，式（2-8）和式（2-9）分别是余弦相似度公式和欧几里得距离公式：

$$D(X,Y)=\frac{\sum_{i=1}^{n}(x_i\times y_i)}{\sqrt{\sum_{i=0}^{n}(x_i)^2}\times\sqrt{\sum_{i=0}^{n}(y_i)^2}} \tag{2-8}$$

其中，x_i 和 y_i 分别表示向量的第 i 个属性的值。

$$D(X,Y)=\sqrt{(x_i-y_i)^2} \tag{2-9}$$

在卷积层中有多个卷积单元，它们的作用是对输入的图像提取其不同的特征，低级特征包括边、线、角度等，卷积层从低级特征中提取更复杂的特征，第 l 层卷积操作如式（2-10）和式（2-11）所示：

$$z_p^l(i,j)=\sum_{q=1}^{n^{l-1}}\sum_{u=-1}^{1}\sum_{v=-1}^{1}a_q^{l-1}(i-u,j-v)k_{p,q}^l(u,v)+b_p^l \tag{2-10}$$

$$a_p^l(i,j)=\text{ReLU}(z_p^l(i,j)) \tag{2-11}$$

其中，l 表示层数；p 和 q 表示通道数；n 表示卷积核数目；b 表示偏置；z 表示没有经过激活函数的前向输入；a 表示经过激活函数的前向输出；$k_{p,q}^l$ 表示第 l 层 p 通道和第 $l-1$ 层 q 通道所对应的卷积核。

池化层的操作是做最大池化，池化层把图像分成若干矩形部分，对于每个部分选择最大值输出，将通过池化层的数据减小，第 l 层最大池化操作如式（2-12）所示：

$$z_p^l(i,j)=\max(a_p^{l-1}(2i-u,2j-v)),\ u,v\in\{0,1\} \tag{2-12}$$

图像特征提取操作在最后加入全连接层，使整个网络成为图像数据的特征提取器，基于 13 层卷积层完成图像特征的提取，输出图像的向量。

计算文本和图像数据，使得相关系数最大。对于两组一维的数据集合，令 $A=(A_1,A_2,\cdots,A_m)$，$B=(B_1,B_2,\cdots,B_n)$，计算公式如式（2-13）所示：

$$\rho_{AB}=\frac{\operatorname{cov}(A,B)}{\sqrt{\operatorname{Var}(A)}\sqrt{\operatorname{Var}(B)}} \tag{2-13}$$

找到两个任意非零向量α和β做线性组合，如式（2-14）和式（2-15）所示：

$$U=\alpha_1 A_1+\alpha_2 A_2+\alpha_3 A_3+\cdots+\alpha_m A_m=\alpha^{\mathrm{T}} A \tag{2-14}$$

$$V=\beta_1 B_1+\beta_2 B_2+\beta_3 B_3+\cdots+\beta_n B_n=\beta^{\mathrm{T}} B \tag{2-15}$$

得到使U和V相关系数最大的α和β，从而获得文本和图像数据间的映射关系。

2.2.2 实验结果与分析

1. 数据集描述

采用网络中真实的与科技资源相关的文本信息和图像信息作为数据集。获取互联网及各知识库和知识平台中与科技资源信息相关的数据集，应用正则表达式，针对不同的数据源制定相应的规则，解析爬取到的结果数据，进行初步的筛选和预处理操作，数据集描述如表 2-1 所示。

表 2-1　科技资源跨媒体大数据集描述

数据集类别	成果数量
论文成果	10 万条
基金项目	5 万条
资讯新闻	1.5 万条（含图像）

通过爬取各个网络来源的数据信息，论文成果共计 10 万条，基金项目共计 5 万条，资讯新闻数据共计 1.5 万条，其中包含图像数据。含有跨媒体数据集的科技资源信息数量总计超过 15 万条。对于缺少关键词等信息的部分数据，在预处理的过程中进行补全，避免出现空值的情况。在存储在数据库中时，为每一条资源设置唯一标识 ID。科技资源跨媒体数据集类别分为论文成果、基金项目和资讯新闻这三个数据集，资讯新闻包含标题、发布时间、链接和内容，论文成果数据包含标题、作者、机构、关键词、摘要、期刊、发表时间、基金、学科分类和引用等。

2. 特征提取实验结果及分析

根据数据爬取的结果对科技资源跨媒体数据进行预处理和向量化操作。RDFE 算法对于文本和图像数据分别进行处理，映射到同一语义空间。由论文成果数据集中的论文分类号属性结合学科属性特征，划分出 259 个学科分类。学科编号、学科名称和学科向量具有一一对应的关系，学科编号在数据库中是各学科的唯一标识。

考虑科技资源跨媒体信息的特性，定义两个准确率指标来衡量实验的效果。PI 用于衡量根据给定文本找到相应图像的准确率，如式（2-16）所示，PS 用于衡量根据给定文本找到的图像与文本属于同一学科的准确率，如式（2-17）所示：

$$\mathrm{PI}=\frac{n_1}{S} \tag{2-16}$$

$$\mathrm{PS}=\frac{n_2}{S} \tag{2-17}$$

其中，n_1 表示正确找到给定文本对应图像的个数；n_2 表示正确找到和给定文本同一学科类别的图像的个数；S 表示测试集图像个数。

使用三个不同的数据集，分别是智能机器人数据集、航空航天数据集和自动驾驶数据集，对比算法包括直接语义映射（semantic matching，SM）、语义相关性映射（semantic correlation matching，SCM）、线性（linear）核函数，其中 SCM 算法基于 CM（correlation matching，相关性映射）算法，在创建投影矩阵时，CM 创建线性投影矩阵，SM 创建非线性投影矩阵。在智能机器人数据集上的实验结果如表 2-2 所示。

表 2-2　不同方法在智能机器人数据集上的实验结果

方法	PI	PS
SM	0.21	0.50
SCM	0.22	0.51
linear	0.26	0.58
RDFE	0.25	0.68

在只考虑文本和图像的对应关系时，不同算法在智能机器人数据集上的表现相差不大，而当检验图片关联到给定文本的学科时，RDFE 算法在该数据集上的表现明显优于其他算法，这是由于该算法在做文本及图像特征提取时，考虑了科技资源信息中的学科特性。不同方法在航空航天数据集上的实验结果如表 2-3 所示。

表 2-3　不同方法在航空航天数据集上的实验结果

方法	PI	PS
SM	0.21	0.53
SCM	0.21	0.56
linear	0.24	0.60
RDFE	0.24	0.69

在航空航天数据集上，对于 PI 指标不同方法的表现相近，线性核函数和 RDFE 算法的结果略优于 SM 算法和 SCM 算法。在考虑图像和给定文本的所属学科的匹配结果时，可以发现 RDFE 算法的效果优于其他三种算法，相比 SM 算法提升了 16 个百分点，相比 SCM 算法提升了 13 个百分点，相比线性核函数算法提升了 9 个百分点。对比不同方法在自动驾驶数据集上的效果，实验结果表 2-4 所示。

表 2-4 不同方法在自动驾驶数据集上的实验结果

方法	PI	PS
SM	0.25	0.55
SCM	0.24	0.55
linear	0.27	0.59
RDFE	0.28	0.67

由以上三个数据集上的实验可知，不同方法在各个数据集上的表现基本持平且波动不大，而在判断图像和给定文本学科的对应关系时，所有方法的准确率水平都有所提升。在相同的数据集上，RDFE 算法相对于线性核函数算法的准确率平均提升了 9 个百分点，对比 SM 算法和 SCM 算法在准确率上的提升效果更加明显，即对于处于相同学科或研究主题上的数据的查找更加准确。

2.3 科技资源多模态大数据特征提取与表示

2.3.1 科技大数据文本资源特征提取与表示

科技大数据中的文本信息种类繁多，长短不一。具有代表性的主要是学者的个人信息、论文标题、论文摘要、论文内容、科技资讯标题、科技资讯内容等。科技类资源原始数据中包含大量的冗余信息，如果不加处理会影响特征表示的效果。文本预处理是自然语言处理相关任务中最基础的工作，能够对原始文本进行简化和去噪声。文本预处理的好坏直接影响着特征提取的表现。其重点是分词、去停用词和词向量表示，经过预处理后的文本才可以作为基于深度模型的特征提取算法的输入。

在对文本进行特征表示的过程中，语义相同的词会有各种各样的不同表现形式，可能出现在文本不同的位置上。在科技资源中，由于普遍存在一个词在不同领域的多义性问题，理想情况下应该根据上下文来推断出科技词汇所隐含的领域信息。一些比较邻近的词能够提供更多的领域信息，这就要求对于科技类文本的特征表示需要对局部的区域特征进行一定程度的加强，从而改善特征表示的效果。本书提出基于密集卷积注意力的文本特征表示（feature representation based on dense convolutional attention，FR-DCA）算法，通过卷积的方式提取多尺度的语义信息，由全连接的多层感知机进行加权平滑从而得到对于不同词的注意力因子。整体架构如图 2-2 所示，其中白色矩形代表向量形式，密集卷积层的实圆圈代表卷积层，分类输出层的虚圆圈代表分类输出的向量值。

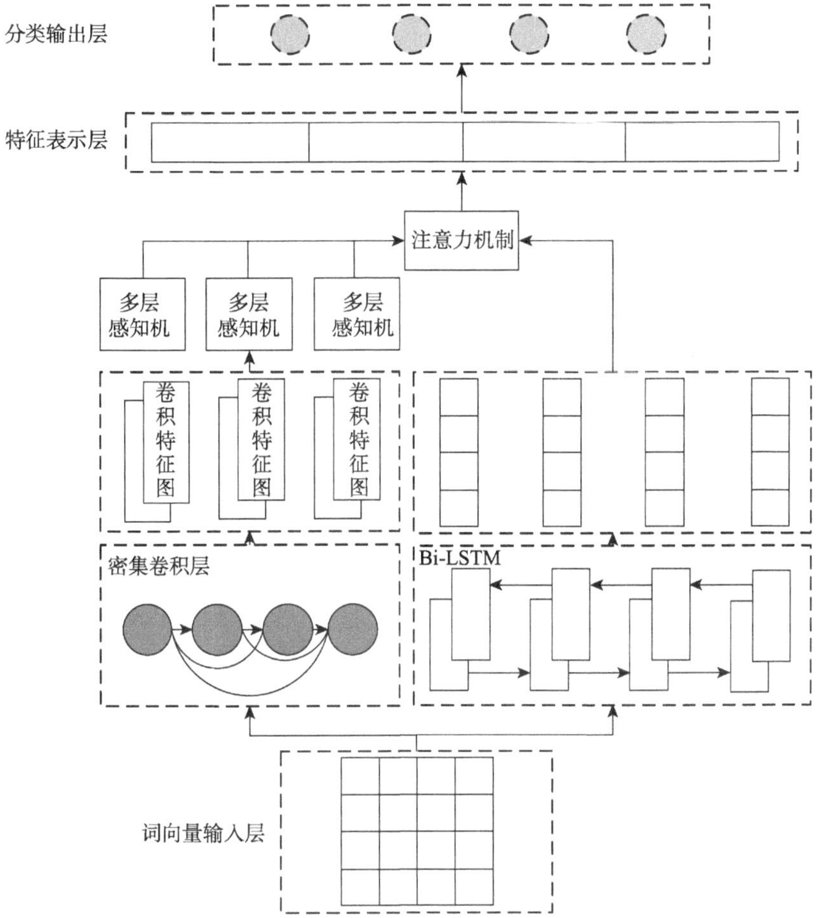

图 2-2　FR-DCA 模型

设卷积窗口的大小为 s，数量为 m，第一层卷积的输出为 $X_1 \in \mathbb{R}^{n\times m}$，将卷积进行密集连接，则从第二层卷积开始，每一层卷积的输入都是之前所有层卷积输出的并集，即第 i 层卷积输出的特征图为

$$X_i = f(w_i, g(X_1, X_2, \cdots, X_{i-2}, X_{i-1})) \tag{2-18}$$

$$g(X_1, X_2, \cdots, X_{i-2}, X_{i-1}) = [X_1 \oplus X_2 \oplus \cdots \oplus X_{i-2} \oplus X_{i-1}] \tag{2-19}$$

其中，$f(\cdot)$ 表示由卷积运算层、激活函数层串联所组成的复合函数；w_i 表示第 i 层的权重。通过密集连接的卷积层能够通过较小步长的特征组合出较大步长的语义特征，较短的短语和单词可以通过充分地组合加强语义的表达。

图 2-2 中的网络主要包括词向量输入层、密集卷积层、Bi-LSTM 层、多层感知机层、特征表示层和分类输出层。将嵌入表示的词向量输入密集卷积层得到不同 N-gram 步长的卷积特征图，通过多层感知机对这些特征图进行权值分配，把最终得到的结果视为结合了多尺度语义信息的注意力信号。通过 Bi-LSTM 对序列数据的全局特征进行提取，利用注意力机制对不同的特征向量赋予不同的权重，从而将全局特征和局部特征进行自动组合。通过交叉熵损失函数进行 softmax 分类，使得生成的特征表示具有鲜明的领域分类特征。

词向量输入层的输入为前述文本预训练得到的词向量，假设有 m 个单词，将其映射到 d 维，构造词向量矩阵如式（2-20）所示：

$$V = [v_1, v_2, \cdots, v_m]_{d \times m} \tag{2-20}$$

对于密集连接的卷积层，第 k 层的第 j 个卷积滤波器 $W_j \in \mathbb{R}^{r \times d}$。对其范围内的词向量构成的矩阵进行卷积，得到卷积特征向量 b_{kj}，其中 r 为卷积滤波器的尺寸，d 为词嵌入的向量维度。将第 k 层所有的卷积特征向量输入多层感知机后，得到该层加权平滑后的注意力因子 $a_k \in \mathbb{R}^n$，n 为卷积滤波器的个数。通过 Bi-LSTM 网络计算后得到文本特征向量 y，将相应的注意力因子 a 与其相乘得到单词 i 的加权注意力，如式（2-21）所示：

$$A_i = \sum_{k=1}^{i} a_k \cdot y_k \tag{2-21}$$

对整个序列进行最大池化得到最终的文本特征表示，如式（2-22）所示：

$$V' = \max[A_1 \oplus A_2 \oplus \cdots \oplus A_m] \tag{2-22}$$

输入到 softmax 分类器中生成领域分类的预测概率，如式（2-23）所示：

$$\text{softmax}(v_i') = \frac{e^{v_i'}}{\sum_{j=1}^{J} e^{v_j'}},\ i = 1, 2, \cdots, J \tag{2-23}$$

其中，J 表示总的分类标签数。

FR-DCA 算法流程如下。

算法 2-1　FR-DCA 算法

输入：预处理后的文本科技资源

输出：训练至收敛的分类器模型，根据特征表示层的输出提取特征表示

步骤 1：对于预处理后的文本数据构造词向量矩阵 V

步骤 2：使用 Bi-LSTM 网络获取文本的隐藏层特征向量 y

步骤 3：使用密集连接卷积层得到不同尺度的语义特征，输入全连接多层感知机网络得到最终的注意力信号 a

步骤 4：将文本特征向量 y 与注意力信号 a 进行运算，得到注意力加权的特征表示 A

步骤 5：将注意力加权的特征表示输入到全局最大池化层后通过分类器得到预测类别标签 pred_i，结合真实标签 label_i 最小化交叉熵损失函数训练模型至收敛

2.3.2　科技大数据图像资源特征提取与表示

科技大数据中图像资源特征提取与表示基于深度卷积神经网络模型，利用空间金字塔池化层，把不同尺寸卷积特征图转换为统一尺寸的特征表示，使得其可以处理任意尺寸的原始图片输入。空间金字塔池化的本质是把任意尺度的特征图划分为空间块，在每个空间块内部分别进行池化操作，在划分的过程中保持空间块的尺寸和图像尺寸成比例，保证划分出来块的数量是固定的。假设最后一个卷积层的卷积过滤器数量为 N，空间金字塔池化共划分出 M 个空间块，输入到全连接层的向量维度为 $N\times M$ 。

采用基于 CNN 图像分类模型进行图像特征的提取，核心的变化在于将最后一个卷积层后面毗邻的最大池化层改为金字塔池化层，从而可以适配不同尺寸的卷积特征图输入。原始的 VGG 网络对于输入图像的尺寸要求为固定的 224×224 像素，为了使其能够接受任意尺寸的 RGB①图像，对每个卷积和池化层输入、输出的维度进行调整，使得其能够自动根据前一层的输出向量维度做自适应改变。去掉网络中的最后一个最大池化层，替换为金字塔池化层。全连接层的输出即为多领域科技大数据图像资源特征表示的向量化形式。

2.3.3　实验结果及分析

对于网络上的学者信息、科技资讯以及论文等数据进行实时获取，结合 AMiner 等开放数据集进行数据的补充。实验使用的数据集情况如表 2-5 所示。

表 2-5　多领域跨媒体科技数据集

数据种类	训练集	交叉验证集	测试集	总量
科技资源文本数	13 380	4 460	4 460	22 300
科技资源图像数	5 000	2 500	2 500	10 000

① RGB 色彩模式是工业界的一种颜色标准，是通过对红（R）、绿（G）、蓝（B）三个颜色通道的变化以及它们相互之间的叠加来得到各式各样的颜色，RGB 代表红、绿、蓝三个通道的颜色。

含有跨媒体文本和图像的科技资源数量共有 32 300 条，用于训练多领域跨媒体科技大数据高效检索查询系统中各个算法，并验证其有效性和准确性。跨媒体数据集主要包括 20 个领域的论文、学者和相关的科技资讯等，在预处理阶段根据解析到的数据领域分类信息进行标注，形成监督训练数据集。并将所有数据划分为训练集、交叉验证集和测试集。对于文本，使用 60%的数据构成训练集，20%构成交叉验证集，20%构成测试集。对于图片，使用 50%的数据构成训练集，25%构成交叉验证集，25%构成测试集。

对于 FR-DCA 网络，设置词向量的初始化维度为 400，多层感知机选用 4 层全连接加激活函数的形式，卷积层滤波器的大小为 4，个数为 100 个，batch（批处理）大小设置为 64，学习率设置为 0.001，使用 Adam 优化器进行训练。把预处理后的文本转化为词向量的形式，作为 FR-DCA 算法的输入。为了验证密集连接卷积注意力在科技大数据文本数据集上的特征提取效果，分别与基于 CNN 的模型和基于 LSTM 的模型进行对比。对对比模型进行训练，利用训练好的模型参数对文本测试数据提取特征表示，把提取到的特征输入 softmax 分类器中进行分类，并根据标注信息验证分类的效果。由于对比模型所使用的分类器模型完全一致，希望提取的特征能精确表达科技资源的领域分类信息，因此分类效果可以代表对于科技资源特征提取的效果。实验结果是 15 次重复实验的平均值，以确保训练模型的稳定性。

从表 2-6 和图 2-3 可以看出，基于 LSTM 及其变种的算法在科技资源文本特征提取上各项评价指标都优于单纯基于 CNN 及其变种的方法，这主要是因为 LSTM 等循环结构在对文本等序列数据的处理上有一定的优势，基于 CNN 的模型对单词之间的关联关系缺乏深度的推理能力。LSTM 及其变种算法在引入 Attention 机制后，准确率、召回率、F1 值分别提高了 5.3 个百分点、2.1 个百分点、3.7 个百分点，这说明 Attention 机制在文本特征提取方面具有独特的价值，因为注意力机制可以控制文本中不同单词的影响力权重。

表 2-6　不同算法提取的文本特征在科技资源数据集下的分类效果对比

算法名称	准确率	召回率	F1 值
CNN-static	0.793	0.801	0.797
CNN-non-static	0.804	0.812	0.808
LSTM	0.802	0.823	0.812
Bi-LSTM	0.841	0.852	0.846
LSTM+Attention	0.855	0.844	0.849
FR-DCA	0.891	0.887	0.889

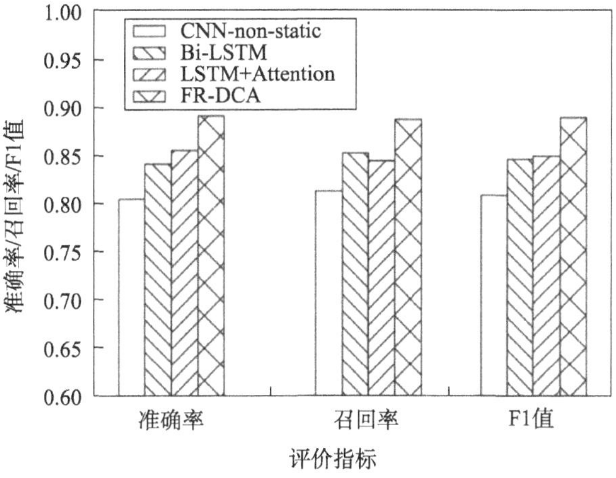

图 2-3　不同算法提取的文本特征在科技资源数据集下的分类效果对比

FR-DCA 算法在准确率、召回率、F1 值等多个维度都明显优于其他所有对比算法，这是因为 FR-DCA 结合了 CNN 和 RNN 在文本特征提取上各自的优势，同时通过引入密集连接的卷积注意力，在提升分类效果的同时减少了过拟合。

为了探究模型中 Bi-LSTM 网络中隐藏层的维度对模型最终分类效果的影响，分别把隐藏层维度置为 32、64、128、256、512、1024 进行实验，结果如图 2-4 所示。可以看出，各项评价指标性能随着维度大小的增加呈现先上升后下降的趋势，这是因为隐藏层参数增多会使得模型对于不同词向量间的潜在关系提取的效果更好，从而影响模型的分类效果，模型也随之变得越发复杂，当模型复杂度达到一定程度后，对模型的提升效果会不明显，甚至由于过拟合而产生负面影响。

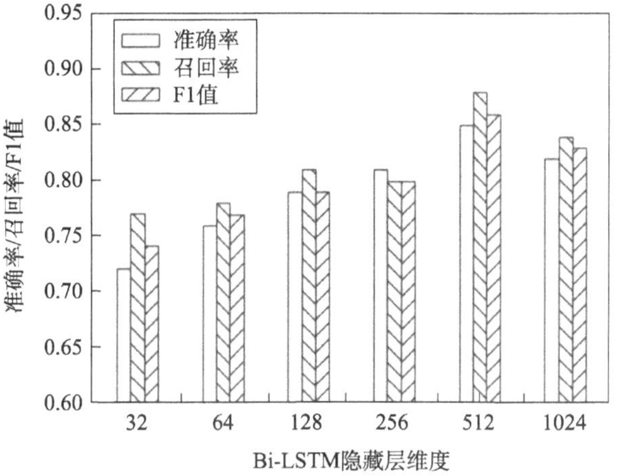

图 2-4　Bi-LSTM 隐藏层维度对模型效果的影响

对于数据集中的图像，存在多种不同的尺寸，尤其是科技资讯中的图片数据，不同的文章中图片尺寸难以统一。为了验证引入空间金字塔池化层后的深度卷积神经网络对数据集中图像特征提取的效果，选用 VGG-16、VGG-19 的原始网络结构，以及分别引入空间金字塔池化层后的网络模型进行对比实验。

对于原始的网络结构，由于其要求固定尺寸的输入，对数据集中的图片进行伸缩处理，统一转化为224×224像素的图像，通过 VGG-Net 网络对图像进行特征提取，得到图像的4096维向量，用于分类器训练。对于引入金字塔池化层后的 VGG-16 和 VGG-19 网络，对数据集中的图像尺寸做统计分析，得到几种典型的尺寸作为基准，在一定的尺寸区间内，使所有图片向区间的基准尺寸对齐，批量输入网络进行训练，采用这样的方式而不是直接使用任意原始大小的图像输入的主要原因是加速网络的收敛。四种实验在图像分类任务中的表现如表 2-7 和图 2-5 所示。

表 2-7　引入/不引入金字塔池化层对 VGG-Net 的分类效果对比

算法名称	准确率	召回率	F1 值
VGG-16	0.684	0.693	0.688
VGG-16+金字塔池化	0.701	0.713	0.707
VGG-19	0.712	0.748	0.730
VGG-19+金字塔池化	0.762	0.791	0.776

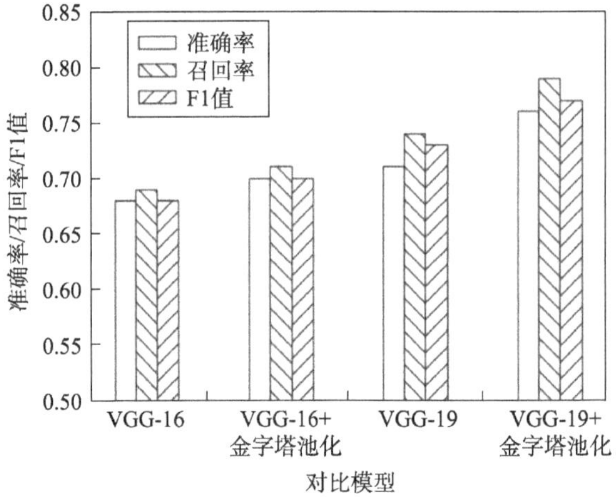

图 2-5　图像特征提取对比模型在各项指标上的分类效果图

通过表 2-7 和图 2-5 对比实验的结果可以看出，VGG-19 相比于 VGG-16 各项分类指标都有一定的提升，这是因为 VGG-19 神经网络相较 VGG-16 深度更深，具有更多的神经元参数，因此在经过合适的训练后具备更强的表达能力。引入金字塔池化后，对于科技数据集的图像分类任务，准确率、召回率和 F1 值都有一定的提升，尤其是对于 VGG-19 网络模型，准确率提升了 5 个百分点左右，这是因为空间金字塔池化机制避免了对原始数据做大幅度拉伸等形变，从而减少了图像因此造成的信息损失，改善了分类的效果。由于对输入图像的不同纵横比和不同尺寸的适配，提高了图像的尺度不变性，在一定程度上缓解了过拟合现象。

2.4　科技需求跨模态大数据的特征提取

针对科技需求文本数据存在的规模大、内容专业化、关系结构复杂、特征属性多等问题，本节提出基于科技需求附加内容特征的科技需求数据语义扩展算法，该算法的主要功能是对科技需求文本数据进行语义扩展，利用深度特征降维网络进行深度的特征提取，输入数据为经过语义扩展后的科技需求文本数据。针对科技需求图片数据存在的形状以及尺寸不规则等问题，通过使用残差网络模型，避免图片信息丢失，引入空间金字塔来进行图片信息处理，并使用改进后的 RDN（residual dense network，残差深度网络）网络进行训练，得到科技需求图片数据的特征向量。

2.4.1　科技需求文本数据深度特征提取与表达

输入数据为利用分布式爬虫爬取下来的科技需求内容，并利用其中存在的特征数据对科技需求标题文本数据进行语义扩充，利用深度特征降维网络对得到的深度特征向量进行表示，该特征向量的结果通过以科技需求文本数据为基础的模型训练，再由训练的结果进行特征抽取而生成。

1. 基于科技需求附加特征的科技需求标题文本语义扩展算法

科技需求网站中产生的文本数据普遍存在科技需求标题的文本内容长度比较短，以及其他语义不准确的问题，使得科技需求文本数据的特征提取难以获得准确的特征向量。本节提出基于科技需求附加特征的科技需求标题文本语义扩展（science demands based short-text semantic extension，SDSSE）算法，利用科技需求附加数据中的信息对科技需求标题文本进行语义扩展。SDSSE 算法的核心思想是对其中有价值的信息进行过滤，对科技需求内容数据进行预处理，对与科技需求标题进行组合后生成的新的数据进行保存。SDSSE 算法利用了用户产生的科技需求数据当中的具体需求内容和一些附加文本数据，这些科技需求具体文本数据中会有一些专业名词或者领域名词。SDSSE 算法的流程如图 2-6 所示。

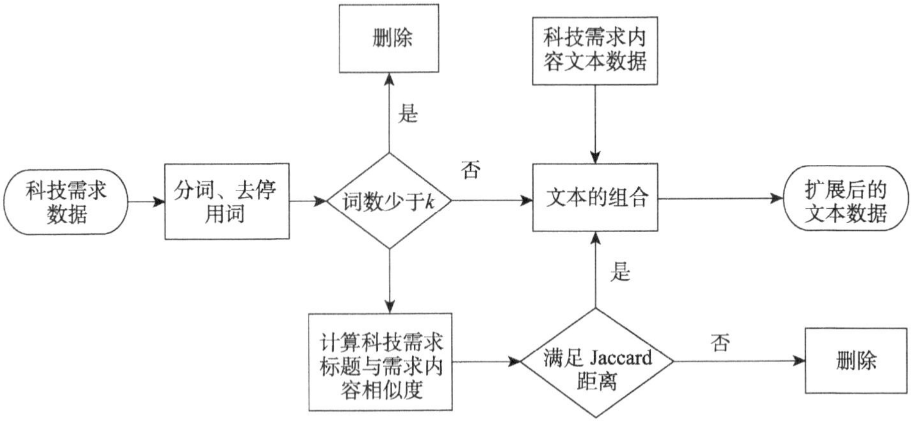

图 2-6　SDSSE 算法流程图

预处理操作主要包括对词语进行分类、去除标点符号等。对词语个数少于 k 的科技需求内容进行过滤。Jaccard 距离的作用是计算不同的科技需求文本大数据之间数据集的离异性大小，如式（2-24）所示，需要在进行语义扩展之前进行计算：

$$J(T_i,C_{i,j})=\frac{\left|T_i\cap C_{i,j}\right|}{\left|T_i\cup C_{i,j}\right|} \tag{2-24}$$

其中，$J(T_i,C_{i,j})$ 表示科技需求标题文本 T_i 与其相应科技需求内容文本 $C_{i,j}$ 的 Jaccard 距离量；T_i 表示预处理后得到的科技需求标题文本词语集合；$|\cdot|$ 表示科技词语集合中的词语数；$C_{i,j}$ 表示科技需求文本内容的词语集合。Jaccard 距离的作用是对科技需求大数据中的文本数据之间的相关性进行判断。为了能够更好地对科技需求大数据需求标题文本数据进行语义扩展，需要对一些附加的科技需求大数据科技需求内容文本数据进行筛选，筛选 $\alpha<J(T_i,C_{i,j})<\beta$ 的科技需求大数据需求内容文本数据作为语义扩展的基础进行训练。

通过设定用于扩展的科技需求文本个数大小来解决进行语义扩展之后的科技需求大数据需求文本标题数据的长度过长的问题。

2. 基于深度特征降维网络的文本特征抽取

采用深度特征降维网络实现科技需求文本数据的特征抽取。编码器的结构目的是使得特征降维网络输出的结果向量之间的差异性降低，同时能够加速网络模型的训练速度，提高模型训练的效率。X 为输入的科技需求文本数据，经过第一层编码器计算后将编码结果传输到第二层的编码器。h_1 为上一层编码器的输出结果，经过第二层编码器的编码计算后将计算结果输出到下一层编码器，h_{n-1} 为倒数第二层编码器的输出结果，经过最后一层编码器的编码计算之后将结果输出到最后一层隐藏层 h_n。使用 BOW 进行特征抽取，抽取的目标是获得的科技需求大数据文本扩展需求标题的数据内容。为了能够获得模型训练的稳定性，需要通过对获得的特征向量进行归一化处理，如式（2-25）所示，将生成的结果输入到深度特征降维网络：

$$v_j = \frac{x_j}{\sum_{n-1}^{k} x_n} \tag{2-25}$$

对输入的科技需求文本特征内容维度降低编码器，为了能够将得到的特征向量很好地拟合频率的分布，需要对每个维度进行 BOW 特征归一化处理，使用 softmax 函数作为激励函数，softmax 函数如式（2-26）所示，使用如式（2-27）所示的损失函数进行处理。

$$\sigma(z) = \frac{e^{z_j}}{\sum_{k-1}^{K} e^{z_k}} \tag{2-26}$$

$$J = -\sum_i v_i \log o_i \tag{2-27}$$

对科技需求大数据需求文本数据进行特征抽取编码层，使用激励函数来保证输出的向量在维度上的取值在(0,1)区间内，计算公式如式（2-28）所示，在进行特征抽取过程中的模型训练损失函数如式（2-29）所示：

$$S(t) = \frac{1}{1+e^{-t}} \tag{2-28}$$

$$J = \frac{1}{2}\sum_i (o_i - v_i)^2 \tag{2-29}$$

为了能够有效地将训练时间进行缩短，需要将训练好的编码器进行初始化操作。通过最小化输出向量与输入向量的距离来对隐藏层中的文本特征进行解码，并进行无监督的模型训练。

2.4.2　科技需求图片数据深度特征提取与表达

科技需求图片数据深度特征向量提取算法框架如图 2-7 所示。为了能够对任意类型、大小的科技需求图片进行处理，需要使用卷积层和池化层来对 RDN 进行修改，在输入了不同大小的图片之后，要对图片进行特征处理，提取图片的特征信息，为了能够将不同大小的图片转化成同一个长度的特征向量，需要在 RDN 之后添加一个空间金字塔池化层。

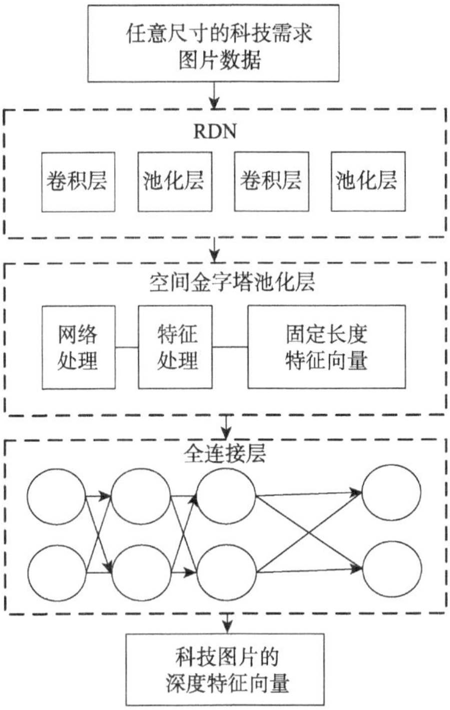

图 2-7　科技需求图片数据深度特征向量提取算法框架

1. 基于改进的 RDN 模型

将空间金字塔池化层替换 RDN 的池化层，也就是最大池化（max pooling）层。经过残差网络的计算，发现网络模型的计算时间复杂度较高，其原因是网络模型算法收敛不够快。为了能够有效缩减收敛的速度，需要在进行计算之前将类似大小的图片进行划分，再通过小范围的调整来进行图片大小统一，对分类之后的图片进行批量训练。

2. 引入空间金字塔池化层

为了解决不同特征向量转化成相同的特征向量，需要使用金字塔池化层进行相应的模型训练处理，该网络可以将多种任意不同维度的特征向量转化成固定统一维度的特征向量。每个图片的大小需要与空间块的大小成相应的比例。

2.4.3　实验结果及分析

采用科技需求网站，如海研网中的科技需求文本以及科技需求图片数据作为数据集。科技数据集主要包含高分子材料、医学药品和机械制造三个科技研究领域的数据，数据的模态总共分为两种类型：文本类型和图片类型。其基本信息如表 2-8 所示。

表 2-8　科技需求数据集

科技数据集	文本类型	图片类型	标题	内容
高分子材料/条	24 893	13 893	26	24
医学药品/条	23 225	19 838	21	29
机械制造/条	27 356	21 593	19	26

训练数据集和测试数据集如表 2-9 所示。

表 2-9　科技需求训练数据集和测试数据集

项目	训练数据集	测试数据集
数据总量/条	60 795	14 679
字符数据量/条	183 285	45 687
科技文本数量/条	58 961	14 672
科技实体总量/条	103 846	25 961
科技需求/条	57 625	14 406

为确定 SDSSE 算法中的 α 和 β 的最佳取值，进行语义扩充，根据实验数据集中的科技需求文本数据选取不同的 (α,β) 值对；进行特征提取，对语义扩充后的科技需求文本采用词嵌入模型；对文本特征使用 softmax 分类器进行分类对比实验。F-measure 如式（2-30）所示。采用 F-measure 作为评价的指标来对分类的召回率（recall）以及准确率（precision）进行综合评价：

$$\text{F-measure} = 2\times\frac{\text{precision}\times\text{recall}}{\text{precision}+\text{recall}} \tag{2-30}$$

表 2-10 为对超参数进行优化训练的数据对比结果，可以得到最优的超参数值对，展示了在不同超参数的取值下进行优化实验的最优值对比。

表 2-10　超参数最优实验结果

α	β				
	0.1	0.2	0.3	0.4	0.5
0.1	0.771	0.742	0.712	0.698	0.683
0.2	0.763	0.728	0.697	0.675	0.661
0.3	0.789	0.745	0.682	0.613	0.659
0.4	0.801	0.784	0.737	0.716	0.683
0.5	0.809	0.793	0.744	0.724	0.702

表 2-10 为超参数优化实验结果，得到超参数的取值范围在 $0.56<J(T_i,C_{i,j})<0.83$ 时具有最优的模型效果。当参数值在(0.56,0.83)的范围时得到最高的 F-measure 值。选取了以下模型进行对比实验，分别是词嵌入模型、SDSSE+词嵌入模型、深度特征降维网络、SDSSE+深度特征降维网络。利用训练好的网络模型分别对文本数据进行特征提取，对训练好的结果进行分类，使用测试集进行分类结果验证。实验结果对比如表 2-11 和图 2-8 所示。在分类器的分类结果下可以得到四种不同模型提取到的文本特征向量。

表 2-11　基于文本特征向量的对比

算法名称	准确率	召回率	F-measure
词嵌入模型	0.6542	0.6953	0.7062
SDSSE+词嵌入模型	0.7961	0.7383	0.7844
深度特征降维网络	0.8064	0.7953	0.8111
SDSSE+深度特征降维网络	0.8674	0.8032	0.8353

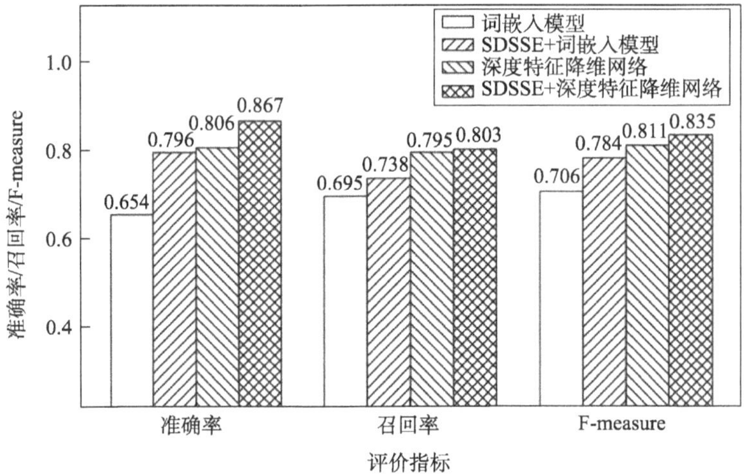

图 2-8　基于文本特征向量的对比图

对比实验的结果如表 2-11 和图 2-8 所示，SDSSE 算法具有更优秀的表现。SDSSE 算法不仅能够对科技大数据科技需求文本数据的语义特点进行有效的利用，还能在科技大数据科技需求文本数据当中的语义特征提取准确率等方面有更为出色的发挥。

选取四种模型算法进行对比实验，分别是 RDN-Net、基于空间金字塔池化层改进之后的 RDN-Net（用 RDN-Net with SPP 表示）、基于空间金字塔池化层改进之后的 Res-Net（用 Res-Net with SPP 表示）以及 Res-Net，可以得到四种不同模型提取到的文本特征向量，如表 2-12 和图 2-9 所示。

表 2-12　不同算法进行的图片特征提取对比

算法名称	准确率	召回率	F-measure
Res-Net	0.606	0.694	0.627
Res-Net with SPP	0.697	0.716	0.728
RDN-Net	0.704	0.738	0.737
RDN-Net with SPP	0.735	0.759	0.761

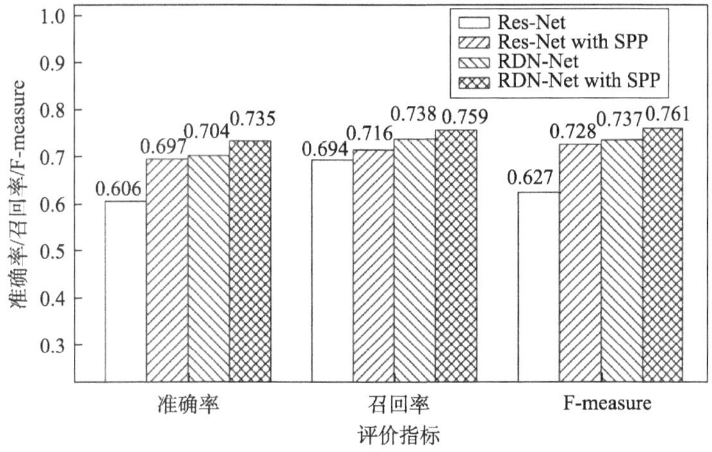

图 2-9　不同算法进行的图片特征提取分类效果对比

改进残差网络在科技需求大数据需求图片数据上的表现均优于其对比模型算法。

利用空间金字塔池化层改进后的 RDN 模型在科技需求图片分类实验中的各指标上的性能均有提升，该算法能提升科技需求图片数据的特征提取准确率。

2.5　科技资源跨媒体深度特征提取与表达

2.5.1　科技资源文本深度特征提取与表达模型的提出

为了降低文本特征的提取对分词准确性的依赖程度，解决一词多义的问题，建立了一种基于 BERT 和 BLSTM 网络的文本特征提取模型。科技资源数据文本深度提取模型流程如图 2-10 所示。利用模型中的字向量表征取代了嵌入式模型的词向量，利用双向长短时记忆网络实现对文本信息上下文特征的提取。在高维文本语义特征的抽象提取中，结合 BERT 模型和 BLSTM 模型，通过有监督的学习从大量的文本语料中学习到语义知识，实现对稀疏文本特征的压缩。

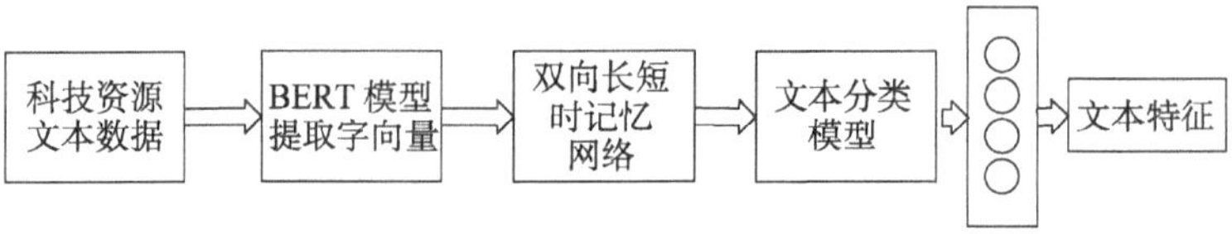

图 2-10　科技资源数据文本深度提取模型流程

利用大规模科技语料实现对 BERT 模型的微调训练，利用得到的模型与 BLSTM 网络联合，进行 softmax 分类判别以及 softmax 分类预测，通过对该有监督文本分类进行训练实验，能够获得一个相对其他模型较好的文本分类模型。将中间层 BLSTM 的输出向量进行提取，即可作为科技资源文本的语义特征向量的表示。

2.5.2　科技资源图像深度特征提取与表达模型的提出

将卷积网络模型的输入进行优化，避免需要对原始数据大小进行硬缩放而导致原始语义损失。在网络模型的全连接层前设计金字塔池化层，将任何维度的向量映射为固定维度的向量。CNN 模型从原始数据中自动学习特征，解决了科技资源图像数据种类繁多、内容复杂、数量庞大、使用特征工程选取难度大的问题。基于 CNN 的科技资源图像特征提取框架如图 1-6 所示。

由于从网络采集到的图像数据尺寸不一致，为了避免直接对图像的缩放导致丢失图像的原始特征信息的问题，采取对网络模型进行改造，实现对任意图像的处理。CNN 模型由卷积层、池化层和全连接层构成。

2.5.3　实验结果及分析

1. 数据集描述

针对采集到的 32 184 条科技资源文本和 12 754 张科技资源图像，进行跨媒体语义特征提取与表达实验，训练集与测试集比为 8∶2。对于文本进行去重、停用词、标点繁简转化等操作，利用训练好的模型进行文本特征的提取。对于图像通过引入金字塔池化的 VGG 网络进行特征提取。

2. 科技资源文本深度特征提取与表达实验

本节选取了目前较为流行的特征提取模型作为对比实验，通过分类实验将 LSTM、TextCNN、BERT-LSTM、BERT-BLSTM 四种模型的文本深度特征结果进行对比。使用四种模型进行独立训练，利用以上模型提取的科技文本语义特征训练 softmax 分类器，衡量文本语义特征提取结果的效果。四种算法模型所提取到的科技资源文本语义特征在 softmax 分类器下的分类结果如表 2-13 与图 2-11 所示。

表 2-13　不同模型分类指标对比

算法名称	准确率	召回率	F1
LSTM	0.804	0.819	0.816
TextCNN	0.842	0.858	0.849
BERT-LSTM	0.878	0.881	0.879
BERT-BLSTM	0.891	0.897	0.894

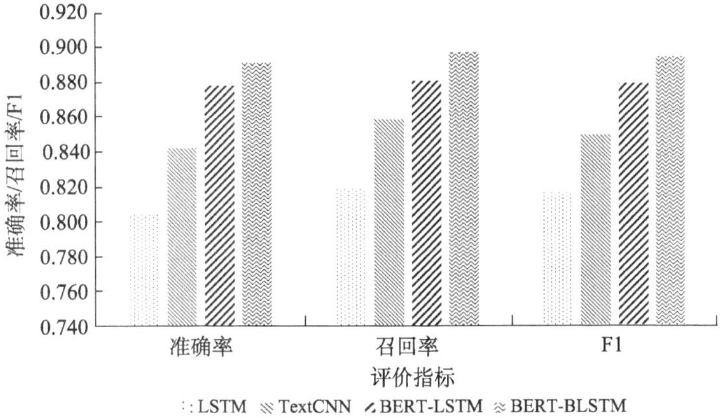

图 2-11　不同模型分类指标对比

从表 2-13 和图 2-11 可以看出，BERT-BLSTM 要优于其他的对比实验方法。BERT-LSTM 利用 Mask 语言模型实现对文本序列字符级特征的提取，结合 LSTM 改进了词嵌入无法获取上下文语义的缺陷，使用 BLSTM 对于文本序列处理有较好的效果。BLSTM 可以从序列的前向与后向获取特征信息，结合 BERT 模型增强文本语义，提升了模型的整体效果。

将超参数双向长短时记忆网络隐藏层不同数值进行实验，如表 2-14、图 2-12 所示。F1 值随着输出向量隐藏层维度的增大而增大。对于语义深度特征的抽取，当隐藏层维度达到 1024 时各个指标都到达到峰值，说明 BLSTM 网络隐藏层输出的长度是影响模型性能的重要参数，模型性能会随着 BLSTM 网络隐藏层输出向量的维度的增加而提升，达到一个峰值后，性能的提升变得不明显。

表 2-14　隐藏层维度对算法模型的影响

隐藏层	准确率	召回率	F1
64	0.734	0.741	0.737
128	0.762	0.776	0.768
256	0.813	0.826	0.819
512	0.867	0.871	0.868
1024	0.891	0.897	0.894
2048	0.852	0.859	0.855

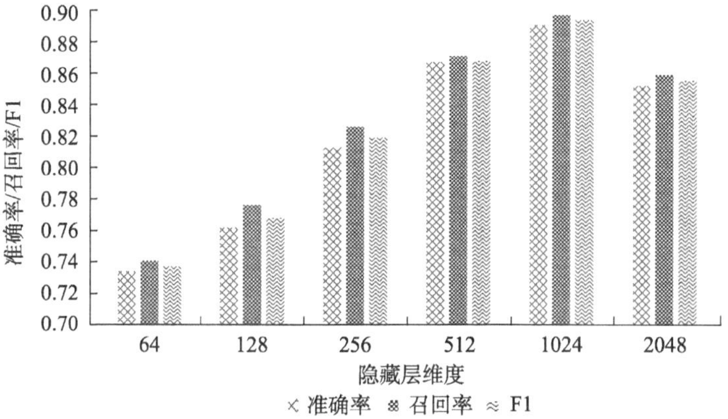

图 2-12　不同隐藏层维度下指标对比

3. 科技资源图像深度特征提取与表达实验

将 Le-Net、Alex-Net、VGG-Net 以及基于 VGG 结构金字塔池化优化过的模型（VGG-金字塔池化）进行科技资源图像深度语义特征的提取。使用科技资源图像数据集中对网络模型进行有监督训练，使用测试集验证效果。不同模型的分类实验结果对比如表 2-15 与图 2-13 所示。从表 2-15 和图 2-13 可以看出，相比于其他模型，利用金字塔池化改进后的 CNN 模型，经过训练之后在科技资源图像特征提取中的准确率、召回率和 F1 指标值都分别有所提升。Le-Net、Alex-Net、VGG-Net 三种网络结构越来越复杂，拥有了更多的网络参数，可以表示更加丰富的语义信息，能够提取到更加精准的图像语义特征。

表 2-15　不同模型图像语义特征分类效果对比

算法名称	准确率	召回率	F1
Le-Net	0.631	0.647	0.639
Alex-Net	0.723	0.719	0.720
VGG-Net	0.772	0.781	0.776
VGG-金字塔池化	0.801	0.813	0.807

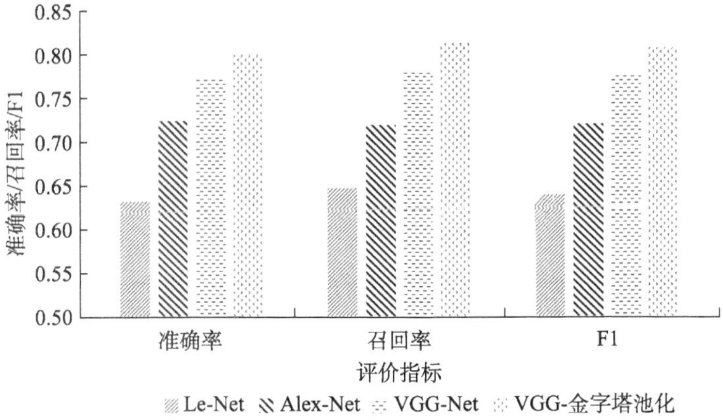

图 2-13　不同模型图像分类指标对比

2.6 本 章 小 结

本章提出了科技大数据的特征与信息关联分析方法以及面向科技资源不同模态大数据的特征提取与表示算法，利用科技资源中学科分类和研究主题的特性，对现有的深度特征提取模型进行了改进。针对科技大数据文本资源，本章提出了基于密集卷积注意力机制、BERT、BLSTM 网络等的文本特征提取与表示算法。针对科技大数据图像资源数据，利用空间金字塔池化策略对深度卷积神经网络模型进行了改进，利用改进后的模型实现了图像特征提取与表示。针对科技需求数据存在规模大、内容专业化、关系结构复杂、特征属性多等问题，本章提出了基于科技需求附加内容特征的科技需求跨模态大数据的特征提取算法，利用深度特征降维网络进行深度特征提取。

第3章　科技大数据语义学习与关联

随着信息采集手段与交互方式的日益丰富，人们越发地倾向于以直观的图像、视频、文本、音频等多种模态相结合的方式来理解外部世界和表达自身。由于科技大数据的产生过程伴随着诸多学科、诸多实验手段与诸多研究路径的交互，其所产生的海量数据（如文献、实验记录、样本等）也天然具有多源、异构、多模态、多领域等复杂特性，同时蕴含着复杂而抽象的语义关联信息。因此，对科技大数据进行有效的语义学习与关联，有助于为实现科技大数据的查询检索与智能分析提供技术支撑。现有的科技大数据语义学习与关联技术受制于语义鸿沟的存在，往往局限于自然语言文本的单一模态、单一领域，无法有效地从多模态、多领域语义中提炼知识。这一局限进一步导致了对人工干预的严重依赖，使得科技大数据的语义学习与关联目前在一定程度上仍处在劳动密集型阶段，这不仅导致了其学习的高昂成本，也同样限制了其有效应用。本章将围绕跨模态科技大数据的关联映射学习与统一语义表示、跨媒体科技大数据的语义统一表征、多领域跨媒体科技大数据的语义学习、多模态科技大数据语义理解与对齐、科技资源实体的跨媒体语义关联关系分析等进行研究。

3.1　跨模态科技大数据的关联映射学习与统一语义表示

本节提出了跨模态科技需求大数据深度关系映射（deep mapping of cross modal technology data，DMCT）算法。DMCT 算法的计算逻辑需要进行全连接层的特征维度统一，通过将改进残差网络以及特征降维网络统一来实现，把得到的跨模态统一语义空间进行映射，通过哈希量化的方式进行实现，得到科技需求文本数据和科技需求图片数据产生的跨模态语义空间中的一个哈希编码向量。

3.1.1　跨模态科技大数据深度映射算法总体框架

本节提出了 DMCT 算法，图 3-1 为 DMCT 算法的逻辑流程图。DMCT 算法为了能够实现跨模态科技大数据的语义统一，使用改进的残差网络来对科技需求图片数据进行模型训练，实现对科技需求大数据统一语义空间的学习。联合量化损失函数以及自适应交叉熵损失函数作为本节对比实验的模型训练损失函数，模型在经过大量的训练之后输出最终的跨模态科技大数据统一语义表示结果。为了最终能够得到科技需求大数据跨模态统一语义空间的哈希编码向量，需要对科技需求图片以及科技需求文字数据进行哈希量化，从而能够实现对跨模态科技大数据的统一语义表示。

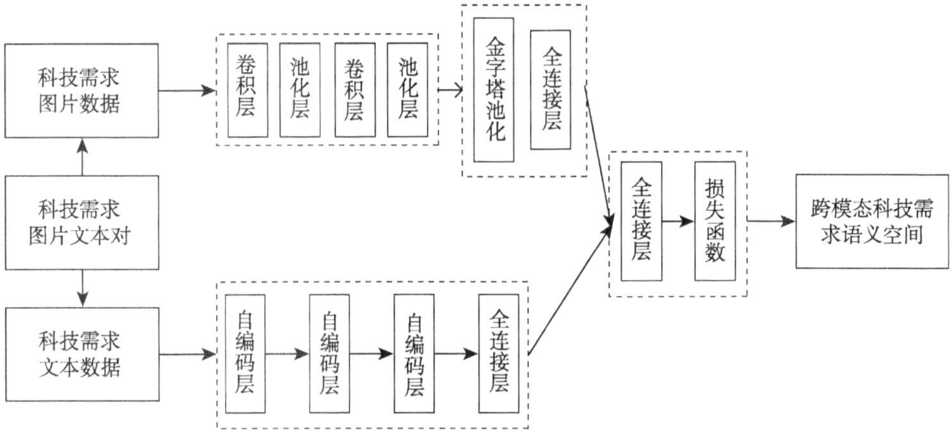

图 3-1　跨模态科技大数据统一语义表示流程图

3.1.2　跨模态科技大数据深度映射算法的提出

1. 问题描述

科技需求跨模态大数据主要包含科技需求图片数据以及科技需求文本数据两种模态的数据。$\{x_i\}_{i-1}^{N_x}$ 为提取之后得到的科技需求文本数据集表达式，x_i 为 D_x 科技需求文本特征向量的维度大小。$\{y_j\}_{j-1}^{N_y}$ 为经过特征提取之后得到的科技需求图片数据集表达式。为了能够将其表示为科技需求文本–科技需求图片数据对的形式，需要为其中的一部分科技需求图片数据配合科技需求文本数据，$s_{ij}=1$ 表示科技需求文本数据与科技需求图片数据之间的相似度非常高，反之则相反。

2. 统一语义表示

跨模态科技需求大数据的统一语义表示算法，即 DMCT 算法需要进行跨模态统一语义空间的构建，通过构建得到的统一语义空间中的关联关系 $\delta_t(x):x^{D_x}\to y^D$ 以及 $\delta_i(y):y^{D_y}\to x^D$ 来进行统一的语义表示，其流程如图 3-2 所示。

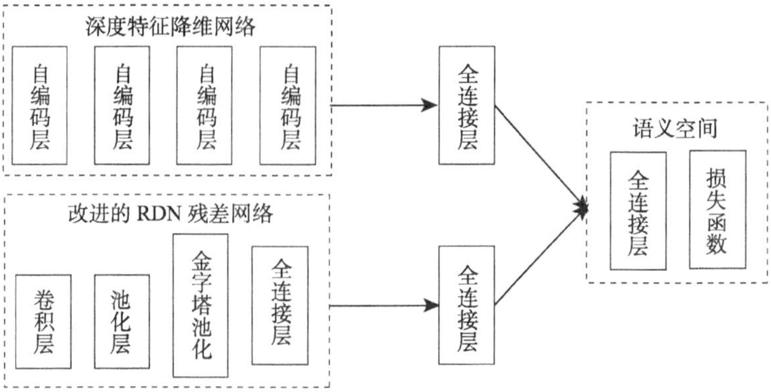

图 3-2　跨模态科技数据统一语义表示流程

跨模态科技数据统一语义空间学习网络中的输入层的输入数据为科技需求文本数据，输入的数据通过特征提取获得，使用改进残差网络模型算法的特征输出结果，也就是科技需求图片特征向量作为科技需求大数据图片数据的输入。为了使得模型输出的结果的维度保持一致，需要添加一个新的处理层，将全连接层得到的输出结果作为统一语义空间模块的输入，进行损失函数的优化训练，通过这种方法能够有效构建一个完善的跨模态科技需求大数据统一的语义空间。需要对改进的残差网络以及深度特征降维网络进行初始化，使用训练好的参数数据来对跨模态科技需求统一语义空间进行学习。

3. 损失函数

全连接层的激励损失函数如式（3-1）所示，通过模型训练可以得到非线性降维的特征表示：

$$\tanh(z)=\frac{e^{x}-e^{-x}}{e^{x}+e^{-x}} \tag{3-1}$$

模型训练的优化函数如式（3-2）所示：

$$\min D=\mathrm{CD}+\lambda\mathrm{QD} \tag{3-2}$$

其中，QD 表示优化函数；λ 表示本次模型计算的协方差的数值；CD 表示模型训练的损失函数；D 表示全局的损失函数。

训练模型的损失函数能够实现对科技需求图片数据以及科技需求文本数据之间差异性的量化计算，如式（3-3）所示：

$$\mathrm{CL}=\sum_{s_{ij}\in S}\log\left(1+\exp\left(\alpha\left\langle z_i^x,z_j^y\right\rangle\right)\right)-\alpha s_{ij}\left\langle z_i^x,z_j^y\right\rangle \tag{3-3}$$

其中，$\left\langle z_i^x, z_j^y \right\rangle$ 表示文本的特征向量 z_i^x 和图像特征向量 z_j^y 之间的内积；α 表示自适应 sigmoid 函数的超参数值。为了提高残差网络反向训练的传播效率，对 α 的取值进行调整。式（3-4）为残差网络的自适应 sigmoid 函数，控制网络的计算收敛速度需要通过控制残差网络中的超参数 α 来实现。$\alpha<1$ 时的残差网络的计算收敛速度比 $\alpha=1$ 时的经典 sigmoid 函数更快：

$$\sigma(x)=\frac{1}{1+\mathrm{e}^{-\alpha x}} \tag{3-4}$$

模型训练的损失函数用 QD 表示，如式（3-5）所示：

$$\mathrm{QD}=N_y\sum_{i=1}^{N_x}\left\|z_i^x-\hat{z}_i^x\right\|^2+N_x\sum_{j=1}^{N_y}\left\|z_j^y-\hat{z}_j^y\right\|^2 \tag{3-5}$$

其中，N_y 和 N_x 分别表示科技需求大数据集中的科技需求图片数据量以及科技需求大数据文本数据量；$\left\|z_j^y-\hat{z}_j^y\right\|$ 表示科技需求图片特征向量 $\hat{z}_j^y, z_j^y$ 不同模态数据之间量化的差异性；$\left\|z_i^x-\hat{z}_i^x\right\|$ 表示科技需求文本特征向量 $z_i^x, \hat{z}_i^x$ 不同模态数据之间量化的差异性。

4. 联合量化算法

为了能够降低时间复杂度，需要利用语义空间的连续特性，使用离散的哈希语义空间替换原本的空间向量，其中最优的映射关系使用式 $\phi(z):x^D\rightarrow\{0,1\}^B$ 进行联合量化计算得到。联合量化算法中的映射关系 $\phi(z)$ 定义了一个编码表的集合 $C=[C_1,C_2,\cdots,C_M]$，该编码集合由 M 个编码表组成。联合量化算法的基础是根据模型计算生成的映射关系中的聚簇中心进行计算，根据中心点与其他特征向量之间的关联关系拟合程度进行划分，划分的结果为训练得到的联合量化映射关系表，对 θ 以及 C 进行训练。通过深度神经网络的反向传播训练计算可以得到参数 θ，使用式（3-6）求解：

$$\min_C\left(N_y\left\|Z^x-CB^x\right\|^2+N_y\left\|Z^y-CB^y\right\|^2\right) \tag{3-6}$$

其中，B 表示二进制码的维度，也就是编码后的向量长度。$\phi(z):x^D\rightarrow\{0,1\}^B$ 为需要的关系表达式，科技需求跨模态科技大数据统一语义空间可以通过离散哈希统一语义空间的计算得到。$\phi(\delta_t(x_i))$ 表示跨模态科技大数据统一语义空间中的特征向量，x_i 表示原本的科技需求文本数据，设科技需求大数据图片数据为 y_j，则科技需求大数据图片数据的跨模态科技数据统一语义表示为 $\phi(\delta_i(y_j))$。

3.1.3 实验结果及分析

1. 数据集描述

数据集包含高分子材料、医学药品和机械制造三个科技领域的数据，数据的模态分为两个类型，即文本类型和图片类型，其基本信息如表 2-8 所示。

模型训练的训练数据集以及测试数据集如表 2-9 所示，有 72 031 条科技需求数据，按照 4∶1 的比例划分为科技需求训练数据集以及科技需求测试数据集，获得的字符数据量有 183 285 条，经过分析获得的科技需求文本数量有 58 961 条，科技图片数量有 13 485 条。

2. 评价指标

采用 mAP（mean average precision，平均准确率）作为评价的指标，该指标能够有效地对科技需求跨模态检索以及科技需求同态检索进行评估，如式（3-7）所示：

$$\mathrm{mAP}=\frac{\sum_{q-1}^{Q}\mathrm{AP}(q)}{Q} \tag{3-7}$$

其中，Q 表示检索数目；$\mathrm{AP}(q)$ 表示对第 q 个数据的检索准确率。对每条数据检索的 AP 计算如式（3-8）所示：

$$\mathrm{AP}=\frac{\sum_{r=1}^{R}P(r)\delta(r)}{R\sum_{r=1}^{R}\delta(r)} \tag{3-8}$$

其中，R 表示检索结果；$P(r)$ 表示检索的准确率；$\delta(r)$ 表示检索的相关度。

3. 同模态检索实验

针对跨模态科技需求统一语义表示的同一模态数据的检索结果进行实验对比。对比算法分别是 CDQ（compact descriptive quantization，紧凑描述量化）算法、CCQ（composite quantization，复合量化）算法以及 SePH（semantics-preserving Hashing，语义保留哈希）算法。选取不同的哈希编码长度进行对比实验，实验的结果如表 3-1、表 3-2 所示，通过图 3-3 和图 3-4 进行结果对比。

图 3-3 为对文本进行检索文本的实验对比结果($T\to T$)。对比算法分别是 CDQ 算法、CCQ 算法以及 SePH 算法。图 3-4 为对图片进行检索图片的实验对比结果

($I \to I$)。经过 DMCT 算法模型处理之后的科技需求图片的 mAP 数值均高于其他对比算法。

表 3-1　文本同态检索实验结果对比

算法名称	文本同态检索结果				
	8bit	16bit	32bit	64bit	72bit
CDQ	0.843	0.865	0.821	0.853	0.824
CCQ	0.756	0.716	0.781	0.732	0.721
SePH	0.683	0.677	0.648	0.613	0.659
DMCT	0.875	0.899	0.861	0.861	0.837

表 3-2　图片同态检索实验结果对比

算法名称	图片同态检索结果				
	8bit	16bit	32bit	64bit	72bit
CDQ	0.705	0.737	0.716	0.724	0.736
CCQ	0.443	0.436	0.462	0.428	0.404
SePH	0.509	0.497	0.482	0.479	0.659
DMCT	0.787	0.809	0.791	0.759	0.782

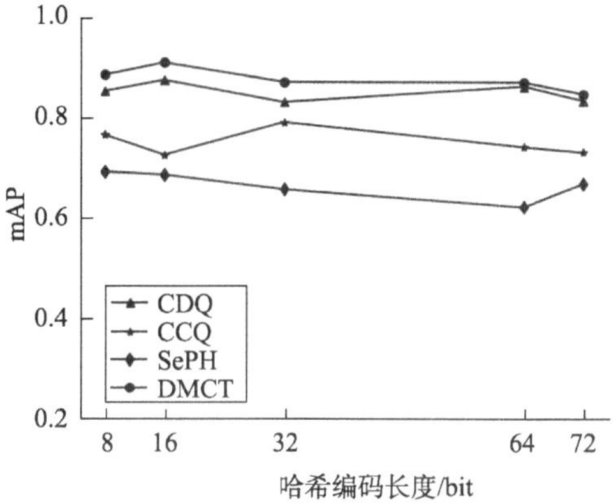

图 3-3　$T \to T$ 检索实验结果

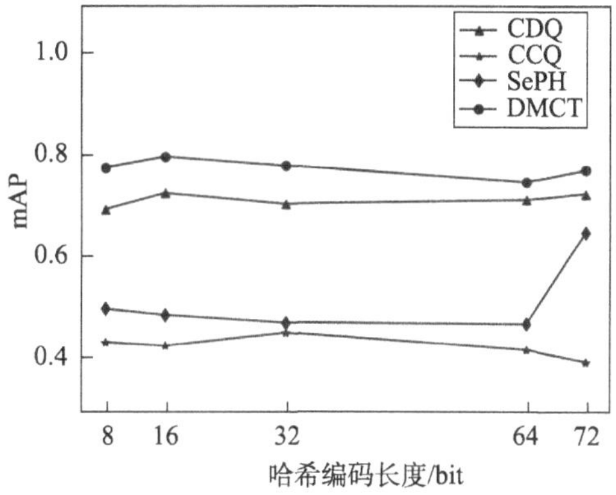

图 3-4　$I \to I$ 检索实验结果

本节提出的 DMCT 算法能够有效地结合科技需求大数据中的图片数据和文本数据之间的特点，在对比实验中明显优于其他对比算法，通过跨模态科技需求大数据统一语义空间的建立，能够减少同模态数据之间存在的误差，进行科技需求大数据同态检索时的表现优于其他对比算法，在图片的数据处理上也优于其他对比算法。

4. 跨模态检索实验

跨模态科技需求检索对比实验包括根据科技需求图片对科技需求文本进行检索($I \to T$)和根据科技需求文本检索科技需求图片($T \to I$)。对比算法选用 CDQ 算法、CCQ 算法和 SePH 算法。选取不同的哈希编码长度进行对比实验，对比实验的结果如表 3-3 和表 3-4 所示，图 3-5、图 3-6 分别为其对应的图像化展示。可以看到在同等哈希编码的长度下，使用 DMCT 算法得到的 mAP 值均高于其他对比实验算法。

表 3-3　文本检索图片实验结果对比

算法名称	文本检索图片结果				
	8bit	16bit	32bit	64bit	72bit
CDQ	0.757	0.742	0.776	0.769	0.741
CCQ	0.427	0.463	0.419	0.486	0.452
SePH	0.549	0.579	0.518	0.543	0.581
DMCT	0.767	0.803	0.793	0.771	0.785

表 3-4　图片检索文本实验结果对比

算法名称	图片检索文本结果				
	8bit	16bit	32bit	64bit	72bit
CDQ	0.789	0.791	0.780	0.802	0.813
CCQ	0.461	0.485	0.457	0.474	0.422
SePH	0.501	0.543	0.526	0.546	0.541
DMCT	0.814	0.801	0.802	0.837	0.823

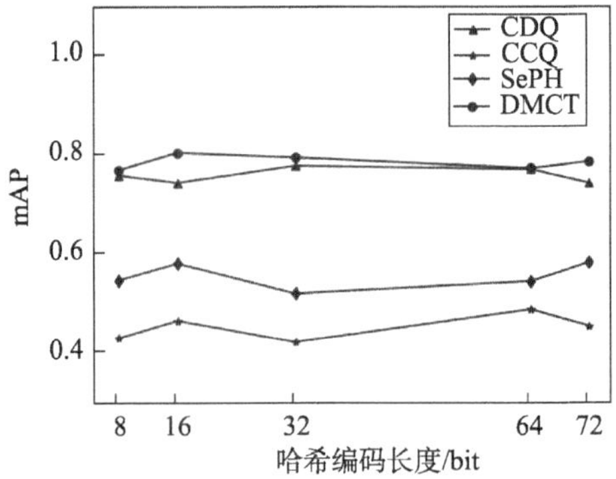

图 3-5　跨模态科技需求大数据统一语义空间内跨模态检索 $T \to I$ 实验结果

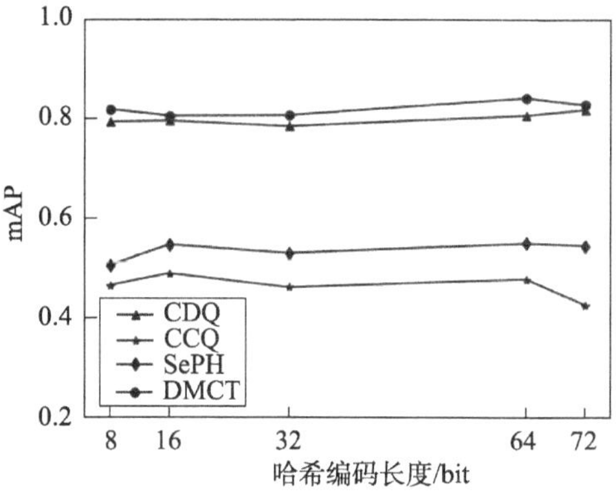

图 3-6　跨模态科技大数据统一语义空间内跨模态检索 $I \to T$ 实验结果

本节提出的 DMCT 算法能够减少跨模态数据之间存在的误差问题，DMCT 算法的收敛效率优于其他对比算法，在科技大数据需求数据集跨模态检索上 DMCT 算法具有更好的表现。

3.2　跨媒体科技大数据的语义统一表征

本节针对跨媒体科技大数据的语义统一表征问题以及两类典型的跨媒体场景，介绍多模态科技大数据语义统一表征与跨模态协同表征的相关研究成果。

统一特征表示是支撑下游应用如分类、聚类等的基础。虽然文本信息或数值型数据的表示学习技术已经相对成熟，但对于跨媒体科技大数据，由于其多模态信息的特殊性，实现有效的统一特征表示仍具有一定的困难。

3.2.1　多尺度描述模块

第 i 个多尺度描述单元具有两个输入：记忆状态 S_i 和特征状态 F_i。S_i 用来储存多尺度描述的混合特征，F_{i+1} 用来代表当前尺度的特征，下标 i 表示多尺度描述单元的序号。当输入 F_i 后，经过一个卷积层，得到更高尺度的特征，记为 F_i^c；之后，F_i^c 经过一个最大池化层输出 F_{i+1}^c，作为下一个多尺度描述单元的一个输入。S_{i+1} 与 F_i^c 的通道数相同，均为 N，拼接过后，记为 J_i，通道数转化为 $2N$，再经过一个卷积层，这个卷积层的作用是使用多种方案对 J_i 的各个通道乘以一个系数进行加和，J_i 中一半通道包含了所有低尺度信息的多尺度比较混合特征 S_i，另一半是当前尺度特征 F_i^c，这样就实现了多层级特征 S_i 和当前层级特征 F_i^c 的比较和混合，使通道数降回 N。

3.2.2. 多尺度描述网络

网络的输入具体包含三个时间序列，分别代表三个方向的震动波形，可以被视为输入的三个通道。在数据输入后经过一个卷积层进行初始特征的提取，同时将通道维度扩大准备输入 MSD-cell。输入一系列堆叠的 MSD-cell 获取多尺度混合特征，再输入两层全连接层和一层 softmax 层得到是否是余震的分类结果。这里整个网络分为 share part 和 detection part，为多任务学习做准备，不同任务将共享 share part 层的参数。以跨媒体科技大数据中的视频数据为例，通过其中的一个典型任务——面向特定实体的视频摘要任务，利用文本与视觉的模态融合实现跨模态协同表征，进而增强摘要的质量。

1. 原始视频数据预处理

该模块主要用于获得等间距的视频帧序列以及与原始视频数据相关的文本信息。一方面，可以对原始视频数据进行等间距的采样，得到一个由视频帧组成的序列；另一方面，可以对与原始视频数据相关的文本进行去噪和时间轴校正。文字部分信息采用语音信息的识别获得。该方法可进一步包含音频模态所提供的信息。

2. 目标实体检测模块

利用已有的检测技术逐帧地、无差别地定位出所有目标实体所在的区域，并通过一定范围的时间窗口筛选出相关的文本信息。对于一个视频帧序列，使用基于 Faster R-CNN（快速的基于区域的 RNN）的检测方法逐帧地、无差别地定位出所有在序列中出现的实体区域；对 Faster R-CNN 检测器使用 VGG-16 网络进行初始化，利用 Faster R-CNN 构建一个简单的二分类器，在只包含实体的图像数据集上重新训练得到更精准的检测能力。以实体区域所属的视频帧的时刻为基准，使用不同范围的时间窗口分别筛选出相关的文本信息。具体时间窗口长度可根据需要进行调整。采用上述方式从目标视频帧中定位出目标实体区域，提取相应的文本信息。

3. 目标实体匹配模块

根据选出的实体区域与相关的文本信息，利用重识别的方法将每一实体与目标进行匹配，将匹配成功的实体区域所属的视频帧作为关键帧，并保存相应的文本信息。将定位出的所有实体出现的区域作为候选对象，将目标实体区域作为目标对象，将一对〈候选对象，关联文本〉作为网络的输入，该输入代表需要通过匹配来识别的不同的实体区域以及与之关联的文本信息，网络的输出为一个二元数组，判断目标对象和候选对象是否属于同一个实体，[1,0]代表是，[0,1]代表否，如果是，则说明匹配成功，将匹配的候选对象所属的视频帧作为关键帧。

我们基于真实的视频数据进行了实验，该数据包含 167 个长视频以及相应的文本信息。结果发现，文本信息的引入对于搜索精度有较大的提升，在多数指标上都取得了较好的效果。我们针对摘要结果进行了主观评估，相较于基础模型分别取得了 0.22 和 0.09 的提升。此外，我们通过考察高权重的文本主题分布，归纳了文本主题在实体摘要任务上的规律。通过统计分析，我们发现包含与实体类别或外观描述显著相关的文本信息在该任务上体现出更明显的价值。

3.3 多领域跨媒体科技大数据的语义学习

为了更加有效地利用科研网络中广泛存在的多模态数据，通过文本特征和图像特征的有效融合实现信息的相互补充。为了跨越科技资源不同模态间存在的语义鸿沟，本节基于多领域跨媒体科技大数据的特征表示方法，提出了基于语义约束的科技资源多模态对抗学习（multimodal adversarial learning of science and technology resources based on semantic constraints，MASC）算法。该算法将基于密集连接的卷积注意力文本特征提取网络和基于空间金字塔池化的卷积图像特征提取网络作为各个模态内部的特征表示方法，引入语义约束关系，采用对抗学习的机制进行训练，使得不同模态的潜在语义空间被映射到统一的多模态语义空间中，同时保持模态间和模态内的语义相关性。

3.3.1 基于语义约束的科技资源多模态对抗学习算法总体框架

本节提出了 MASC 算法，该算法的总体框架如图 3-7 所示。

MASC 算法共分为三层，分别是多模态数据输入层、深度特征提取层、语义约束损失层。多模态数据输入层接收输入的原始图像和文本数据。深度特征提取层利用提出的 FR-DCA 算法输入科技资源中的文本数据对密集连接的卷积注意力网络进行训练；利用科技资源图像数据对引入空间金字塔池化的 VGG 深度卷积神经网络进行训练。在特征提取层的最后一个输出层，对两种模态的特征维度进行统一，从而构成一个公共的语义空间学习网络。通过语义约束损失层引入模态判别约束和三种语义约束，结合对抗学习的机制进行训练，网络收敛后不同模态的特征输出均能学习到保持模态内和模态间关联关系的语义表示。

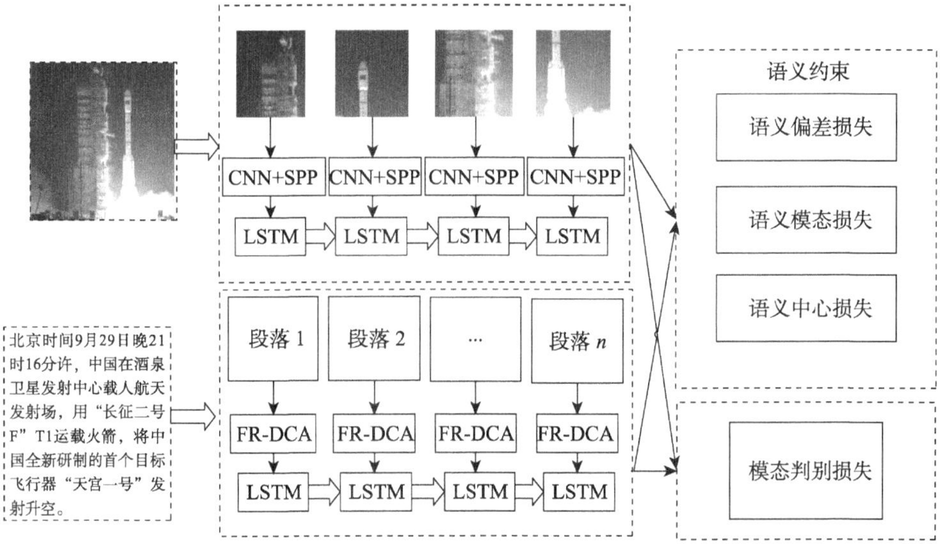

图 3-7　MASC 算法总体框架

3.3.2　基于语义约束的科技资源多模态对抗学习算法的提出

设文本数据集经深度特征提取后表达为集合 $\{t_i\}_{i=1}^{N_t}$，其中 N_t 为集合中文本的数量，t_i 为 D_t 维的文本特征表示。对于图像数据集，经过深度特征提取后记为集合 $\{v_i\}_{i=1}^{N_v}$，其中 N_v 为集合中图片的数量，v_i 为 D_v 维的图像特征表示。进行数据采集时，图片和文本不是孤立出现的，一个图片会搭配一段或几段文字，或者一段文字搭配一张或几张图片，可以认为这些图片和文本数据集在语义上是有内在关联的，给定 n 对跨媒体样本–语义三元组 $S=\{s_i=[v_i,t_i,c_i]\}_{i=1}^{n}$，其中 c_i 表示样本对的语义标注向量，假设共有 d_c 种语义类别，则 $c_i\in\mathbb{R}^{d_c}$。如果这对图像和文本属于第 j 类语义，则 c_i 的第 j 维分量等于 1，否则为 0。

采用建立公共语义空间的方式来映射模态间的关系，对于文本数据 x_t 和图像数据 x_v，找到映射关系 $f_T:\mathbb{R}^{D_m}\mapsto\mathbb{R}^{D_t}$ 和 $f_V:\mathbb{R}^{D_n}\mapsto\mathbb{R}^{D_v}$（$D_m$、$D_n$ 分别表示文本和图像输入数据的原始维度），使得满足语义相似的文本 t 和图片 v 经过深度特征提取层的映射后得到的特征表示 $f_T(t)$ 和 $f_V(v)$ 在公共语义空间的相似度最大化，即语义相关的文本和图片数据在跨媒体的公共语义空间中的距离最近。该相似度通过语义约束层引入的三种损失函数来度量。

生成器的网络映射为 $g(\omega_g)$，判别器的网络映射为 $d(\omega_d)$，则判别器的收益为 $V(\omega_g,\omega_d)$，生成器的收益为 $-V(\omega_g,\omega_d)$，训练过程中，生成器和判别器分别试图最大化自己的收益函数，收敛于式（3-9）：

$$g^* = \arg\min_g \max_d V(\omega_g, \omega_d) \tag{3-9}$$

V 的选择如式（3-10）所示：

$$V(\omega_g, \omega_d) = E_{x\sim P_{\text{data}}} \log d(x) + E_{x\sim P_g} \log(1 - d(x)) \tag{3-10}$$

其中，P_{data} 表示数据的真实分布；P_g 表示生成器生成的数据分布。无论是生成器尝试生成判别器难以判别的样本，还是判别器在尝试判别数据的真伪时，模型都能学习到样本分布的内在规律。这种对抗学习的训练机制可以理解为一种特殊的正则化形式，提高了生成器和判别器模型的鲁棒性。

本节提出的 MASC 算法充分考虑了对于细粒度上下文特征的提取。细粒度上下文特征提取层的细节如图 3-8 所示。为了充分挖掘出跨媒体科技资源中丰富的上下文信息，考虑到同一模态的数据内部不同组成部分之间的语义在跨模态学习任务中的重要性不同，采用对图片和文本数据分别进行分割的方式作为前置输入。

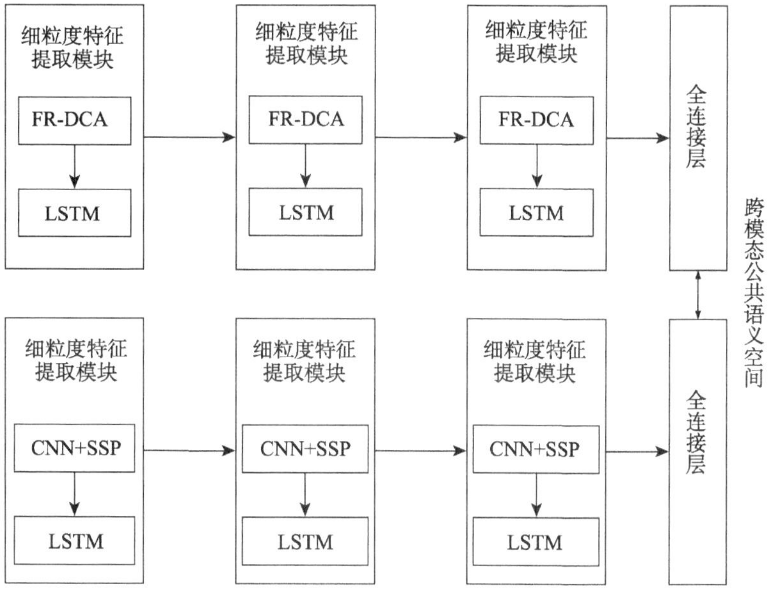

图 3-8　细粒度上下文特征提取层结构

在细粒度信息的提取中，采用了 LSTM 网络进行建模，利用记忆单元以及门限机制高效学习不同区域间的长期依赖，充分保留历史时步中的重要信息，将文本和图像在第一阶段提取到的特征按照序列输入到 LSTM 中，按照式（3-11）～式（3-14）更新网络参数：

$$i_t = \sigma(w_i x_t + u_i h_{t-1} + b_i) \tag{3-11}$$

$$f_t = \sigma(w_f x_t + u_f h_{t-1} + b_f) \tag{3-12}$$

$$o_t = \sigma(w_o x_t + u_o h_{t-1} + b_o) \tag{3-13}$$

$$u_t = \tanh(w_u x_t + u_u h_{t-1} + b_u) \tag{3-14}$$

其中，x_t表示时步t的输入；σ表示非线性激活函数；f表示遗忘门；o表示输出门；i表示输入门；w和u表示网络中的参数。同一模态内的所有 LSTM 单元可以得到特征输出序列$h_s = \{h_1, h_2, \cdots, h_n\}$，对其取平均值得到$h = \sum_{i=1}^{n} h_i / n$，其中$n$为序列的长度，输入到全连接层得到公共语义空间的特征表示。通过这种机制，文本或图片数据在公共语义空间中都蕴含了细致的上下文信息。

语义约束损失包括三部分，从不同的角度来最大化公共语义空间中不同语义样本的距离和最小化相同语义样本的距离，如图 3-9 所示。将语义约束网络的总体损失函数定义为L_{sem}，其由语义判别偏差L_{dis}、语义模态偏差L_{mod}以及语义中心偏差L_{cen}的线性加权求和构成。$f_V(V;\ \theta_V)$为图像特征的映射函数，θ_V表示图像特征映射网络的参数。$f_T(T;\ \theta_T)$为文本特征的映射函数，θ_T表示文本特征映射网络的参数。S_V和S_T分别表示图像和文本特征映射到公共语义空间的新特征，在公共语义空间S中它们的新特征维度都是m。

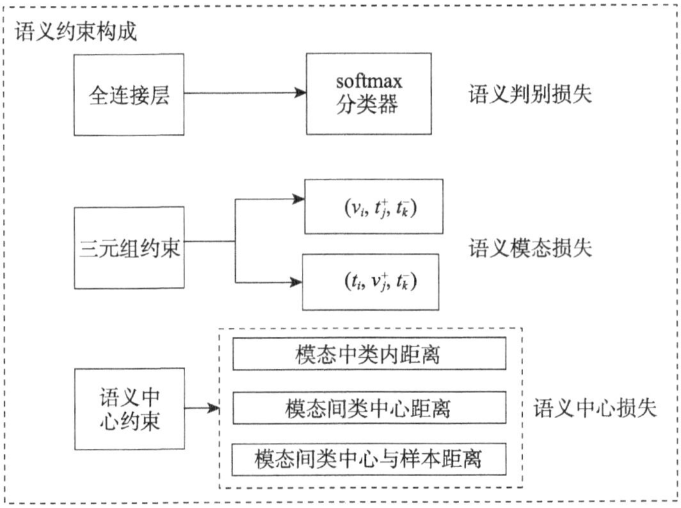

图 3-9　语义约束的构成

语义判别偏差是指同一模态内部标签预测产生的交叉熵损失，分类器的参数设为θ_{dis}，损失公式见式（3-15）。$p_i(\cdot)$表示由分类器生成的文本或图片的概率分布。

$$L_{\text{dis}}(\theta_{\text{dis}}) = -\frac{1}{n}\sum_{i=1}^{n}(y_i \cdot (\log p_i(v_i) + \log p_i(t_i))) \tag{3-15}$$

语义模态偏差为三元组损失函数，使得不同模态间相同语义的样本在公共子空间中尽量接近，不同语义的样本尽量偏离，如式（3-16）所示由图像模态偏差（3-17）和文本图像偏差（3-18）两部分组成：

$$L_{\text{mod}}(\theta_V, \theta_T) = L_{\text{mod}-V}(\theta_V) + L_{\text{mod}-T}(\theta_T) \tag{3-16}$$

$$L_{\text{mod}-V}(\theta_V) = \sum_{i,j,k}(l_2(v_i, t_j^+) + \lambda \cdot \max(0, \mu - l_2(v_i, t_k^-))) \tag{3-17}$$

$$L_{\text{mod}-T}(\theta_T) = \sum_{i,j,k}(l_2(t_i, v_j^+) + \lambda \cdot \max(0, \mu - l_2(t_i, v_k^-))) \tag{3-18}$$

其中，$l_2(\cdot)$ 表示二范数。(v_i, t_j^+, t_k^-) 和 (t_i, v_j^+, v_k^-) 是样本的三元组形式。对于图片样本 v_i 来说，t_j^+ 和 t_k^- 分别代表数据集中与 v_i 具有相同分类标注和不同分类标注的文本。对于文本样本 t_i 来说，v_j^+ 和 v_k^- 分别代表数据集中与 t_i 具有相同分类标注和不同分类标注的图片。

语义中心偏差使得同一模态内部以及不同模态之间相同语义的样本向语义中心靠拢，尽可能在公共语义空间达到聚类分布的效果。定义语义类中心如式(3-19)和式（3-20）所示：

$$m_j^v = \frac{1}{n_j}\sum_{i=1}^{n_j} v_j^i, \quad j = 1, 2, \cdots, k \tag{3-19}$$

$$m_j^t = \frac{1}{n_j}\sum_{i=1}^{n_j} t_j^i, \quad j = 1, 2, \cdots, k \tag{3-20}$$

其中，v_j^i 和 t_j^i 分别表示第 j 种语义类内部的第 i 个图片和文本样本在公共子空间的表示；n_j 表示第 j 种语义类的样本总数。记函数 $g(x) = \log(\cosh(x))$，语义中心损失如式（3-21）所示。

在每个模态内部，最小化每种语义的语义中心和该语义内样本的距离，该部分损失如式（3-21）所示。在同一种语义中，最小化不同模态间样本类中心的距离，使得不同模态的语义在公共子空间中拉近，该部分损失如式（3-22）所示。在同一种语义中，最小化一种模态的类中心与另一种模态的样本点的距离，使得不同模态的样本在公共语义空间都能相互向类中心靠拢，该部分损失如式（3-23）所示，共同构成如式（3-24）所示的中心偏差 L_{cen}。

$$l_1 = \frac{1}{k}\sum_{j=1}^{k}\left\{\frac{1}{n_j}\sum_{i=1}^{n_j}(g(m_j^v - v_j^i) + g(m_j^t - t_j^i))\right\} \tag{3-21}$$

$$l_2 = \frac{1}{k}\sum_{j=1}^{k} g(m_j^t - m_j^v) \tag{3-22}$$

$$l_3 = \frac{1}{k}\sum_{j=1}^{k}\left\{\frac{1}{n_j}\sum_{i=1}^{n_j}(g(m_j^v - t_j^i) + g(m_j^t - v_j^i))\right\} \tag{3-23}$$

$$L_{\text{cen}} = l_1 + l_2 + l_3 \tag{3-24}$$

语义约束的总体损失函数 L_{sem} 由判别偏差 L_{dis}、模态偏差 L_{mod}、中心偏差 L_{cen} 的线性加权求和构成。其中 α 、 β 和 γ 分别表示三个不同偏差值对损失函数的贡献，损失的计算如式（3-25）所示：

$$L_{\text{sem}}(\theta_V, \theta_T, \theta_{\text{dis}}) = \alpha \cdot L_{\text{dis}} + \beta \cdot L_{\text{mod}} + \gamma \cdot L_{\text{cen}} \tag{3-25}$$

模态判别器是一个二元分类器，分别输出样本是图片或文本模态的概率，模态判别损失即对抗损失记为 L_{adv}，计算方法如式（3-26）所示：

$$L_{\text{adv}}(\theta_{\text{adv}}) = -\frac{1}{n}\sum_{i=1}^{n}(b_i \cdot (\log D(v_i;\theta_{\text{adv}}) + \log(1 - D(t_i;\theta_{\text{adv}})))) \tag{3-26}$$

其中，b_i 表示样本的 one-hot 形式真实模态标签；θ_{adv} 表示判别器网络的模型参数；$D(v_i;\theta_{\text{adv}})$ 和 $D(t_i;\theta_{\text{adv}})$ 分别表示实例的每个图像和文本生成的模态概率。

根据生成对抗网络的机制，最优的模型参数的学习过程是式（3-27）和式（3-28）两个过程的极小极大博弈：

$$(\hat{\theta}_V, \hat{\theta}_T, \hat{\theta}_{\text{dis}}) = \underset{(\theta_V, \theta_T, \theta_{\text{dis}})}{\operatorname{argmin}} (L_{\text{sem}}(\theta_V, \theta_T, \theta_{\text{dis}}) - L_{\text{adv}}(\hat{\theta}_{\text{adv}})) \tag{3-27}$$

$$\hat{\theta}_{\text{adv}} = \underset{\theta_{\text{adv}}}{\operatorname{argmax}}(L_{\text{sem}}(\hat{\theta}_V, \hat{\theta}_T, \hat{\theta}_{\text{dis}}) - L_{\text{adv}}(\theta_{\text{adv}})) \tag{3-28}$$

具体训练过程如算法 3-1 所示。

算法 3-1 科技大数据跨媒体语义分析算法训练过程

输入：训练图像矩阵 $V = \{v_1, v_2, \cdots, v_n\} \in \mathbb{R}^{D_v \times n}$ ，训练文本矩阵 $T = \{t_1, t_2, \cdots, t_n\} \in \mathbb{R}^{D_t \times n}$ ，语义矩阵 $I = \{i_1, i_2, \cdots, i_n\} \in \mathbb{R}^{D_c \times n}$

输出：模型特征映射层参数 θ_V 和 θ_T

参数：批次大小 n_b ，学习率 μ ，折损参数 ν

步骤 1：随机初始化模型各个参数

步骤 2：通过梯度下降算法优化 θ_V 、 θ_T 和 θ_{dis}

$\theta_V = \theta_V - \mu \cdot \nabla_{\theta_V}((L_{\text{sem}} - L_{\text{adv}}) / n_b)$

$\theta_T = \theta_T - \mu \cdot \nabla_{\theta_T}((L_{\text{sem}} - L_{\text{adv}}) / n_b)$

$\theta_{\text{dis}} = \theta_{\text{dis}} - \mu \cdot \nabla_{\theta_{\text{dis}}}((L_{\text{sem}} - L_{\text{adv}}) / n_b)$

步骤 3：重复步骤 2 $k-1$ 次

步骤 4：通过梯度上升算法的方向优化 θ_{adv}

$\theta_{\text{adv}} = \theta_{\text{adv}} + \mu \cdot \nu \cdot \nabla_{\theta_{\text{adv}}}((L_{\text{sem}} - L_{\text{adv}}) / n_b)$

步骤 5：重复步骤 2 到步骤 4 直到训练收敛

当训练至收敛时，可对跨媒体科技大数据进行基于公共语义空间相似度的搜索。对数据集中的所有数据计算其在公共子空间的表示，记图像数据集V在公共子空间的表示为V_{com}，文本数据集T在公共子空间的表示为T_{com}。对于待检索样本x，若其为文本，计算样本x与V_{com}的相似度表示S_V。若其为图片，计算样本x与T_{com}的相似度表示S_T。从中按照相似度从大到小取前K个返回，即可得到语义最相近的图像或文本结果。

3.3.3　实验结果及分析

以多领域跨媒体科技资源数据集为基础，从中抽取来自 10 个不同领域的文本图像 7746 对，将其中的 5644 对用作训练集，2102 对用作测试集，构成科技资源跨媒体检索数据集，如表 3-5 所示。为了验证 MASC 算法中细粒度上下文提取所起到的作用，从数据集中的航天等领域中抽取和补充样本，通过重新标注的方式构建更加细致的五个分类（火箭、飞机、导弹、卫星、无人机）数据集，共 4206 对，构成表 3-5 中的细粒度检索数据集。

表 3-5　检索数据集

数据集	总样本对	训练样本对	测试样本对	标签数目
跨媒体检索数据集	7746	5644	2102	10
细粒度检索数据集	4206	3104	1102	5

科技大数据跨媒体语义学习的效果通过在多模态的语义空间中进行跨媒体检索实验进行评估。采用 mAP 作为评价指标，它是用来衡量检索查询任务的比较有代表性的判别标准。mAP 值越高，则表示检索查询的算法效果越好，计算公式如式（3-29）所示：

$$\text{mAP}=\frac{\sum_{i=1}^{N}\text{AP}(i)}{N} \tag{3-29}$$

其中，N表示查询的总次数；$\text{AP}(i)$表示第i次查询的 mAP，计算方法如式（3-30）所示：

$$\text{AP}=\frac{\sum_{r=1}^{R}P(r)\delta(r)}{R\sum_{r=1}^{R}\delta(r)} \tag{3-30}$$

其中，R表示检索返回的结果总数；$P(r)$表示返回的第r个搜索结果的准确率；

$\delta(r) \in \{0,1\}$ 表示第 r 个搜索结果与检索输入是否相关，若相关则 $\delta(r) = 1$，否则 $\delta(r) = 0$。

为了衡量所提出的 MASC 算法在语义空间学习上的效果，在提出的数据集上进行跨媒体检索实验，使用 mAP 指标来度量不同模型方法的性能，通过文本搜索图像（Text→Image）和图像搜索文本（Image→Text）这两个任务的前 5 次查询的搜索结果计算 mAP 值，并与比较有代表性的跨媒体检索算法 CCA-3V、JFSSL（joint feature selection and subspace learning，联合特征选择和子空间学习）、ACMR（adversarial cross-modal retrivieval，对抗性跨模式检索）方法进行对比，结果如表 3-6 所示。

表 3-6　跨媒体搜索方法在科技资源数据集上的 mAP@5 值比较

算法模型	Text→Image	Image→Text	平均值
CCA-3V	0.2685	0.2151	0.2418
JFSSL	0.3406	0.2473	0.2940
Corr-AE	0.4094	0.3125	0.3610
ACMR	0.5225	0.3987	0.4606
MASC	0.5603	0.5004	0.5304

从表 3-6 的结果中可以看出，CCA-3V 和 JFSSL 的表现较差，主要是因为 CCA-3V 和 JFSSL 是基于传统机器学习的跨媒体检索算法，在模型的学习能力上逊色于深度神经网络模型。Corr-AE 通过自动编码器模型，使用 CNN 构建原始数据到公共语义子空间的映射，其效果要优于非深度神经网络的两种算法。ACMR 算法是将对抗学习机制引入跨媒体语义学习的经典算法，相比于 MASC 算法，它没有考虑语义间更潜在的约束关系，因此在图搜文和文搜图两种跨模态检索任务上表现均逊色于 MASC 算法。综合五种对比算法可以看到提出的基于语义约束的方法在科技资源数据集上能够有效地建立公共语义空间映射，语义分析和检索效果要优于对比算法。

为了探究每个模块尤其是语义中心损失对最终检索效果的影响，进行了如表 3-7 所示的对比实验。其中 dis loss 指语义判别损失 L_{dis}、mod loss 指语义模态损失 L_{mod}、cen loss 指语义中心损失 L_{cen}。

表 3-7　语义约束损失中各部分对 mAP@5 值的影响

模型组成	Text→Image	Image→Text	平均值
without dis loss	0.3214	0.2451	0.2833
without mod loss	0.4014	0.3976	0.3995
without cen loss	0.4825	0.4532	0.4679
full model	0.5603	0.5004	0.5304

从表 3-7 中可以看出去掉三元组的语义模态损失时，模型效果有比较大的降低，这主要是因为三元组损失使得模型学习到了不同模态间语义的关联和差异。如果不引入语义中心损失，模型的 mAP 值无法达到比较理想的效果，引入语义中心损失将模态内和模态间同语义的样本向语义中心拉近，使得 mAP 值在图搜文和文搜图任务时均得到了提升。对于语义中心偏差中损失函数形式的选取，提出的算法选用的是 log(cosh) 函数。为了验证其效果，对比了常用的 L2、L1 和 Smooth L1 损失，分别实验了不同损失函数下的文搜图和图搜文以及平均的 mAP@5 的值，实验结果如表 3-8 和图 3-10 所示。

表 3-8　不同损失函数类型对 mAP@5 值的影响

损失函数类型	Text→Image	Image→Text	平均值
L1	0.502	0.495	0.499
L2	0.494	0.473	0.484
Smooth L1	0.553	0.512	0.533
log(cosh)	0.561	0.510	0.536

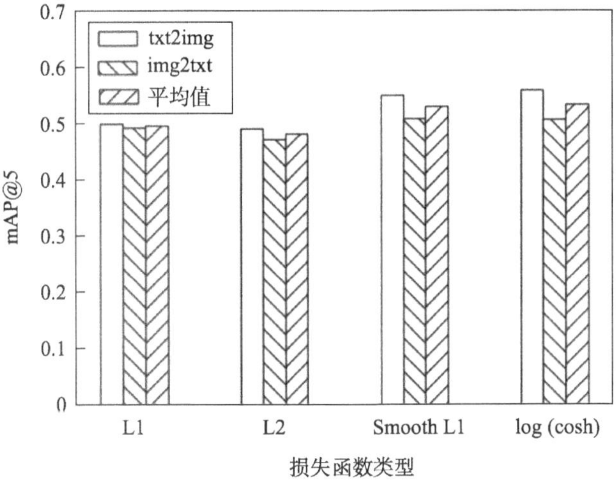

图 3-10　不同损失函数对 mAP@5 值的影响
txt2img 表示文搜图，img2txt 表示图搜文

可以看出选用的 log(cosh)损失相较于 Smooth L1 损失在两种任务的表现上基本一致，但实际实验过程中发现 Smooth L1 损失出现了收敛速度慢的问题，且这两种损失都优于 L1 和 L2 损失，因为它们相对于 L2 损失能够缓解极端值的影响，相比于 L1 损失函数更加光滑。L2 损失的表现逊色于 L1 损失，这主要是因为 L1 函数的梯度比较稳定，且对于离群值适应性强，但 L2 损失的收敛速度比较快。

为了验证细粒度上下文提取模块对于更加细致的多模态数据分类带来的提

升，采用细粒度检索数据集重新调整模型。将细粒度上下文提取层换为三层全连接神经网络作为特征映射层，同时输入层更改为没有经过分割处理的图像和文本的特征向量，实验结果如图 3-11 所示。

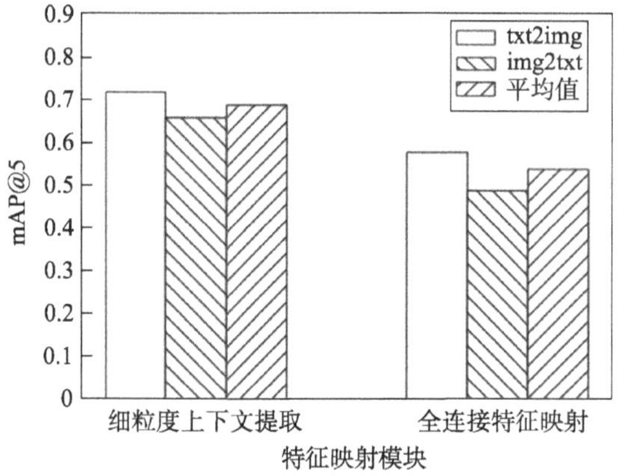

图 3-11　不同特征映射模块在细粒度检索数据集上效果对比

在文搜图和图搜文两种跨媒体任务上，对于细粒度的分类数据集，MASC 算法所采用的特征映射方式相较对比模型的 mAP 指标有 15%左右的提高，这主要是因为细粒度上下文提取通过分割以及 RNN 的方式充分学习到多模态数据更为细致的特征，因此在细化的分类任务上效果更佳。

对训练过程损失函数的收敛性进行实验，训练轮次（epoch）和对抗损失（adversarial loss）、语义约束损失（semantic loss）以及平均损失（average loss）的值的关系如图 3-12 所示。可以看出语义约束损失基本符合单调下降的趋势，而对

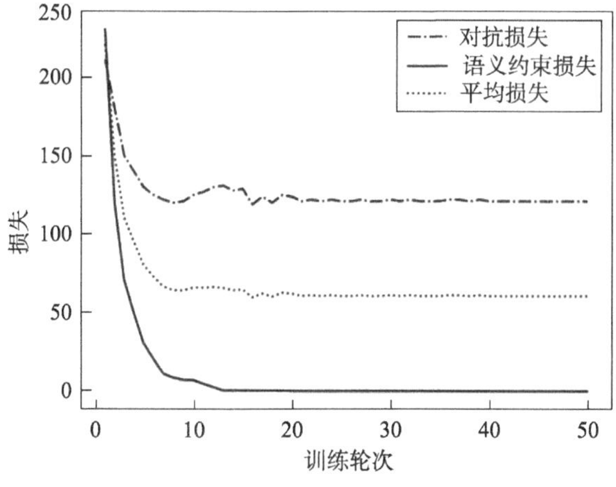

图 3-12　训练过程中损失函数值的变化

抗损失先下降后上升，开始震荡最后逐渐趋于稳定，这也符合预期的模型收敛特点，平均损失函数下降速度快，表明模型易于训练。

3.4　多模态科技大数据语义理解与对齐

语义理解和对齐是实现跨媒体科技大数据语义挖掘的基础。只有实现对于科技大数据中多源、异构信息的概要性语义理解，才能实现关键信息的有效抽取，并支撑后续的检索、查询等一系列任务。语义对齐是确保科技大数据语义挖掘的准确性，避免歧义误导的重要保障。

3.4.1　科技大数据中的模态信息语义理解

查询文本与待检索视频分别生成文本关系图与视觉关系图，可实现对于更深层语义互动的表示。借助其中的视觉－文本关系对齐的图卷积网络和 2D-TAN 模块，匹配一段时间内的文本关系图与视觉关系图，实现基于语义理解基础上的模态内容语义匹配。基于匹配结果检索查询文本在视频中的起始时间和结束时间。

将跨模态科技大数据语义理解以及相应的语义匹配任务定义如下：给定一个未裁剪的视频 V 和一个句子 S 作为查询，其任务是针对句子 S，选择视频 V 中最相似的时刻片段 M。其中，查询记作 $S=\{s_i\}_{i=0}^{l^S-1}$，s_i 表示句子中的第 i 个词。l^s 表示句子中词的总长度。输入的视频流可以看作一系列的帧的序列，即 $V=\{x_i\}_{i=0}^{l^V-1}$，x_i 表示视频中第 i 帧，l^V 表示 1 个视频的总帧数，目标是检索视频中和输入查询语句 S 一样语义的从 τ_s 到 τ_e 的视频片段。

1. 文本关系图构建模块

文本关系图构建模块旨在将跨模态信息的文本描述，或者对应的查询文本内容解析为文本关系图 $G^L=(O^L,E^L)$，其中 $O^L=\{o_1^L,o_2^L,\cdots,o_n^L\}$ 表示文本中的实体的特征集合，而 E^L 表示实体间的关系的特征集合，可以表示为 $E^L\subseteq O^L\times R^L\times O^L$，其中 R^L 为实体间的谓语动词。用 $o_1^L,o_2^L,r_{1,2}^L$ 来分别表示 a person、basketball、playing 的词向量，对应的文本关系图为 $G^L=(\{o_1^L,o_2^L\},\{(o_1^L,r_{1,2}^L,o_2^L)\})$。文本场景图解析与文本关系图构建模块的目的类似，旨在根据输入查询文本 L 生成场景图 $G^L=(O^L,E^L)$，O^L 和 E^L 表示未经特征化的文本实体集合与文本关系集合。基于斯坦福大学公开的文本场景图解析器，将文本转换为依存树，构建场景图。场景图中的节点包含了属性构成的子节点。为了特征化场景图的简便，将属性子节点与实体节点合并为短语实体节点。基于跨模态视频片段检索中常用的词向量方法 Glove 来特征化场景图，从而构建文本关系图。

2. 视觉关系图构建模块

输入视频 V，视觉关系图构建模块旨在将其解析为视觉关系图 $G^V=(O^V,E^V)$，其中 $O^V=\{o_1^V,o_2^V,\cdots,o_n^V\}$ 表示视觉中的实体的特征集合，而 E^V 表示视觉物体间关系的特征集合，可以表示为 $E^V\subseteq O^V\times R^V\times O^V$，其中 R^V 可以理解为视觉物体间的谓语动词。

视觉关系图构建框架主要包含对视觉物体进行的特征提取以及对视觉关系进行的特征提取，技术流程包括以下两个部分。首先是视觉物体特征提取，通过 Faster R-CNN 进行视觉物体的特征提取，其中 Faster R-CNN 是一个通用的目标检测框架，在目标检测中流行的 COCO（common objects in context）数据集上进行预训练。将目标识别出的类别经过 Glove 方法表征为向量，作为标签特征，与实例特征拼接后作为视觉的物体特征。为了进一步表示物体的位置信息，将物体的归一化坐标作为位置特征与上述的特征一起拼接，形成最终的视觉物体特征。提取后的视觉物体特征作为视觉关系图的节点特征。其次是视觉关系特征提取，即基于在场景图生成任务中常用的 Union Box 概念进行视觉物体间关系的提取。给定两个目标的边界框，Union Box 用于表示两个物体边界框的最小外接框。在获得 Union Box 后，仿照视觉物体特征提取的方式，利用 RoI pooling（region of interest pooling，感兴趣区域池化）提取关系特征为视觉关系图的边特征 E^V。

3. 视觉–关系图对齐模块

在构建了视觉关系图与文本关系图后，我们将它们对齐，利用视觉－文本关系提升检索质量；改造图卷积网络，对关系图进行自身信息的更新；对视觉关系图与文本关系图进行特征表示，用于计算匹配度分数；提出以关系为中心的更新策略与机制和关系图特征嵌入方法，以关系为中心的更新策略对关系图进行信息更新，使得关系的特征表达更加丰富；对于任意节点，可以利用其邻接节点与邻接边的特征进行更新，对于边特征利用其连接的首尾节点的特征进行更新。

在进行信息更新后，分别讨论视觉关系图以及文本关系图的特征表达。由于视觉关系图为无向图，将视频候选片段中每一帧中的每条边以及其连接的节点表达为一个特征。文本关系图为有向图，将每条弧以及其连接的节点表达为特征。基于文本关系特征与视觉关系特征的联合映射进行注意力机制的计算，利用该权重生成一帧中文本关系和视觉关系对齐的特征。利用对齐的特征计算文本关系在该片段中出现的置信度得分。该得分可以用于表示视频片段与查询文本的相似度，可以通过交叉熵损失进行训练。

采用 TACoS 和 ActivityNet Captions 两个基础数据集，对于上述方法进行验证。其中，TACoS 是在 MPII-Compositive 数据集的基础上建立的，它包含 127 个视频，每个视频都是关于烹饪任务的。每一个视频都包含两种注释，即起始和结束时间的动作标签。在视频检索任务中，共有 17 344 个视频片段–文本对。将数据集划分成 50%用于训练，25%用于验证，25%用于测试。

3.4.2　科技大数据中的跨模态语义对齐

我们提出了一种基于多模态语义表征的多模态实体对齐（multi-modal entity alignment，MMEA）模型，用于对多模态实体关联进行建模，并查找指代真实世界中同一事物的实体。此外，我们提出一种多模态知识嵌入方法，以生成三种不同类型知识的知识表示，即关系三元组、视觉内容和数值属性的知识表示。为了将多模态知识用于实体对齐任务，以提高实体对齐模型的准确性，本节设计了多模态知识融合模块，以集成多种模态知识的知识表示。在两个大规模的真实数据集上进行的实验表明，MMEA 模型不仅在实体对齐任务中能够有效利用多模态知识，而且还优于当前性能较好的几种实体对齐方法。

将有待对齐的跨模态科技实体及其属性和关联表示为 $G=(\hat{E},R,I,N,X,Y,Z)$，其中，$\hat{E}$、R、I、N 为实体、关系、图像和数值的集合，X、Y、Z 分别表示关系三元组、实体–图像对和数值三元组。用 $E^{(r)}$、$E^{(i)}$、$E^{(n)}$ 分别表示用于关系、视觉和数值模态数据空间下的实体嵌入。令 $G_1=\left(\hat{E}_1,R_1,I_1,N_1,X_1,Y_1,Z_1\right)$ 和 $G_2=\left(\hat{E}_2,R_2,I_2,N_2,X_2,Y_2,Z_2\right)$ 表示两个不同数据源中有待对齐的跨模态实体信息，而 $H=\left\{\left(e_1,e_2\right)\mid e_1\in\hat{E}_1,e_2\in\hat{E}_2\right\}$ 表示已知的对齐实体集。

MMEA 模型可以在两个不同的多模态知识图谱中自动、准确地对齐实体。该模型由两个主要模块组成，即多模态知识嵌入（multimodal knowledge embedding，MMKE）和多模态知识融合（multimodal knowledge fusion，MMKF）模块。在 MMKE 模块中，提取关系、视觉和数值信息以补充实体的有效特征，通过基于 TransE 的方法进行关系结构特征的提取，基于 VGG16 的方法进行视觉图像特征的提取，基于 RBF（radial basis function，径向基函数）和 CNN 的方法进行数值属性特征的提取；在 MMKF 模块中，我们提出了一种新的多模态知识融合方法，将多模态知识嵌入从各自模态下的空间迁移到统一空间，使不同的多模态知识图谱中的对齐实体在统一嵌入空间中的距离最小化，并设计了一个交互式训练阶段端到端的优化多模态实体对齐模型。

1. 多模态知识嵌入

关系三元组是判断实体关联的重要线索。对于关系模态的数据，采用最具有代表性的翻译距离模型 TransE。给定 X 中的事实 (h,r,t)，h 和 t 可以在低维连续向量空间中与 r 建立关联，在翻译的过程中会不断调整 $h+r$ 和 t 之间的距离，使得 $h+r$ 当 (h,r,t) 成立时尽可能等于 t。在多关系数据中，存在某些结构相似性。例如，当（“Fuji”，“Location city”，“Shizuoka”）和（“Eiffel”，“Location city”，“Paris”）存在时，得到“Shizuoka”–“Fuji” ≈ “Paris”–“Eiffel”。通过关系“Location city”，可以从“Fuji” + “Location city” ≈ “Shizuoka”得到“Eiffel” + “Location city” ≈ “Paris”。将 L2 正则的评分函数定义如下：

$$f_{\mathrm{rel}}(h,r,t) = -\|h+r-t\|_2^2 \tag{3-31}$$

使用基于 margin-based 损失函数从关系模态的数据中学习实体嵌入：

$$L_{\mathrm{rel}} = \sum_{\tau^- \in D^-} \sum_{\tau^+ \in D^+} \max(0, \gamma - f_{\mathrm{rel}}(\tau^+) + f_{\mathrm{rel}}(\tau^-)) \tag{3-32}$$

其中，D^+ 和 D^- 分别表示正样本集和负样本集，$\gamma > 0$。给定一个正例 $\tau^+=(h,r,t)$，通过交换策略对正例集合进行扩充。交换策略是指如果头实体 h 已被另一个知识图谱中的实体 $\bar{h}$ 对齐，则$(\bar{h},r,t)$将被扩展进 D^+。对于尾实体 t，通过交换策略相同地生成$(h,r,\bar{t})$扩展到 D^+ 中。对关系三元组进行补充，有利于在统一的低维连续向量空间中链接两个不同的数据源。D^- 的定义描述如下：

$$\begin{aligned} D^- = &\left\{(h',r,t) \mid h' \in \hat{E} \wedge h' \neq h \wedge (h,r,t) \in D^+ \wedge (h',r,t) \notin D^+\right\} \\ &\cup \left\{(h,r,t') \mid t' \in \hat{E} \wedge t' \neq t \wedge (h,r,t) \in D^+ \wedge (h,r,t') \notin D^+\right\} \end{aligned} \tag{3-33}$$

从集合的定义中可以看出，负样本采样是通过随机替换正例集合中的关系三元组的头实体或尾实体，在嵌入表征任务中，负采样可以有效替代近似区分函数。在某些场景下关系结构信息可能会引起歧义，在其他数据源中找到与“Fuji”对齐的实体时，将存在“Fuji Mountain”和“Fujifilm”两个候选，而视觉特征比关系特征更直观和生动地描绘了实体的外观，可以区分“Fuji Mountain”与“Fujifilm”。视觉模态数据是跨模态科技大数据的重要组成部分，视觉特征在一定程度上消除了关系信息的歧义。

给定视觉模态数据中的一对 $(\mathrm{e}^{(i)},i) \in Y$，使用以下得分函数来提取视觉特征：

$$f_{\mathrm{vis}}(\mathrm{e}^{(i)},i) = -\left\|\mathrm{e}^{(i)} - \tanh(\mathrm{vec}(i))\right\|_2^2 \tag{3-34}$$

其中，$\mathrm{vec}(\cdot)$ 表示投影；$\tanh(\cdot)$ 表示一种激活函数。基于以上得分函数，最小化以下损失函数以优化视觉知识表示：

$$L_{\text{vis}} = \sum_{\left(e^{(i)},\, i\right) \in Y} \log\left(1 + \exp\left(-f_{\text{vis}}\left(e^{(i)}, i\right)\right)\right) \tag{3-35}$$

基于 RBF 和 CNN 的数值特征提取。在数值数据中，数值属性三元组表示为 $\left(e^{(n)}, a, n\right) \in Z$，其中 a 表示属性键，n 表示数值，属性键和相应的数值构成用于描述实体的键值对。关系结构仅对头部实体和尾部实体之间的翻译关系建模，而数值特征补充了某些实体相关的信息，这些信息不能由关系事实三元组构成。例如，“Fuji”的“height”为 3775.63，而“Fuji Mountain”的“height”为 3776.24，因此可以推断出它们指代同一事物，并且能够对齐。

稀疏的数值数据需要被拟合为简单的参数分布，RBF 可以将连续数值拟合。RBF 能够近似任何非线性函数，并能够处理分析数据规律性的问题，具有良好的泛化能力，收敛速度快。通过应用 RBF 将数值信息转换为高维空间中的嵌入，如下所示：

$$\phi\left(n_{\left(e^{(n)}, a_i\right)}\right) = \exp\left(\frac{-\left(n_{\left(e^{(n)}, a_i\right)} - c_i\right)^2}{\sigma_i^2}\right) \tag{3-36}$$

其中，c_i 表示径向核中心；σ_i 表示方差。归一化每个属性键的所有对应数值。归一化后，可以通过监督的方法在 RBF 神经网络中计算 c_i 和 σ_i。

将属性键的嵌入与从 RBF 层得到的数值向量连接起来，生成一个新的 $2 \times d$ 矩阵，表示为 $M = a, \phi\left(n_{\left(e^{(n)}, a\right)}\right)$。定义得分函数来衡量嵌入的合理性：

$$f_{\text{num}}\left(e^{(n)}, a, v\right) = -\left\| e^{(n)} - \tanh\left(\text{vec}\left(\text{CNN}\left(\tanh\left(M\right)\right)\right)W\right) \right\|_2^2 \tag{3-37}$$

其中，CNN 表示 l 个卷积层；W 表示全连接层。将经过卷积层得到的特征图重塑为向量，将其投影到嵌入空间。损失函数如下：

$$L_{\text{num}} = \sum_{(e^{(n)}, a, n) \in Z} \log(1 + \exp(-f_{\text{num}}(e^{(n)}, a, v))) \tag{3-38}$$

其中，Z 表示数值数据中的一组数值属性三元组。在涉及的数值属性三元组中，交换已对齐的实体，因为它们在不同的知识图谱中指代现实世界中相同的对象，并且拥有相同的数值特征。如果存在一个数值三元组 (e, a, n) 且 $(e, \overline{e})$ 出现在种子实体对齐中，则将 $(\overline{e}, a, n)$ 添加到 Z。

2. 多模态知识融合

考虑到三种模态的特征不能直接提取到一个空间，我们提出了一种 MMKF 模块，用于集成来自多种模态的知识表示。MMKF 将多模态知识嵌入从各自模态下的空间迁移到统一空间，统一空间学习使多模态特征可以互相受益。这增强了多种模态数据的互补性，从而提高了实体对齐模型的准确性。损失函数的设计如下：

$$L_{\text{csl}}\left(E,E^{(r)},E^{(i)},E^{(n)}\right)=\alpha_1\left\|E-E^{(r)}\right\|_2^2+\alpha_2\left\|E-E^{(i)}\right\|_2^2+\alpha_3\left\|E-E^{(n)}\right\|_2^2 \tag{3-39}$$

其中，E 表示统一空间中的实体嵌入；$E^{(r)}$、$E^{(i)}$ 和 $E^{(n)}$ 分别表示关系、视觉和数值知识空间中的实体嵌入；α_1、α_2、α_3 表示每种知识模态类型的比例超参数。

对齐实体之间的距离计算为 e_1-e_2，其中 e_1、$e_2\in E$。在统一空间中采用对齐约束方法以最小化映射损失：

$$L_{\text{ac}}\left(E_1,E_2\right)=\left\|E_1-E_2\right\|_2^2 \tag{3-40}$$

其中，E_1 和 E_2 表示实体在 $\hat{E}_1$ 和 $\hat{E}_2$ 集合中的嵌入，其定义如下：

$$\begin{aligned}\hat{E}_1&=\left\{e_1\mid e_1\in KG_1\wedge e_1\in\hat{E}\wedge\left(e_1,e_2\right)\in H\right\}\\\hat{E}_2&=\left\{e_2\mid e_2\in KG_2\wedge e_2\in\hat{E}\wedge\left(e_1,e_2\right)\in H\right\}\end{aligned} \tag{3-41}$$

其中，H 表示跨数据源对齐实体的集合。

为了弥补不同模态知识之间的不平衡性，我们设计了一种交互式训练方法，该训练方法在多模态场景下学习关系、视觉和数值知识的嵌入，并学习统一空间中的实体嵌入。用 L_2 归一化约束所有的实体嵌入，以规范化所有的实体嵌入向量。首先通过 VGG16 训练得到 4096 维所有实体的图像嵌入。在每一步中，通过 L_{rel}、L_{vis}、L_{num}、L_{csl}、L_{ac} 五个损失函数更新参数。

在评价标准方面，对实体嵌入向量进行余弦相似度计算，得出两个实体之间的相似度，使用 Hits@*n*、MRR（mean reciprocal rank，平均倒数排名）和 MR（mean rank，平均排名）三个常用的指标作为评价标准来评估所有的实体对齐模型。余弦相似度是通过测量两个向量的夹角的余弦值来度量它们之间的相似度，可以通过两个向量之间的角度的余弦值确定两个向量是否大致指向相同的方向，若两个向量的方向完全相同，余弦相似度的值为 1；若两个向量的方向完全相反，余弦相似度的值为–1；若两个向量的方向夹角为 90°，余弦相似度的值为 0。余弦相似度的计算通常用于正空间，值在–1 到 1 之间。余弦相似度的计算方法为式（3-42），其中 A 和 B 分别为两个向量，θ 为两个向量之间的夹角。

$$\text{similarity}=\cos\left(\theta\right)=\frac{A\cdot B}{\|A\|\|B\|} \tag{3-42}$$

Hits@*n* 表示根据相似度计算，正确对齐的实体的相似度按从高到低排名在前 *n* 位，MR 表示正确实体的平均排名，计算方法如式（3-43）所示，而 MRR 表示正确实体的平均排名的倒数，计算方法如（3-44）所示，其中 Q 为所有实体的数量，rank_i 为第 i 个实体在全部实体中的排名。

Hits@n 和 MRR 的值越高，说明该实体对齐模型的性能越好，而 MR 的值越低，则说明该实体对齐模型的性能越好。

$$\mathrm{MR} = \frac{1}{Q}\sum_{i=1}^{|Q|}\mathrm{rank}_i \tag{3-43}$$

$$\mathrm{MRR} = \frac{1}{Q}\sum_{i=1}^{|Q|}\frac{1}{\mathrm{rank}_i} \tag{3-44}$$

将 MMEA 与 TransE、MTransE、IPTransE、SEA、GCN-Align、IMUSE、PoE 等代表性算法进行比较，MMEA 模型达到了当前实验中实体对齐模型的最佳性能。

MMEA 模型的性能优于所有其他的方法，与这些方法相比，Hits@1、Hits@5、Hits@10、MRR 在两个数据集上分别提高了至少 8.88%、10.456%、10.584%、0.093 和 9.307%、11.07%、10.852%、0.099，MR 在两个数据集上分别减少了至少 58.036 和 59.795，实验结果表明 MMEA 模型比当前的实体对齐模型更适用于实际场景中的多模态知识图谱。处理多模态知识的实体对齐模型比仅能处理单模态知识的实体对齐模型能够产生更好的效果，MMEA 模型和 PoE-lni 模型的性能均优于 MTransE、IPTransE、TransE 和 PoE-1 这些仅能处理单模态知识的实体对齐模型，这表明随着数值属性和视觉信息的增加，实体对齐模型的性能得到了提升，证明了多模态信息的作用及效果。

为了进一步验证多模态信息在实体对齐任务中的有效性，设计了两种用于消融实验的模型变体，即 MMEA-R 模型和 MMEA-RN 模型。MMEA-R 模型是仅具有关系模态知识处理的 MMEA 模型的变体，而 MMEA-RN 模型是具有关系和数值属性模态知识处理的 MMEA 模型的变体。MMEA 模型优于 MMEA-R 模型和 MMEA-RN 模型，这表明多模态知识补充了有效的实体特征信息，MMEA 模型更能够有效利用多模态信息，以在实体对齐任务中达到更好的效果。多模态知识融合模块可以充分融合且利用多模态知识进行实体对齐，适用于真实世界中的多模态场景。MMEA 模型具有充分利用多模态信息的优势，能够准确有效地从不同知识图谱中找到指代同一真实世界事物的实体，是当前效果最优的实体对齐模型。

3.5　科技资源实体的跨媒体语义关联关系分析

本节提出了科技资源实体的跨媒体语义关联关系分析与抽取方法，实现了对多媒体科技资源信息进行深度挖掘，也实现了对不同模态数据关联关系的建立。针对跨媒体大数据的语义关联以及搜索，本节提出一种基于生成对抗网络与共享语义结构的科技资源跨媒体语义关联算法（cross-media semantic association algorithm of scientific and technological resources based on generative adversarial network and shared semantic structure，SSGACA），解决跨媒体科技资源数据之间的语义鸿沟问题，对科技资源文本以及图像进行搜索，实现对科技资源画像进行多模态资源信息的补充。

3.5.1　科技资源跨媒体语义关联关系算法

1. 科技资源跨媒体语义关联关系算法总体框架

本节提出一种基于生成对抗网络与共享语义结构的科技资源跨媒体语义关联算法。其算法总体结构如图 3-13 所示，主要包括图像语义提取结构、文本语义提取结构、语义共享结构、同模态语义空间结构和模态判别结构。图像语义提取结构使用跨媒体科技资源图像语义提取与表达模型实现对科技资源图像原始特征的提取。文本语义提取结构使用跨媒体科技资源文本语义提取与表达模型实现对科技资源文本原始特征的提取。为了实现对不同模态数据间的语义鸿沟的跨越，引入语义共享结构实现不同模态的原始语义对跨媒体统一维度语义空间的投影，以此来缩减不同模态间的语义差异。同模态语义空间距离最小化实现对资源数据原始语义的区分与还原。模态判别结构实现对统一维度语义空间中相似异构模态数据语义的约束。

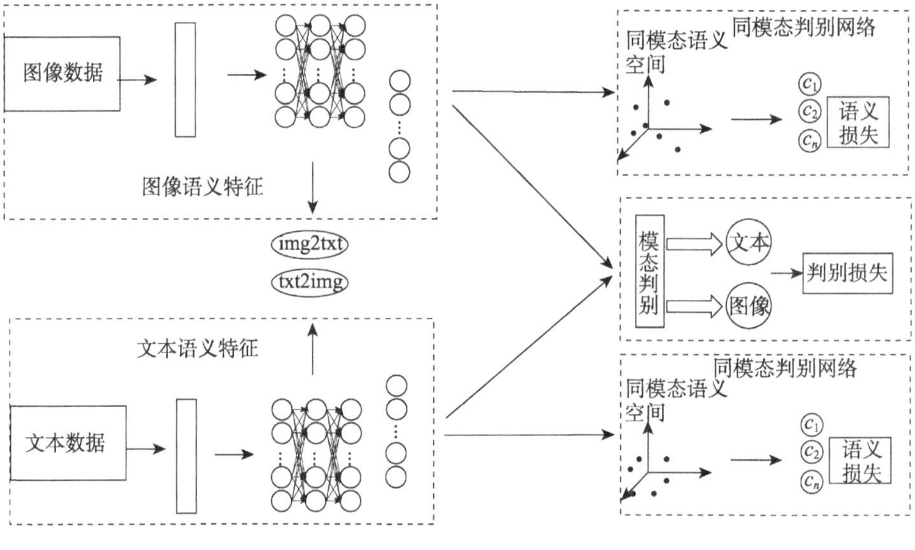

图 3-13　跨媒体语义关联关系算法总体结构图

语义共享结构是一种对抗生成网络中的生成模型，其结构是利用多层全连接表示层连接的多层感知机模型，对最后一层全连接层在不同模态网络中进行共享，以实现对科技资源跨媒体语义的公共表示，并通过其相似度约束减少不同模态间的语义差异。模态判别结构是一种对抗生成网络的判别模型，其结构是三层全连接网络，并采用 softmax 作为输出层。模态间的判别在于判定在进行公共语义空间投影之前原生数据的模态信息是文本还是图像，然后利用原始数据的真实模态分布进行约束训练模态判别结构。通过对以上两个结构对抗训练，经过迭代多轮训练，最终使得模型收敛。之后将共享语义结构使科技资源文本与图像原始特征向量转为公共语义向量，依据统一维度空间中的相似度距离度量，得到数据间的空间距离，将结果进行排序并返回可视化，以实现基于科技资源跨媒体语义关联关系跨模态检索。

2. 科技资源跨媒体语义关联关系算法实现

使用模型对抗的思想降低模型的判别损失，语义共享结构的目的是尽最大努力保留原生数据的语义以实现屏蔽模态信息，模态判别结构的目的是尽最大可能在原生数据特征在公共语义空间中进行投影之后分辨出特征向量对应的原生数据的模态信息。为了学习科技资源跨媒体数据的特征表示，通过式（3-45）、式（3-46）进行目标函数优化：

$$
\begin{aligned}
&L_{\text{imi}}(\theta_V,\theta_T)\\
&=L_2(\text{Sim}_L,\text{Sim}_S)\\
&=\sum_{i=1}^{n}\sum_{j=1}^{n}\left\|\text{sim}(l_i,l_j)-\text{sim}(f_V(v_i;\theta_V),f_T(t_j;\theta_T))\right\|_2\\
&=\sum_{i=1}^{n}\sum_{j=1}^{n}\left\|\frac{\sum_{k=1}^{d_l} l_{ik}\times l_{jk}}{\sqrt{\sum_{k=1}^{d_l}(l_{ik})^2}\times\sqrt{\sum_{k=1}^{d_l}(l_{jk})^2}}-\frac{\sum_{k=1}^{m} f_V(v_i;\theta_V)_k\times f_T(t_j;\theta_T)_k}{\sqrt{\sum_{k=1}^{m}(f_V(v_i;\theta_V)_k)^2}\times\sqrt{\sum_{k=1}^{d_l}(f_T(t_j;\theta_T)_k)^2}}\right\|_2
\end{aligned}
\quad (3\text{-}45)
$$

其中，L_{imi} 表示模态偏差，利用 L2 范数表达原数据语义矩阵 Sim_L 和投影到公共语义空间矩阵 Sim_S 的差异；l_i 与 l_j 表示原始语义分布；$f_V(v_i;\theta_V)$ 与 $f_T(t_j;\theta_T)$ 分别表示图像与文本特征映射函数；θ_V 和 θ_T 表示图像与文本网络的模型参数；m 表示共享语义空间维度；n 表示样本数。

$$
\begin{aligned}
L_{\text{adv}}(\theta_D)&=-\frac{1}{n}\sum_{i=1}^{n}(\log(1-D(s_{vi};\theta_D))+\log(D(s_{ti};\theta_D))\\
&=-\frac{1}{n}\sum_{i=1}^{n}(\log(1-D(f_V(v_i;\theta_V);\theta_D))+\log(D(f_T(t_i;\theta_T);\theta_D))
\end{aligned}
\quad (3\text{-}46)
$$

其中，L_{adv} 表示判别结构损失，代表模态预测的偏差值；θ_D 表示判别结构参数。训练过程中语义共享结构与模态判别结构的模型参数迭代表达式如式（3-47）、式（3-48）所示。语义共享结构的损失表达函数如式（3-49）所示。

$$(\theta_v,\theta_T,\theta_{\text{imd}})=\arg\min(L_{\text{emb}}(\theta_V,\theta_T,\theta_{\text{imd}})-L_{\text{adv}}(\theta_D)) \tag{3-47}$$

$$\theta_D=\arg\max(L_{\text{emb}}(\theta_V,\theta_T,\theta_{\text{imd}})-L_{\text{adv}}(\theta_D)) \tag{3-48}$$

$$L_{\text{emb}}(\theta_V,\theta_T,\theta_{\text{imd}})=\omega\cdot L_{\text{imd}}+\mu\cdot L_{\text{imi}} \tag{3-49}$$

利用 ω 和 μ 参数对语义损失 L_{imd} 和模态损失 L_{imi} 进行线性组合，使语义共享总体的损失 L_{emb} 分别表示两个偏差值对损失函数的贡献。

具体训练步骤如算法 3-2 所示。

算法 3-2 训练步骤

输入：利用小批量处理样本调整模型参数的方式，利用图像特征模型抽取当前数据的图像特征 $\{v_1,\cdots,v_n\}$，利用文本特征模型获取到文本特征 $\{t_1,\cdots,t_n\}$

输出：模型收敛后的模型参数 θ_V 和 θ_T

约定：语义共享网络迭代次数 n，一次迭代的批处理规模为 m，学习步长为 μ，损失步长为 λ。学习率随着训练次数逐步减小，避免参数震荡导致梯度爆炸

步骤 1：利用随机值对模型的参数赋初值

步骤 2：循环：

步骤 2.1：梯度下降优化模型结构参数 θ_V、θ_T 和 θ_{imd}

$$\theta_V=\theta_V-\mu\cdot\nabla_{\theta_V}\frac{1}{m}(L_{\text{emb}}-L_{\text{adv}})$$

$$\theta_T=\theta_T-\mu\cdot\nabla_{\theta_T}\frac{1}{m}(L_{\text{emb}}-L_{\text{adv}})$$

$$\theta_{\text{imd}}=\theta_{\text{imd}}-\mu\cdot\nabla_{\theta_{\text{imd}}}\frac{1}{m}(L_{\text{emb}}-L_{\text{adv}})$$

步骤 2.2：迭代 k–1 次

步骤 2.3：梯度增大优化模型结构参数 θ_D

$$\theta_D=\theta_D+\mu\cdot\lambda\cdot\nabla_{\theta_D}\frac{1}{m}(L_{\text{emb}}-L_{\text{adv}})$$

步骤 3：直到模型收敛

步骤 4：返回模型收敛后的结果 θ_V 和 θ_T

当算法模型参数训练收敛时，可以对科技资源跨媒体数据进行搜索实验。

3.5.2 科技资源跨媒体语义关联关系算法实验结果及分析

1. 数据集描述

基于分布式实时抓取框架实现对数据的去重预处理等操作，完成对科技资源文本以及图像的抓取，数据统计如表 3-9 所示。

表 3-9　跨媒体科技资源数据集

数据种类	训练集	交叉验证集	测试集	总量
文本数	16 092	3 218	12 874	32 184
图像数	6 377	1 275	5 102	12 754

含有跨媒体数据集的文本和图像的科技资源共产生 12 754 个文本–图像对，用于训练和验证跨媒体搜索算法的有效性和准确性。将全集数据进行划分，划分训练样本规模、验证样本规模与测试样本规模比为 5∶1∶4。

2. 评价指标

采用 mAP 作为评价指标。mAP 值越高表示搜索结果越好，其计算方式如式（3-50）、式（3-51）所示：

$$\mathrm{mAP}=\frac{\sum_{q=1}^{Q}\mathrm{AP}(q)}{Q} \tag{3-50}$$

$$\mathrm{AP}=\frac{\sum_{r=1}^{R}P(r)\delta(r)}{R\sum_{r=1}^{R}\delta(r)} \tag{3-51}$$

其中，Q 表示全部的搜索数；$\mathrm{AP}(q)$ 表示第 q 个搜索的 mAP；R 表示搜索结果总数；$P(r)$ 表示结果中第 r 个搜索结果的准确率。

3. 跨媒体检索实验

跨媒体检索流程如算法 3-3 所示。

算法 3-3　跨媒体检索流程

输入：输入检索项目 x，科技资源图像 V，科技资源文本 T

输出：检索结果 result

步骤 1：IF x IS TXT，利用文本特征提取模型实现语义向量获取 $s=f_T(x;\theta_T)$，IF x IS IMAGE，利用图像特征提取模型实现语义向量获取 $s=f_V(x;\theta_V)$

步骤 2：将相反模态数据进行语义空间投影，IF x IS TXT，$R=f_V(V;\theta_V)$，IF x IS IMAGE，那么 $R=f_T(T;\theta_T)$

步骤 3：计算两两模态数据间的相似度 S，$S=\mathrm{sim}(s,R)$

步骤 4：将 S 按照相似度得分从小到大排列，取 top K 个数据 $\mathrm{result}=\mathrm{argsort}(S)[:\mathrm{top}\,K]$

步骤 5：将结果 result 返回

在科技资源数据集进行实验，得到模型的损失函数（loss）曲线，训练过程中图像损失函数（image_loss）、文本损失函数（text_loss）以及交叉损失函数（G_loss）的变化曲线分别如图 3-14~图 3-16 所示。

在训练前期，loss 损失下降较快，随着迭代次数的增加 loss 损失的下降速率逐渐下降，最后趋于平稳趋势。

图 3-17 与图 3-18 分别给出了图像检索文本（img2txtR5）和文本检索图像（txt2imgR5）任务的前 5 个搜索结果的召回率随训练轮次的变化曲线。从 loss 分布趋势中可以看出，图像特征模型收敛速度相对较快，因为使用了已经在大规模图像数据集上预训练过的模型参数，由于采用 L2 范数和交叉熵作为损失函数，

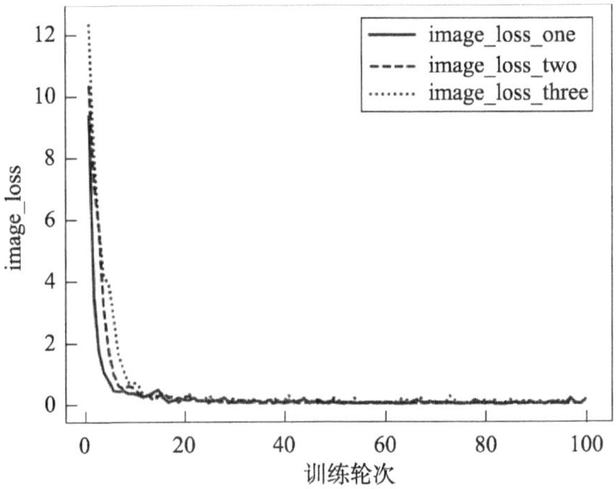

图 3-14　训练过程中图像损失函数的变化曲线

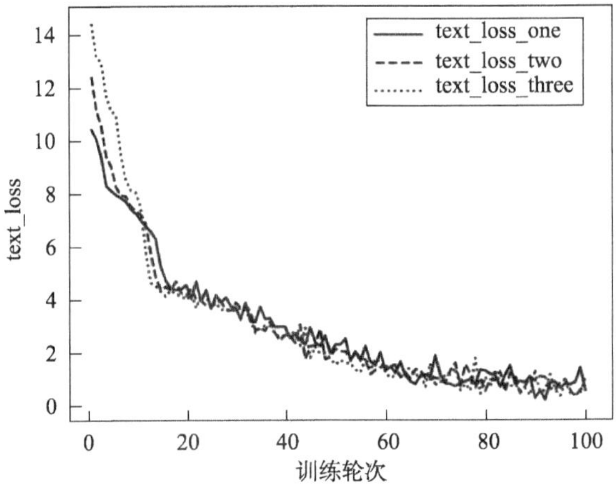

图 3-15　训练过程中文本损失函数的变化曲线

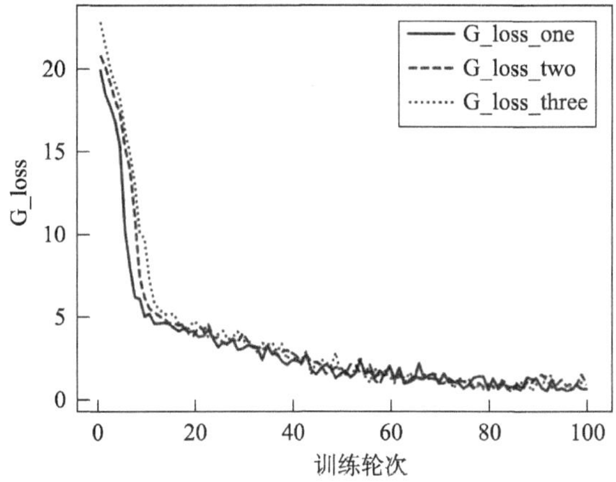

图 3-16　训练过程中交叉损失函数的变化曲线

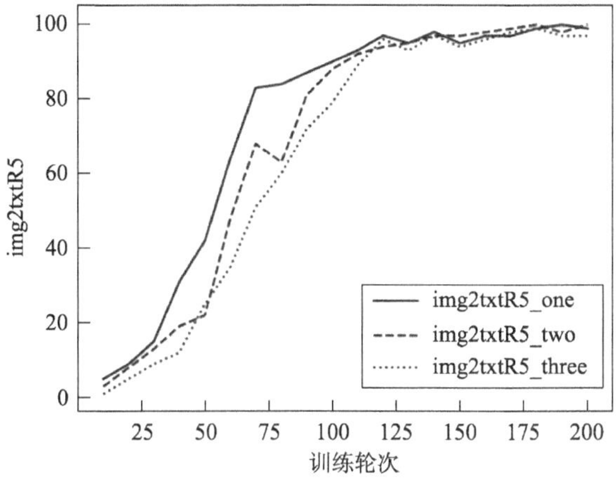

图 3-17　训练过程中训练集上 img2txtR5 趋势图

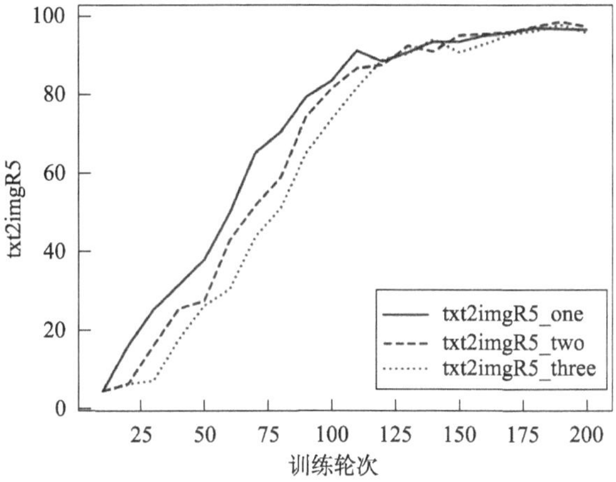

图 3-18　训练过程中训练集上 txt2imgR5 趋势图

因此梯度连续，模型收敛的速度相对较快。文本特征模型与交叉损失特征模型也随着训练次数增加逐渐收敛。训练集上的top5的召回率也随之增加，增长趋势也逐渐趋于平稳，直到90%以上。使用mAP指标度量不同搜索方法的性能，在科技数据集上利用文本搜索图像和图像搜索文本两个任务的前5个与前20个搜索结果计算mAP值，与CCA、Deep-SM、CMDN方法进行对比，分析同模态与跨模态的结果指标。跨模态搜索指标展示见表3-10，同模态搜索指标见表3-11。

表 3-10 不同算法在科技资源数据集的跨模态搜索性能比较

算法名称	前5个			前20个		
	txt2img	img2txt	平均值	txt2img	img2txt	平均值
CCA	0.2714	0.2217	0.2466	0.2691	0.2203	0.2447
Deep-SM	0.4425	0.3719	0.4072	0.4096	0.3358	0.3727
CMDN	0.4917	0.4821	0.4869	0.4521	0.4513	0.4517
SSGACA	0.5307	0.5219	0.5263	0.5015	0.4934	0.4975

表 3-11 不同算法在科技资源数据集的同模态搜索性能比较

算法名称	前5个			前20个		
	txt2txt	img2img	平均值	txt2txt	img2img	平均值
CCA	0.2901	0.2385	0.2643	0.2733	0.2397	0.2565
Deep-SM	0.4637	0.3871	0.4254	0.4172	0.3719	0.3946
CMDN	0.5023	0.4972	0.4997	0.4713	0.4809	0.4761
SSGACA	0.5538	0.5402	0.5470	0.5239	0.5192	0.5216

3.6 本章小结

在跨模态科技大数据的关联映射学习与统一语义表示方面，本章详细介绍了跨模态科技大数据深度映射算法和跨模态科技数据统一语义表示方法，实现了跨模态科技大数据的语义统一。在跨媒体科技大数据的语义统一表征方面，从两类典型的跨媒体场景，介绍了多模态科技大数据语义统一表征与跨模态协同表征的相关研究成果。在多领域跨媒体科技大数据的语义学习方面，介绍了基于语义约束的科技资源多模态对抗学习算法，完成不同模态的潜在语义空间在统一的多模态语义空间中的学习。在多模态科技大数据语义理解与对齐方面，介绍了科技大数据中的模态信息语义理解和科技大数据中的跨模态语义对齐，为实现跨媒体科技大数据语义挖掘奠定基础。在科技资源实体的跨媒体语义关联关系分析方面，介绍了科技资源实体的跨媒体语义关联关系分析方法，通过基于生成对抗网络与共享语义结构的科技资源跨媒体语义关联算法，实现对不同模态数据关联关系的建立。

第 4 章　科技大数据的实体关联与实体识别

在科技应用场景中，任务的复杂程度往往来自其中所蕴含的复杂关联。无论是科技知识或者实体的跨领域、跨学科交叉融合，还是作为参与者的科研人员的合作、协同与竞争，都表现为各种复杂的、异构的乃至实时演化的关联。因此，实现对跨媒体科技大数据的有效分析，就必须重复理解其中的各类科技大数据之间的复杂关联及其生成、演化规律，借以把握未来发展趋势以提供指导，这些关联信息在为科技大数据分析提供更丰富的线索与更广阔的可能的同时，也带来了诸多新的挑战。本章围绕科技实体关联的可解释性描述、多模态科技知识的实体描述与归纳、科技大数据的实体深度关联建模、跨媒体科技大数据的细粒度实体挖掘、跨媒体科技大数据的实体识别与关联关系发现、科技资源实体信息与实体关联关系挖掘与发现等进行研究，实现科技大数据的关联关系发现及实体识别。

4.1　科技实体关联的可解释性描述

借助网络表征学习技术，虽然可以揭示科技实体，如研究人员、知识实体等之间存在的关系，但这些关系的成因，以及这些关系所导致效用的可解释性却难以获得。实现科技实体可解释性关联的前提是实现科技知识的有效关联。从知识图谱的视角来看，这个任务可视作一个带有属性的网络表征任务，通过将知识表示为带有各种属性的实体，并借助网络补全的技术实现其关联。对于如何利用节点的属性信息来帮助更好地学习节点的向量表征，本节提出一种面向稀疏属性网络的表征学习方法，该方法的技术框架图如图 4-1 所示。

1. 建模节点和稀疏属性的关系

由于网络中节点的属性常常是非常稀疏的，为了有效地刻画节点和稀疏属性之间的交互关系，将网络中节点和属性分别投影到相同维度的低维空间中，分别用矩阵 $P \in \mathbb{R}^{|v| \times d}$ 和 $F \in \mathbb{R}^{|m| \times d}$ 来表示对应的向量映射矩阵，其中 $|v|$ 是网络中节点的数量，$|m|$ 是节点属性的数量，提出的结对方法定义如下：

$$u_i = \sum_{j=1}^{m} \left(p_i \odot f_j \right) \cdot a_{ij} \tag{4-1}$$

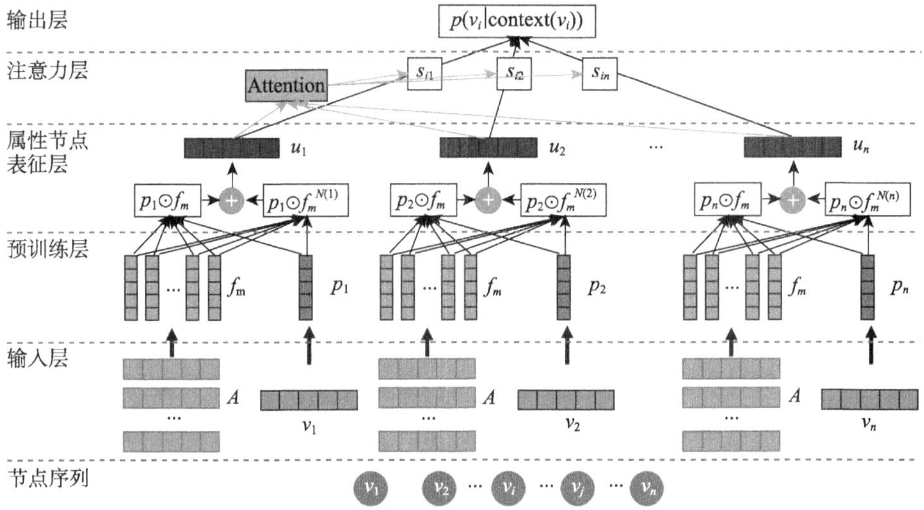

图 4-1　稀疏属性网络表征的技术框架图

其中，p_i 表示节点 v_i 的偏置向量；f_j 表示属性 j 的向量表示；a_{ij} 表示节点 v_i 在属性 j 上的属性值；$\odot$ 表示向量之间的点积运算；u_i 表示节点的表征向量。将每个属性用一个低维稠密的向量来表示，能够捕捉和泛化属性之间的相似关系。将每个节点用一个独特的偏置向量表示能够确保具有相似属性的节点在不同的网络结构中仍然能够学习到不同的表征向量。因为每个节点的属性是高维度且非常稀疏的，所以属性值 a_{ij} 大部分为 0。通过提出的基于结对的方法可以只计算节点和有值属性之间的交互关系，从而面对高维度的稀疏属性也能保证算法的效率性。这样提出的方法能够刻画节点和属性之间的交互关系来生成节点的向量表示，但是节点有值属性的数量仍然是非常有限的。利用每个节点周边的邻居信息来增强每个节点的表征向量。对于每个节点 v_i，定义节点周围邻居的属性向量的表示如式（4-2）所示：

$$f_j^{N(i)} = \text{pooling}(f_j \cdot a_{kj} | \forall k \in N(i)) \tag{4-2}$$

其中，$N(i)$ 表示节点 v_i 周边的邻居节点；$f_j \cdot a_{kj}$ 表示邻居节点 k 在属性 j 上的向量。因为每个节点的邻居数量不是完全相同的，所以使用池化方法将周围的邻居节点的属性表示转化成一个固定长度的向量表示 $f_j^{N(i)}$。融合邻居节点的属性信息来得到最终节点的表征向量如式（4-3）所示：

$$u_i = \sigma\left(\lambda \sum_{j=1}^{m} (p_i \odot f_j) \cdot a_{ij} + (1-\lambda) \sum_{j=1}^{m} \left(p_i \odot f_j^{N(i)}\right)\right) \tag{4-3}$$

其中，λ 表示超参数，用来平衡在不同网络中节点和周围邻居属性的权重。利用 sigmoid 函数 $\sigma(x)=1/\left(1+\exp(-x)\right)$ 对最终节点表征向量进行非线性的转化来得到一个更加鲁棒性的向量表示。

2. 建模节点之间的网络结构的关系

融合属性信息得到了节点的表征向量，表述如何建模节点之间的网络结构的关系。通过随机游走的方法得到训练样本序列 $\left\{v_1,v_2,\cdots,v_{|s|}\right\}$，基于具有相似网络结构的节点的表征具有相似的向量表示的假设，采用连续词袋模型根据序列中节点周围距离为 K 的相邻节点 $\left\{v_{i-k},\cdots,v_{i+k}\right\}\backslash\left\{v_i\right\}$ 来预测自身节点 v_i，定义最终的目标函数如式（4-4）所示：

$$\mathcal{L}=-\log p\left(v_i|\text{context}\left(v_i\right)\right)=-\log\frac{\exp\left(u_i'^{\mathrm{T}}\cdot u_{\text{context}(i)}\right)}{\sum_{j=1}^{|v|}\exp\left(u_j'^{\mathrm{T}}\cdot u_{\text{context}(i)}\right)} \tag{4-4}$$

其中，u_i' 是节点 v_i 作为相邻节点的向量表示；$u_{\text{context}(i)}$ 是节点 v_i 周围距离为 K 的相邻节点的综合向量表示。

为了刻画网络中节点之间链接权重的不同，本节引入了注意力机制，根据节点之间属性的相似程度为每个相邻的节点分配一个权重值，使得权重值大的节点在预测中心节点时更加重要，$u_{\text{context}(i)}$ 定义如式（4-5）所示：

$$u_{\text{context}(i)}=\sum_{j\in[i-k,i+k]\backslash\{0\}}s_{ij}u_j \tag{4-5}$$

其中，u_j 表示节点的表征向量；s_{ij} 表示注意力网络分配给每个相邻节点的权重值，计算权重值的注意力网络定义如式（4-6）所示：

$$s_{ij}'=h^{\mathrm{T}}\mathrm{ReLU}\left(W\left[u_j,u_i'\right]\right) \tag{4-6}$$

其中，$W\in\mathbb{R}^{t\times 2d}$ 和 h^{T} 表示模型的参数；$\left[u_j,u_i'\right]$ 表示两个向量的拼接；激活函数 $\mathrm{ReLU}(x)=\max(0,x)$。

通过注意力网络为节点和周围每个相邻节点计算出对应的权重值，使用 softmax 函数对计算出来的权重值进行归一化处理，定义如式（4-7）所示：

$$s_{ij}=\frac{\exp\left(s_{ij}'\right)}{\sum_{k\in\text{context}(i)}\exp\left(s_{ik}'\right)} \tag{4-7}$$

将式（4-7）代入目标函数中，使得在相邻的网络结构中属性越相似的节点分配的权重越大，预测中心节点的重要性越高。通过对目标函数的优化，联合地学习到节点属性和网络结构的相似性在一个统一的框架中，使得具有相似的属性和网络结构的节点具有相似的表征向量。为了评估模型学习到稀疏属性网络的节点表征向量的好坏，本节设计了网络节点多标签的分类任务和链接预测的任务。具体的评估方法如下。

（1）多标签节点的分类。将学习到的节点表征向量直接作为节点特征，选取网络中的一部分标记节点作为训练数据，剩余的节点作为测试数据，为了避免分类器对实验结果的影响，选用了线性支持向量机作为统一的分类器。在不同类型的网络数据集上重复实验 10 次，取平均的实验结果作为最终的实验结果。

（2）链接预测。将随机移除网络中 30%的边作为测试数据，在剩余的网络结构中训练模型来得到每个节点的表征向量。根据节点表征向量之间的余弦相似度进行排序，选取前 K 个相似的节点作为候选的链接节点。因为网络中节点的数量常常是非常庞大的，不能计算所有节点之间的余弦相似度关系。对每个节点随机抽取 100 个未连接的节点并将其与测试数据中的节点混合在一起作为最终的候选节点集合。重复实验 10 次并取平均的实验结果作为最终的实验结果。

在分类任务中，本节提出的方法要普遍优于各种对比算法，即使是相较于较为优越的 GraphSAGE 算法，也可实现超过 10%的提升。将 Attri 与 Node2Vec、LINE 等算法相结合，也弱于本节所提出的方法。通过随机挑选的 150 个节点可以看出相较于其他对比方法，本节提出的方法在节点的聚类效果上更为明显，不同类别的节点之间有着更为明显的区分，这也体现出表征效果具有更显著的语义区分度和可解释性。图 4-2 是表征可视化对比。

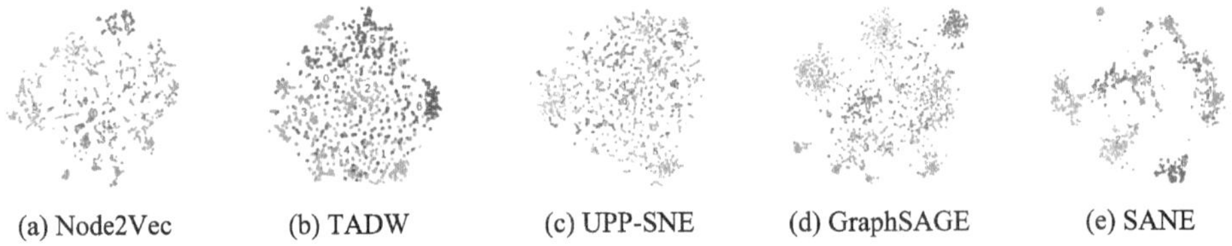

图 4-2　表征可视化对比

4.2　多模态科技知识的实体描述与归纳

针对多模态科技知识的实体描述与归纳问题，从单模态描述生成和多模态摘要生成两个子任务出发，给出如何将多模态科技知识的“黑盒”表达转化为自然语义描述的相关方法。在实体描述生成任务中，实体文本描述生成的目标是研究如何从目标实体及其对应的属性生成一个人类能够理解的句子来描述目标实体。这项任务将一些结构化的知识作为输入，如资源描述框架（resource description framework，RDF）三元组、键值对等，这些 RDF 三元组或键值对能够传达一些实体以及属性的信息，以生成自然语言描述。以键值对或 RDF 三元组为输入的数学形式表述如下。

以键值对为输入：设 A 是以任意顺序的键值对的形式表达的一个实体的一组属性，$A=\{\langle k_1;v_1\rangle,\langle k_2;v_2\rangle,\cdots,\langle k_n;v_n\rangle\}$，其中 k_n 是属性的键，v_n 是属性的值。把 A 作为模型的输入，目标是生成描述一个实体的句子 $S=\langle t_1,t_2,\cdots,t_l\rangle$，其中 t_l 是 S 这个句子中的第 l 个单词。

以 RDF 三元组为输入：将一个三元组集 $T=[t_1;t_2;\cdots;t_n]$ 作为输入，其中一个三元组 t_i 由三个元素组成（主语 s_i;谓语 p_i;宾语 o_i）。$t_i=\langle s_i;p_i;o_i\rangle$，每个元素可以包含多个单词。其目标是生成一组由一系列单词组成的句子：$S=\langle w_1;w_2;\cdots;w_m\rangle$。这样输入三元组中的关系可以用 S 正确地表示。

将知识库中的每一个事实嵌入一个向量中，向量表示如式（4-8）所示：

$$e=E_{\text{in}}x \tag{4-8}$$

其中，$E_{\text{in}}\in\mathbb{R}^{D\times K}$ 表示嵌入矩阵；D 表示嵌入向量 e 的维度；K 表示词汇表的尺度。x 以 one-hot 向量编码，是 RDF 三元组中的主语、谓语或者宾语。一个事实三元组的编码由主语、谓语、宾语三者的嵌入向量按顺序拼接后得到：$[e_s\,e_p\,e_o]$。这个向量即作为编码器的输出和解码器的输入。其中的嵌入矩阵 E_{in} 的参数学习方法是单独使用 TransE 模型进行训练得到的，并不是与解码器同步训练。

将一组 RDF 三元组输入 T 转换为一个元素序列 $W=[w_{1,1},w_{1,2},\cdots,w_{1,j},\cdots,w_{n,j}]$，同样是使用的嵌入矩阵。不同的是 W 作为编码器 LSTM 的输入，进一步映射到新的特征空间，得到编码向量 h_T 作为解码器的输入。Serban 与 BLSTM 同样使用 RDF 作为输入数据，前者使用了词嵌入思想中常见的编码方式作为编码器和较为单一的多层 GRU（gate recurrent unit，门控循环单元）RNN 作为解码器，使用词嵌入矩阵和 LSTM 的思想对 RDF 三元组进行编码，使用更为复杂的 LSTM 层进行解码。为了尽可能多地保存 RDF 三元组中的信息，Trisedya 还提出了一种新的基于图的三元组编码器 GTR-LSTM。该编码器不仅能对三元组的元素进行编码，还可对三元组内部和三元组之间的关系进行编码。

4.3　科技大数据的实体深度关联建模

4.3.1　面向链接分析的符号网络表征

在科技大数据中，实体（如科研人员、科技知识、化学物质等）之间的关系远非简单的强度可以衡量，科研人员之间不仅存在合作关系，也存在着竞争关系乃至观点对立现象。因此，单一的量化强度是无法统一涵盖这些复杂关联的。如果简单地将正面或者负面关系归纳为关系的强弱，很有可能对实体的关系造成误判，进而影响对于实体效用的准确评估。本节提出一种新的面向链接分析的符号网络表征（link analysis oriented symbolic network representation，LSNE）方法。根据网络中的符号性及其传递性，设计两种近似距离约束，即一阶距离约束和二阶距离约束。我们不仅考虑了网络的内生结构规律，还考虑了关系的方向性，借助两种距离约束实现了网络的有效表征。

相较于一般的网络结构，符号网络的主要区别在于关系的符号性。将符号网络定义如下。

符号网络可以定义为 $G=(U,E^+,E^-)$。其中 $U=\{u_1,\cdots,u_n\}$表示节点（即实体）的集合，而 E^+和 E^-分别表示正面和负面的链接集合。

基于上述符号网络的定义，结合传统网络表征技术的概念，将符号网络表征的问题定义如下。

符号网络表征指给定一个符号网络 $G=(U,E^+,E^-)$，力图将网络中每个节点 u 低维表征为$v\in\mathbb{R}^d$，其中$d\ll|U|$。

对一个符号网络进行网络表征的时候，采用传统网络表征通常使用的一阶距离对表征结果加以约束。对于两个节点，如果它们之间具有正面关系，表示它们的表征结果应该尽可能相似，因此对于节点 u_i 和 u_j，其表征向量的联合概率分布可以视为

$$p_1(u_i,u_j)=\frac{1}{1+\exp(-{v_i}^{\mathrm{T}}\cdot v_j)} \tag{4-9}$$

其中，v_i 表示节点 u_i 对应的表征向量；d 表示向量的维度。为了简要衡量两两之间具有负面关系的节点对，我们设计了类似的衡量方式，即

$$p_2(u_k,u_s)=1-p_1(u_k,u_s)=\frac{1}{1+\exp(-{v_k}^{\mathrm{T}}\cdot v_s)} \tag{4-10}$$

采用类似于传统的相似度越高，两者之间关系越正面的假设，如果对每个节点只采用一个向量加以表征，就难以表达公共邻居的选择这一问题，链接的方向性也无法加以概括。对于每个节点，采用两个向量加以表征，将其表示为v^{in}和v^{out}。对于相似的公共邻居选择，将约束下的概率分布相似性表示为

$$p_3(u_j\mid u_i)=\frac{\exp((v_j^{\text{in}})^{\mathrm{T}}\cdot v_i^{\text{out}})}{\sum_{t=1}^{|U|}\exp((v_t^{\text{in}})^{\mathrm{T}}\cdot v_j^{\text{out}})} \tag{4-11}$$

我们采用了 KL（Kullback-Leibler）散度来对这种相似性加以测量，对于每一

个公共邻居，引入一个权重 λ_i 来表示这个节点的重要程度，λ_i 具有全局性，如下所示：

$$O_2^+ = \sum_{u_i \in U} \lambda_i \mathrm{KL}(\hat{p}_3(\cdot \mid u_i), p_3(\cdot \mid u_i)) \tag{4-12}$$

将具有差异性的公共邻居选择导致的网络表征约束表示为

$$p_4(u_s \mid u_k) = \frac{\exp((v_s^{\text{in}})^{\mathrm{T}} \cdot v_k^{\text{out}})}{\sum_{t=1}^{|U|} \exp((v_t^{\text{in}})^{\mathrm{T}} \cdot v_k^{\text{out}})} \tag{4-13}$$

基于二阶距离约束的网络表征目标函数可以归纳为

$$O_2 = -\left(\sum_{(i,j) \in E^+} w_{ij} \log p_3(u_j \mid u_i) + \sum_{(k,s) \in E^-} w_{ks} \log p_4(u_s \mid u_k) \right) \tag{4-14}$$

我们采用了两个真实数据集，即 Epinions 和 Slashdot 的数据集，在对比算法的选取上，选择了基于平衡理论的 BAL 方法，以及基于概率矩阵分解的经典 PMF 和 triPMF、disPMF 等衍生模型，并选择基于深度学习的 LINE 模型作为深度网络表征相关的代表。

如图 4-3 所示，LSNE1 和 LSNE2 在准确性（accuracy）上要显著优于其他所有对比算法。在 Slashdot 数据集中，LSNE1 的性能要优于 LSNE2，这是因为在 Slashdot 数据集中的边更为稠密，所以一阶距离的效果更有保障。当数据集规模（percentage of training set）逐渐减小的时候，提出的算法相较于对比算法的优势更大，体现出了两种距离约束的合理性。

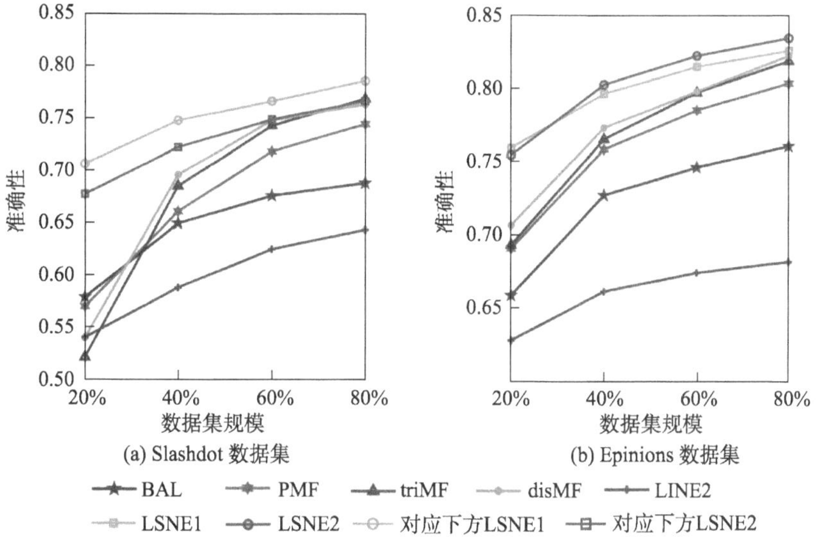

图 4-3　符号预测任务的准确性

将 80%的链接视作训练样本，将余下的 20%视作测试样本。相关的结果如图 4-4 所示。两种算法的前 k 个结果的召回率（Recall@k）要远远优于所有的对比算法，其中，依赖二阶距离约束的网络表征方法效果更为出色，由此体现出了本节提出方法的可靠性，以及二阶距离约束自身的合理性。

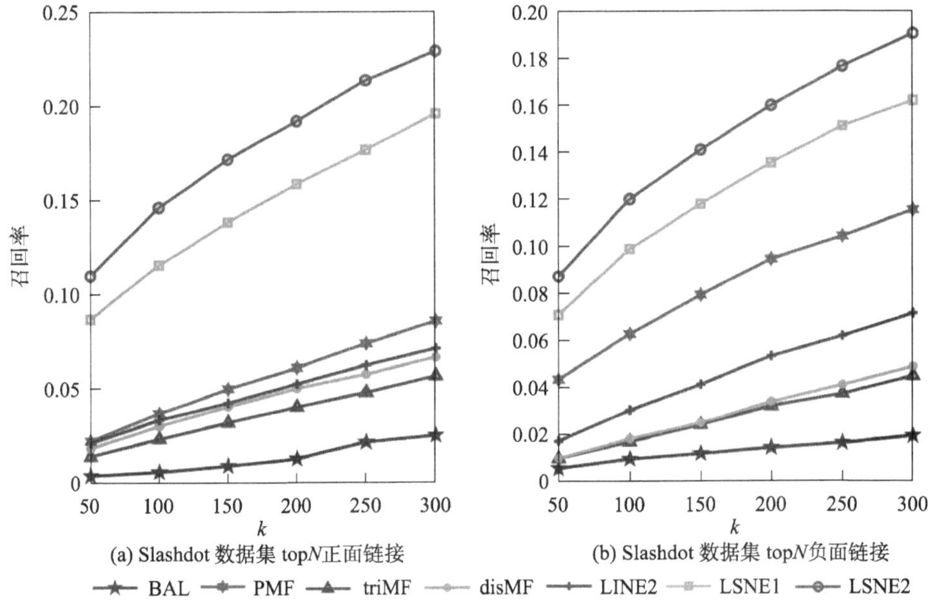

图 4-4　链接预测任务的准确性

通过与诸多代表性算法对比的综合性实验证实，本节提出的算法可以有效解决符号预测任务与链接预测任务，在效果上显著优于对比算法。

4.3.2　基于多通道注意力的科技需求大数据实体关系抽取算法的提出

1. 基于多通道注意力的科技需求大数据实体关系抽取算法

由于科技需求大数据具有内容专业化、关系结构复杂、规模大、特征属性多等特征，因此传统的实体关系抽取算法在科技需求大数据当中的表现不够理想。本节提出了基于多通道注意力的科技需求大数据实体关系抽取算法，算法的总体框架如图 4-5 所示。

算法对以时间为间隔的科技需求数据进行科技实体关联关系抽取，主要包含以下五个核心组件：输入层、多重嵌入层、底层的特征抽取器、高层的特征抽取器和带权的损失函数。我们可以得到相应的科技实体之间的关联关系数据。

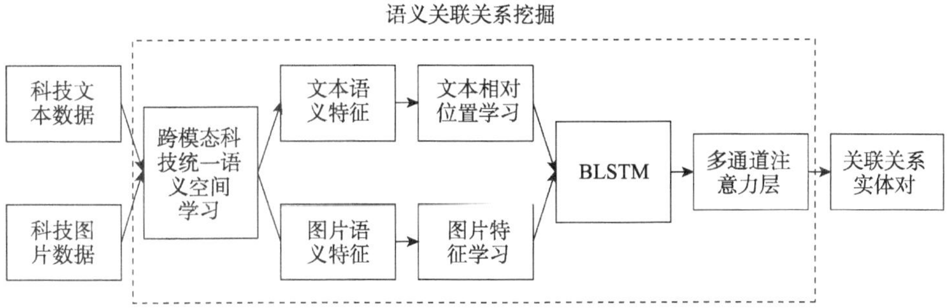

图 4-5　基于多通道注意力的科技需求大数据实体关系抽取算法

输入层是科技需求文本数据。多重嵌入层包括为了实现对输入的科技需求文本数据当中的词语之间的位置进行计算的权重的位置嵌入层以及传统的词嵌入层。其中的位置嵌入层主要作用是将位置参数作为模型输入进行训练，得到最终的位置信息特征向量，而词嵌入层的主要作用是将预训练词向量作为输入数据，通过将两个层进行拼接来得到最终的科技需求文本数据特征向量。底层的特征抽取器对于科技需求文本中词语与句子中的关联依赖信息进行计算。高层的特征抽取器用来对句子级别的高层特征进行相应的捕捉。带权的损失函数的作用主要是和交叉熵损失函数一起来对模型进行训练，其输入为以上各层得到的输出结果，也就是科技需求大数据文本数据的特征向量作为输入，来进行模型权重计算。

2. 科技需求大数据 BLSTM 层

网络的输入层为经过词向量计算的科技需求文本数据。对于位置信息向量，需要用词语语义之间的距离来提取句子的位置信息。v_i 和 v_j 为句子中的两个科技实体名称，当前这个句子中的第 k 个汉字 v_k 以及它的位置信息如式（4-15）所示：

$$P=[p_1,p_2]=\left[\left|p_{v_k}-p_{v_i}\right|,\left|p_{v_k}-p_{v_j}\right|\right] \tag{4-15}$$

其中，P_{i_k} 表示第 k 个汉字以及第 i 个汉字在当前这个句子中的相应位置关系。而对于词嵌入的向量来说，多个不同汉字组成的文本句子，通过 $\text{Sen}=[w_1,w_2,\cdots,w_n]$ 进行描述，w_i 可以根据初始化的结果得到词嵌入向量 $\text{Word}=[v_1,v_2,\cdots,v_m]$，如式（4-16）所示：

$$\text{Sen}=\begin{bmatrix} w_{11} & w_{12} & \cdots & w_{1m} \\ w_{21} & w_{22} & \cdots & w_{2m} \\ \vdots & \vdots & & \vdots \\ w_{n1} & w_{n2} & \cdots & w_{nm} \end{bmatrix}_{n\times m} \tag{4-16}$$

通过式（4-15）结合式（4-16）的位置特征融合，得到如式（4-17）所示的特征向量：

$$\text{Sen}=\begin{bmatrix} w_{11} & w_{12} & \cdots & w_{1m} & p_{11}^1 & p_{12}^1 & \cdots & p_{1k}^1 \\ w_{21} & w_{22} & \cdots & w_{2m} & p_{21}^1 & p_{22}^1 & \cdots & p_{2k}^1 \\ \vdots & \vdots & & \vdots & \vdots & \vdots & & \vdots \\ w_{n1} & w_{n2} & \cdots & w_{nm} & p_{n1}^1 & p_{n2}^1 & \cdots & p_{nk}^1 \end{bmatrix}_{n\times m} \tag{4-17}$$

其中，w_{ij} 表示句子长度；p_{ij}^1 表示词语长度；$1\leqslant i\leqslant n$，$1\leqslant j\leqslant m$。

LSTM 网络主要通过不同的控制门进行组合来实现参数权重的删除与否操作，其核心组件是这些门控单元，通过这些门控单元可以与网络单元结构进行组合，通过组合之后的模型结构来对输入的数据进行模型训练，门控单元会对计算得到的单元输出数据进行判断，符合条件的输出数据会被保留，而不符合的输出结果会被抛弃。LSTM 网络具有许多变体，其中之一就是 BLSTM，该模型的主要特点是反向传播，其反向传播的判断逻辑如式（4-18）所示：

$$z_t=\left[\vec{h}_t\oplus\overleftarrow{h}_t\right] \tag{4-18}$$

输入层对文本数据进行处理后通过 BLSTM 网络进行模型计算，通过多通道注意力层进行语义之间的特征信息表征计算。

3. 科技需求大数据多通道注意力机制层

通过将增加的句子级别注意力层的输入转化为整个输出向量的其中一维向量来实现多通道处理。在结合了科技需求大数据特有的文本特点之上，通过多通道注意力层对于科技需求大数据文本数据当中的句子级别注意力进行计算来提升建模效果。组合前向网络生成的依赖信息为 $Z_t=\langle z_1,z_2,\cdots,z_n\rangle$。注意力权重可以通过式（4-19）和式（4-20）进行计算得到：

$$M=\tanh(W_z\cdot Z_t^{\mathrm{T}}) \tag{4-19}$$

$$\alpha=\mathrm{softmax}(\omega_s\cdot M) \tag{4-20}$$

其中，W_z 和 ω_s 表示维度为 $\alpha\times 3q$ 和 α 的学习参数矩阵，α 表示自定义参数。

MCMA 扩展了科技需求文本的学习能力，在给定的通道数量 C 的前提下，MCMA 将会在各个通道的 C_i 中进行自注意力权重计算，结果为目标句子中第 i 种成分的重要性。通道数量的改变会对模型训练的最终结果造成影响。该过程如式（4-21）所示：

$$\alpha_{C_i}=\mathrm{softmax}(\omega_s^{C_i}\cdot\tanh(W_z\cdot Z_t^{\mathrm{T}})) \tag{4-21}$$

其中，C_i 表示通道；$\omega_s^{C_i}$ 表示通道的权重参数；C 表示通道的数量，通道的数量需要结合具体的应用场景进行变更。

多个通道的自注意力之间的计算是相互独立的，通过矩阵运算的方法来实现。设给定的通道数量为 $C\in[1,k]$，多通道自注意力的权重计算方式可以扩展为如式

（4-22）所示：

$$\alpha_C = \text{softmax}(W_s \cdot \tanh(W_z \cdot Z_t^{\mathrm{T}})) \tag{4-22}$$

选取通过加入一定程度的约束项来实现，约束项如式（4-23）所示：

$$\text{penalty} = \left\| \alpha_C \cdot \alpha_C^{\mathrm{T}} - I \right\| \tag{4-23}$$

其中，$\|*\|$ 表示矩阵的 Frobenius 范数，可以保证在不同维度数据的差异性都变小。带有约束项的多通道注意力层对网络结构进行简化，提升了模型训练效率。将 α_C 和 Z_t 相乘，可以得到多通道注意力层的输出为 H^*。

$$Z_t^{\text{att}} = \alpha_C \cdot Z_t \tag{4-24}$$

$$H^* = \tanh(Z_t^{\text{att}}) \tag{4-25}$$

4.3.3 科技大数据的实体网络关联建模

在学术数据中，一类起到重要作用的是学术合作网络的结构信息。学术网络中的实体，即各类学术实体，如作者、文章、会议或期刊、研究领域等。这些实体通常包含多种属性信息，如作者所属单位、作者研究兴趣、文章中的文本信息、文章的主题等。不同的学术实体之间有不同的关系，最为常见的有研究者之间的合作、师生关系，文章的引用关系等。图 4-6 直观地展示了这些不同的学术实体

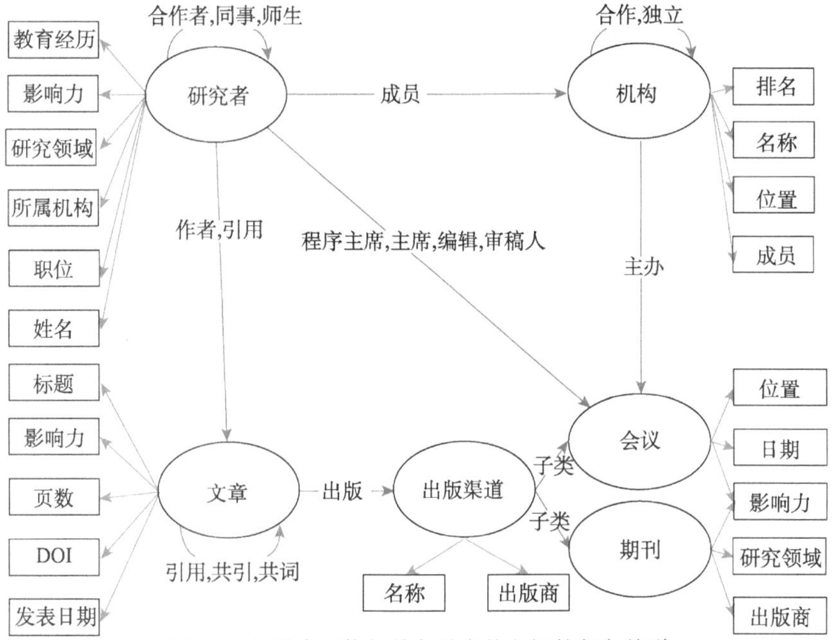

图 4-6　与学术网络相关各种实体之间的复杂关联
DOI 即 digital object identifier，数字对象标识符

及其之间的关系。为了将网络表征方法与学术网络分析更好地结合，充分利用学术网络中固有的领域特征，本节介绍一种基于作者贡献度的学术网络表征框架（an author contribution based representation framework for scholar network，ACR-SN），综合了学者合作关系和文章引用结构。在文章引用网络上，使用图卷积神经网络（graph convolutional neural network，GCN）这一方法，在图中对每个实体携带的信息进行传播和聚合，进而学习到每个实体更为完善的表征向量。

对于每个实体的初始向量，为了使其表现得更好，没有直接使用文章的标号，而是使用两层注意力机制得到文章与作者信息结合的初始表征。这两层注意力分别是在作者和文章摘要之间、作者表征和文章表征之间进行作用的。第一层是基于作者和文章摘要之间的关系使用成对的注意力机制，结合文章的主题与作者的表征向量，获取融合的作者表征。第二层则是对得到的第一层作者表征进行权重分配，按照作者不同的贡献度得到文章的表征。将该表征作为图神经网络的输入，经过聚合和传播进行修正，最终得到合适的文章表征。图 4-7 是 ACR-SN 模型的框架图。

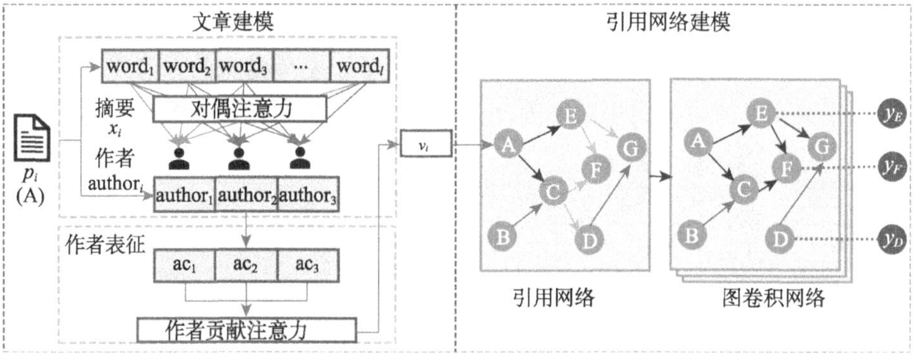

图 4-7　ACR-SN 模型的框架图

学术网络及其相关的表征问题定义如下。

学术网络：一个学术网络可以记为 $G=(P,C,\mathrm{Au},X)$。其中 P 代表文章集合，即网络中的实体集合；C 代表引用集合，即网络中的边集合；Au 是作者表征集合，$|\mathrm{Au}|=|P|$，其中的每个元素是该篇文章的作者集合。$X\in\mathbb{R}^{l\times d\times|P|}$ 是文章的文本信息表征，为文章摘要的词嵌入向量形成的张量。

学术网络表征：给定一个学术网络 $G=(P,C,\mathrm{Au},X)$。学术网络表征的目标是通过结合文章的信息和作者合作的信息，在低维空间中获取文章 p_i 的表征 v_i，并通过多次训练降低通过文章表征 v_i 预测的文章标签与其真实标签之间的误差。

文章引用层：这一层使用图卷积网络来保存引用网络中的结构信息，并将实体（文章）的表征在引用网络中传播，以获得更为准确的文章的向量表示。

ACR-SN 模型的输入是一个学术引用网络 G。其中网络的实体集合 P 由文章组成，网络中的边则是文章的引用关系，其矩阵形式记为 C。文章实体包含作者和摘要等信息。以文章 i 为例，其作者集合为 G。为了便于模型后续的处理，对于每个作者 j 分配一个独热指示向量作为表征，记为 author_j。文章摘要是一段自然文本，其中的单词 k 也被分配为一个独热指示向量 word_k。每个文章的文本部分就成为一个单词向量的集合。该单词向量集合构成一个文章内容矩阵，与作者向量构成的矩阵一起作为文章实体的属性输入。

为了实现作者和文章主题的结合，以及获取每个作者对文章的贡献度，这里使用了两层注意力机制。第一层是作者和文章涉及主题内容之间的注意力权重的计算，主要是为了得到作者在该文章主题上的专业程度，以生成文章中每个作者的表征向量。第二层注意力则是在第一层的基础上根据不同作者对文字的贡献程度计算整体的文章表征。

1. 文章－作者对注意力层

一个作者涉及的不同领域隐式地包含在每篇文章的摘要以及作者信息中，而从文章的摘要中，通过对单词的表征，可以得到该篇文章所涉及的主题。在文章–作者对注意力层中，通过逐元素乘的方法结合文章主题和作者的表征，进而得到每篇文章中作者的不同表征，具体计算方法如下：

$$\begin{gathered}\text{ac}_{ij} = \text{mean}\left(x_i \odot \text{author}_j\right)\\ \text{ac}_i = \left[\text{ac}_{i1}, \cdots, \text{ac}_{ij}, \cdots, \text{ac}_{|\text{au}_i|}\right]\end{gathered} \tag{4-26}$$

其中，$x_i \in \mathbb{R}^{l \times d}$ 表示输入的文章基本信息形成的文章的初始表征向量，由文章 i 摘要中的词向量拼接而来；l 表示文章摘要中的不重复的单词数量；author_j 表示文章 i 的作者集合 au_i 中作者 j 的表征，由输入部分得到；$\odot$表示按位乘。

2. 作者贡献度注意力层

每个作者对文章可能有不同的贡献度，我们引入注意力机制来解决每个作者的不同的贡献度的问题。在文章－作者对的表征计算之后，引入一个线性层，其学习出的每个作者对应的权重 a_i 就是这些作者对文章 i 的不同的贡献度。计算过程如下：

$$a_i' = W \cdot \text{ac}_i + b \tag{4-27}$$

$$a_i = \frac{\exp\left(a'_{ij}\right)}{\sum_{j=1}^{|\mathrm{au}_i|} \exp\left(a'_{ij}\right)} \tag{4-28}$$

$$v_i = a_i^{\mathrm{T}} \cdot \mathrm{ac}_i \tag{4-29}$$

其中，$\mathrm{ac}_i \in \mathbb{R}^{|\mathrm{au}_i| \times d}$ 表示文章 i 中的全体作者的表征；$W \in \mathbb{R}^{l \times d}$ 表示注意力层的权重，其中每个元素代表相应作者对文章的贡献度；b 表示偏移向量；a'_i 表示文章 i 中的作者向量；a'_{ij} 表示 a'_i 的第 j 个分量。

在获得文章实体的初始表征向量的基础上，利用文章的引用网络，使用文章的邻居实体信息对表征进行优化。这里使用了 GCN 这一简洁的融合实体邻居信息与网络结构信息的深度学习模型对引用网络进行建模。第一层卷积网络的输入是文章的表征矩阵，也就是经过前两层注意力之后得到的修正之后的文章表征所形成的矩阵 V。第一层卷积操作所使用的参数记为 Θ（0），具体的计算方法如下：

$$F = \hat{C} V \Theta^{(0)} \tag{4-30}$$

这里 $\Theta^{(0)} \in \mathbb{R}^{|P| \times \mathrm{nhid}}$ 是第一层的权重参数。其中，nhid 表示 GCN 所使用的隐藏层的大小。$V \in \mathbb{R}^{|P| \times d}$ 表示网络中的所有文章构成的表征向量，$|P|$ 表示引用网络中文章的总数。该层的输出 $F \in \mathbb{R}^{|P| \times \mathrm{nhid}}$ 则是下一层卷积网络的输入。将实体属性 V 与聚合函数 $\hat{C}$ 以及网络参数 $\Theta^{(0)}$ 相乘，相当于结合了实体周围一层邻居的信息。

下一层的结构和第一层的结构类似，为了便于得到输出结果，加上了非线性单元 ReLU 和归一化层 softmax 操作：

$$Z = \mathrm{softmax}\left(\hat{C} \mathrm{ReLU}\left(F\right) \Theta^{(1)}\right) \tag{4-31}$$

这里的 $Z \in \mathbb{R}^{|P| \times k}$ 是卷积信号矩阵，即最后得到的每个文章实体所属类别的概率。其中，k 表示最终对网络中的文章进行分类得到的类别数量。上一步得到的融合了一阶邻居信息的表征 F 与该层网络参数 $\Theta^{(1)} \in \mathbb{R}^{\mathrm{nhid} \times k}$ 相乘，经过一个非线性层 ReLU 的处理，再结合聚合函数 $\hat{C}$。通过 softmax 作用在每一列，即每一篇文章的表征，得到文章的标签分布。该模型最后的输出是每篇文章归属于某个类别的概率值。

对于本节提出的 ACR-SN 模型，使用交叉熵函数计算预测的文章分类与文章真实分类之间的误差。使用交叉熵定义损失函数，以最大化实体的预测分类与实体的真实分类之间的相似度。

$$L=-\sum_{l\in Y_L}\sum_{f=1}^{k}Y_{lf}\ln Z_{lf} \tag{4-32}$$

其中，Y_L 表示类别集合；k 表示实体类别的个数；Y_{lf} 表示真实的标签形成的向量；Z_{lf} 表示预测的每篇文章归属于每个类别的概率。

为验证该方法的有效性，基于两个真实的学术数据集进行了实验。设置了两个任务验证文章表征的准确性：第一，节点分类是将文献分成上文数据集统计表中四类计算机科学相关的方向。第二，边预测是在给定一对文献的情况下，预测其中是否存在引用关系。这两类任务都是网络表征中常见的验证任务。

1. 节点分类实验

在 Semantic Scholar 数据集上，与作为对比的其他几个方法相比，ACR-SN 方法取得了更高的准确率。与基于结构的表征算法，如 Node2Vec 以及 LINE 相比，其准确率有较大的提升。Node2Vec+attr 和 LINE+attr 与只使用结构信息的 Node2Vec 及 LINE 相比，准确率有所提升，但提升不大，说明仅仅将结构特征和节点属性特征连接的方法不能有效地将这两种信息充分结合。使用了节点信息的方法 UPP-SNE 以及 Paper2Vec 的表现与之持平，使用深度神经网络的 GraphSage 方法反而表现不佳。GAT 由于同样考虑到邻居节点的影响不同，使用了注意力机制，在训练集比例较低时的表现更好。ACR-SN 与其缩减版本 ACR-SN-avg 的比较显示，在训练数据集比例较低和较高时，ACR-SN 的表现更好，在训练集比例较高时其他方法都能达到更高的准确率。

2. 参数敏感性实验

在网络表征中，表征向量的大小往往影响着实验的效果。为了探究表征向量与实验结果的相关性，这里使用了不同维度的文章表征向量作为对比。如图 4-8 所示，当维度（dimension of embeddings）增加时，相应的节点分类准确率也会上升。在 Semantic Scholar 数据集上，数据基本满足这一特征，在 DBLP 数据集上则有一些波动。我们最终选择了 128 作为网络表征的维度。

综合节点分类以及边预测这两项任务，可以看到结合了作者和文章信息，并利用了文章引用网络结构的 ACR-SN 模型比其他相关的表征方法，包括基于网络结构的浅层网络表征方法（Node2Vec 以及 LINE）、结合网络结构和节点属性的网络表征方法（UPP-SNE）、其他学术网络表征方法（Paper2Vec）以及 GCN 方法，能够更好地对学术数据集中的文章节点进行表征，获得更高的准确率。与去除了第二层注意力层，即仅对作者表征取平均，而不是使用不同贡献度加权求和的

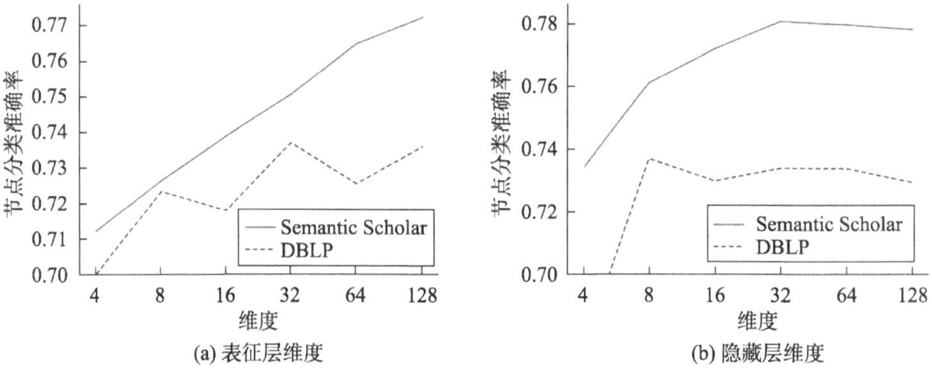

图 4-8　参数敏感性实验

ACR-SN-avg 方法相比，ACR-SN 更高的准确率说明了注意力层的作用。本节以学者合作贡献分析为应用案例，分析了科技大数据场景中实体关联表征的相关技术，通过节点分类实验、边预测实验等一系列基于真实学术数据上的实验验证了其有效性。

4.4　跨媒体科技大数据的细粒度实体挖掘

4.4.1　跨媒体细粒度实体抽取

本节设计了一个多模态元素级编码器，以获取元素级的语义表示。还考虑了可能与当前轮对话相关的所有图像，并通过位置编码注入了图像的顺序特征。以图文混合场景为例，讨论的多模态对话系统的任务定义如下：给定多模态对话上下文 $H_T=\left\{\left(U^t,I^t\right)\right\}_{t=1}^{T}$ 以及用户询问 $\left(U^q,I^q\right)$，目标是生成对应的系统文本回复 U^r。其中，$U^t=\left\{u_i^t\right\}_{i=1}^{m_t}$ 代表第 t 句文本句子含 m_t 个词；$I^t=\left\{i_j^t\right\}_{j=1}^{n_t}$ 代表第 t 句文本对应的图片集合含 n_t 张图片。注意由于对话句子可能不含图片，即 n_t 可能为 0。类似地，$U^q=\left\{u_i^q\right\}_{i=1}^{m_q}$ 含 m_q 个词；$I^q=\left\{i_j^q\right\}_{j=1}^{n_q}$ 含 n_q 张图片。生成文本回复 U^r 的概率定义如下：

$$P\left(U^r\middle|H_T;U^q;I^q;\theta\right)=\prod_{i=1}^{m}P\left(u_i^r\middle|H_T;U^q;I^q;u_{<i}^r;\theta\right) \tag{4-33}$$

其中，$u_{<i}^r=\left(u_1^r,\cdots,u_{i-1}^r\right)$ 表示已经生成的 $i-1$ 个词；θ 表示模型可训练参数。

多模态对话系统中，编码器将对话历史中的每句话压缩为特征向量。由于这个原因，在解码阶段，现有方法只能获得用户话语级别信息，难以学习多模态语义元素级别（即单词和图像）的上下文依赖关系。

1. 注意力模块

由于注意力模块（transformer block）在整体框架中运用较多，以 TB 简写。注意力模块的输入是两个序列 S_α 和 S_β。注意 S_α 和 S_β 可以是同一个序列，此时称其为自注意力模块。这里假设 S_α 为目标序列。注意力模块由 m 个相同的层组成，每层都有一个多头注意力子层（MultiHead）和一个完全连接的前馈网络子层（feed forward network sublayer，FFN）。具体流程如下：

$$S_\alpha^0 = S_\alpha \tag{4-34}$$

$$\hat{S}_\alpha^i = \text{LayerNorm}\left(\text{MultiHead}\left(S_\alpha^{i-1}, S_\beta, S_\beta\right) + S_\alpha^{i-1}\right) \tag{4-35}$$

$$S_\alpha^i = \text{LayerNorm}\left(\text{FFN}\left(\hat{S}_\alpha^i\right) + \hat{S}_\alpha^i\right), \quad i = 1, \cdots, M \tag{4-36}$$

其中，LayerNorm 表示层归一化操作。多头注意力子层包含 h 个单头注意力，第 j 个头的输入由查询矩阵 Q、键矩阵 K 和值矩阵 V 组成。多头注意力子层如下：

$$Q_j = QW_j^Q，\ K_j = KW_j^K，\ V_j = VW_j^V \tag{4-37}$$

$$\text{head}_j = \text{softmax}\left(\frac{Q_j K_j^{\mathrm{T}}}{\sqrt{d_k}}\right) V_j \tag{4-38}$$

$$\text{MultiHead}(Q, K, V) = \left[\text{head}_1, \cdots, \text{head}_h\right] W^O \tag{4-39}$$

这里 W_j^Q, W_j^K, W_j^V, W^O 均为可训练的参数。在多头注意力子层之后，是一个完全连接的前馈网络子层：

$$\text{FFN}\left(\hat{S}_\alpha^i\right) = \max\left(0, \hat{S}_a^i W_1 + b_1\right) W_2 + b_2 \tag{4-40}$$

2. 多模态元素级编码器

对于对话历史文本，利用上述注意力模块来获得其语义表示。第 t 轮文本嵌入 E^t 计算如下：

$$e_i^t = u_i^t W_{\text{emb}} + \text{PE}(i) \tag{4-41}$$

$$\text{In}^t = \left[e_1^t, \cdots, e_{m_t}^t\right] \tag{4-42}$$

$$E^t = \mathrm{TB}\left(\mathrm{In}^t, \mathrm{In}^t, \mathrm{In}^t\right) \tag{4-43}$$

其中，W_{emb} 表示词嵌入矩阵；PE 表示位置嵌入，以利用句子的顺序信息。

利用 CNN 来获得初始图像表示，第 t 轮图像嵌入 V^t 计算如下：

$$v_i^t = \mathrm{CNN}\left(\mathrm{Img}_i\right) + \mathrm{PE}\left(i\right) \tag{4-44}$$

$$V^t = \left[v_1^t, \cdots, v_{N_t}^t\right] \tag{4-45}$$

对于第 t 轮的文本嵌入，使用相应的图像嵌入来进行增强。为了利用对话轮次信息，设计了在每个轮次的文本嵌入中添加轮次嵌入的方法（text embedding, TE），第 t 个图像增强的文本嵌入 $\tilde{E}^t$ 的计算公式为

$$\tilde{E}^t = \mathrm{TB}\left(E^t, V^t, V^t\right) + \mathrm{TE}\left(t\right) \tag{4-46}$$

利用所有历史图片来增强用户查询的表征，同时借助用户查询来增强对话图像。因为用户查询通常会提供有关图像重要性的线索。将图像增强的文本嵌入和文本增强的图像嵌入连接起来以获得上下文嵌入，将其称为多模态语义元素嵌入。该过程的公式如下：

$$\tilde{E}^q = \mathrm{TB}\left(E^q, V, V\right) + \mathrm{TE}\left(T+1\right) \tag{4-47}$$

$$\tilde{V}^q = \mathrm{TB}\left(V, E^q, E^q\right) \tag{4-48}$$

$$C = \left[\tilde{E}^1, \cdots, \tilde{E}^T, \tilde{E}^q, \tilde{E}^q\right] \tag{4-49}$$

其中，E^q 表示用户查询文本表征，通过类似 E^t 的方式获得；V 表示图像初始嵌入；C 表示多模态编码器的最终输出。

3. 知识感知的两阶段解码器

利用来自前述编码器的多模态上下文信息与结构化领域知识来生成上下文和知识感知的系统文本响应。它由第一阶段解码器和第二阶段解码器组成。第一阶段解码器将多模态语义元素表征作为输入，并着重于如何连贯地生成上下文相关的文本响应。第二阶段解码器将第一阶段解码结果和领域知识作为输入，并着重于增加知识的使用。当生成第 i 个词 $\hat{u}_i^r$ 时，其先前已生成词的表征为

$$e_i^r = \hat{u}_i^r W_{\mathrm{emb}} + \mathrm{PE}\left(i\right) \tag{4-50}$$

$$\mathrm{In}^r = \left[e_{\mathrm{SOS}}^r, e_1^r, \cdots, e_{i-1}^r\right] \tag{4-51}$$

第一阶段解码器解码过程如下：

$$E_1^r = \text{MultiHead}\left(\text{In}_1^r, \text{In}_1^r, \text{In}_1^r\right) \tag{4-52}$$

$$R_1 = \text{TB}\left(E_1^r, C, C\right) \tag{4-53}$$

$$P\left(\hat{u}_{1,<(i+1)}^r\right) = \text{softmax}\left(R_1 W_1^{\text{proj}}\right) \tag{4-54}$$

对于第二阶段解码器，将在数据库中的相关领域知识表征为一个向量矩阵 DK 。然后，将其与第一阶段解码器的输出一起输入第二阶段解码器：

$$E_2^r = \text{MultiHead}\left(\text{In}_2^r, \text{In}_2^r, \text{In}_2^r\right) \tag{4-55}$$

$$H = \text{MultiHead}\left(E_2^r, \text{DK}, \text{DK}\right) \tag{4-56}$$

$$R_2 = \text{TB}\left(H, R_1, R_1\right) \tag{4-57}$$

$$P\left(\hat{u}_{2,<(i+1)}^r\right) = \text{softmax}\left(R_2 W_2^{\text{proj}}\right) \tag{4-58}$$

4. 模型优化

将两阶段编码器的目标函数整合到一起进行优化。具体目标函数如下：

$$L_{\text{mle}} = -\left(\sum_{k=1}^{K}\sum_{i=1}^{m_r^k}\log P\left(u_{1,i}^r\right) + \sum_{k=1}^{K}\sum_{i=1}^{m_r^k}\log P\left(u_{2,i}^r\right)\right) \tag{4-59}$$

其中，K 表示数据总数；m_r^k 表示第 k 个文本响应中的单词数。

我们采用了 BLEU 和 NIST 两种经典的生成模型自动评价指标，发现该模型在 BLEU 和 NIST 分数上均明显优于现有方法。在分析结果时，我们发现在回答有关于“是否”的问题上取得了高达 90.14%的准确性。

4.4.2　跨媒体细粒度实体关联

以视频这一典型的跨媒体应用场景为例，采用 $V=\{I_t\}$表示整个视频，即一个包含时间戳 t 的视频帧 I_t 的集合。将相应的文本信息表示为 $D_V=\{d_t\}$，从而保持在时间戳上的对应关系。需要一个实体集合 $C_V=\{c_k\}$，其中 c_k 表示视频 V 中的一个特定的实体。对于每个目标实体对$\langle c_i,c_j\rangle$，都存在一个预定义关系集合 R 中的某个特殊的关系 r_{ij}，可以反映这一对目标实体之间的潜在关系。对所讨论的问题定义如下：给定包含文本信息 D_V 的视频 V 以及预定义的关系集合，提出了一种基于多模态表征的实体关系识别方法，通过融合多个模态的信息，并通过多个信息整合步骤来弥补各个模态的不足，从而得到准确且具有可解释性的视频表征。

1. 实体搜索模块

对于一个目标实体对⟨c_i,c_j⟩，通过实体搜索模块，利用实体检测和实体重识别技术来搜索该对目标实体可能出现的所有视频帧，定位每个目标实体的所有可能的出场。先采用 Faster R-CNN 检测器在视频中无差别地定位每个实体，并逐帧产生实体的感兴趣区域（regions of interest，RoI）。对每个目标实体，标记出它的若干个出场区域，采用最新的克罗内克积匹配模型来估计每个感兴趣区域中包含某个目标实体的概率 P_t。

2. 多模态表征模块

在表征环节，将潜在的视频帧聚合为视频短片段，以构成多模态嵌入模型的输入。为了获得稳定的片段表征，先是通过滑动平均操作对目标实体的出场概率序列进行平滑处理。考虑到连续的视频片段可以提供比单帧更自然、更稳定的线索，从而有利于关系的推理，基于一个全局阈值将这些潜在的视频帧聚合为片段，并进一步筛除长度过短或者分割过于冗长的片段，以提升数据的质量。在多模态嵌入模块中，对于每一个视频片段，将其送入一个多通道的特征提取网络中，分别提取出每一模态的特征，在一个协同的表征空间中对多通道的特征进行融合操作，并设计了一个自注意力机制来进一步地整合特征，得到视频片段的多模态表征。

3. 关系分类模块

将每一个片段级视频表征送入社交关系分类模块。利用两个全连接层通过一个 softmax 层，输出该片段在每类社交关系上的概率分布。所有视频片段的平均结果将作为最终判断，即两个目标实体之间的关系的判断。对于每一对目标视频实体，将经过预处理步骤聚合和过滤操作后的实体出场片段作为输入，通过多流的深度网络抽取出它们的多模态表征。

在一个视频片段中，对于每一帧，裁剪出具有最高的目标实体出现概率的实体区域，同时利用实体区域之外的图像背景信息以揭示特定的视频场景。它们都被输入残差网络中以提取视觉特征。除了传统的视觉线索之外，还进一步利用到了与时间戳同步的文本信息。使用一个小的时间窗口来提取这些文本信息，它们被输入到两个独立的预训练的 LSTM 中以获得文本的表征。由于这四个通道的特征是相互独立的，并且到目前为止还没有建立起它们之间的相关性，因此接着将这些模式在一个协同的特征空间中进行融合。将包含四个通道的多流特征通过全连接层映射到用于多模态融合的共享特征空间中，从而得到通过对单帧特征的拼接获得片段级别的特征图。考虑到视觉和文本特征在一定程度上是语义对齐的，我们设计了一个协同损失函数，用于拉近视觉和文本特征的距离：

$$L_{\text{push}} = \max\left(\left\|\sum_{i=1}^{2} f_i - \sum_{i=3}^{4} f_i\right\|^2, m\right) \tag{4-60}$$

其中，f_i 表示第 i 个流上获得的特征表示。然而，并不是所有的视频帧都与关系识别相关，每个模态的相关性也随时间发生变化，因此将通过自注意力机制过滤冗余特征并进行更完善的特征整合。

基于真实场景数据集进行实验，共包含 70 部视频，总时长达 133 小时，同时也获取了相应的文本信息，每部视频包含 4213 条文本信息。选出 376 个主要的实体，针对预设的 5 类关系分类任务进行了实验。基于视频片段的算法通常比基于单视频帧的算法表现更好，即相对于静态图像，视频片段提供了更为自然和完整的信息来生成鲁棒的视频关系表征。包含更多直接的语义信息的文本线索比视觉线索更有帮助，文本线索带来的改进更为显著，在 F1 值上的提升超过了 6%。即使是基于纯文本的对比方法也比许多其他的基线模型有更好的表现。

4.5　跨媒体科技大数据的实体识别与关联关系发现

跨媒体科技大数据具有数据量大、价值密度低、时效高的特点。科技实体具有实体边界不明、实体类型歧义的特点，只有准确识别出跨媒体科技大数据中的实体和关系，才能构建出跨媒体科技领域的知识图谱。因此，准确提取出跨媒体科技大数据中的实体和关系是关键的一步。通过结合分词词性、双向长短时循环网络和注意力机制，利用有监督方法对数据进行学习与训练，实现了科技大数据的实体识别。本节提出了基于多注意力机制的实体关系识别算法，同时利用自注意力机制与句子注意力机制进行实体关系的分类。

4.5.1　结合分词词性的注意力机制的命名实体识别算法的提出

本节设计了适用于科技大数据的实体识别算法，通过结合分词词性、双向长短时循环网络和注意力机制，将科技文本数据利用 jieba 分词得到文本分词，利用 Word2Vec 得到的分词向量和字符向量作为模型初始输入，输出为从科技文本中识别出的实体向量。通过结合分词词性向量，并引入注意力机制，本节提出了一种结合分词词性的注意力机制的命名实体识别算法（named entity recognition algorithm combining word segmentation part of speech attention mechanism, ERWSA 算法），提高了科技大数据的实体识别准确率。

1. ERWSA 算法框架

预处理完科技文本数据后对其进行实体识别，在 BLSTM 与条件随机场序列标注模型（conditional random field sequence labeling model，CRF）的基础上，引入了分词后词性标注结果的注意力机制，提出一种 ERWSA 算法，总体框架如图 4-9 所示。输入为科技数据文本的字向量，其中字向量是一个均匀分布中的随机采样值。

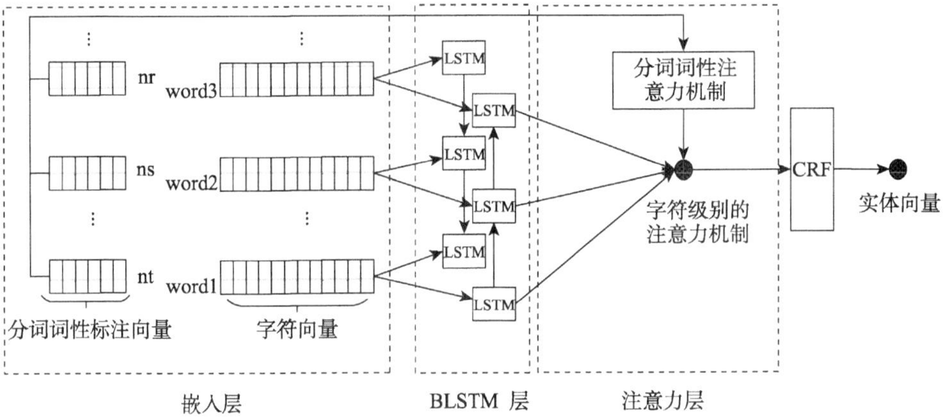

图 4-9 ERWSA 算法框架

2. 结合分词词性的注意力机制层的引入

得到 BLSTM 隐藏层输出的向量 $h_{n,k}$ 后，将 $h_{n,k}$ 融入引入分词词性的注意力机制层中。$h_{n,k}$ 是 BLSTM 隐藏层输出向量，并作为注意力层的输入向量，同时 value 特征矩阵为输入的原始矩阵，即 value 特征矩阵与输入向量矩阵是一样的。向量矩阵 key 是由原始输入文本的分词词性特征生成而来的，对于输入长度为 n 个汉字的文本，经过分词后每个词均有自己的词性标注结果，对于该词的每个汉字也都继承该词性标注结果，现在利用均匀分布初始化每个词性的特征向量，其中词性特征向量的维数应与 BLSTM 隐藏层输出的维度一样，则对于一个句子其分词后词性标注的特征矩阵向量为 $\mathrm{seg}_{n,k}$，其为 key 矩阵的原始向量结果。利用注意力模型中 Q（query 矩阵）、K（key 矩阵）、V（value 矩阵）的关系，可以得到式（4-61）、式（4-62）。

$$\mathrm{att\_}w_{n,1}=\mathrm{softmax}(\mathrm{key}_{n,k}\times \mathrm{query}_{k,1}) \tag{4-61}$$

$$\mathrm{att\_}r_{n,k}=\mathrm{att\_}w_{n,1}\cdot \mathrm{value}_{n,k} \tag{4-62}$$

其中，softmax 表示归一化处理；$\mathrm{att\_}w_{n,1}$ 表示注意力的权重值，其数学含义为对于一个句子的 n 个汉字进行实体名分类的权值。然后利用注意力的权重值与 value 矩阵进行乘积运算，其中 $\mathrm{att\_}r_{n,k}$ 表示注意力层的输出值。式（4-62）利用了点乘的思想。

根据注意力的算法实现得到融入分词词性特征的注意力层的输出结果。在输入 CRF 层之前需要进行一次全连接层操作，计算如式（4-63）所示：

$$\mathrm{crf\_}i_{c,n} = \mathrm{softmax}(W_{c,k} \times \mathrm{att\_}r_{n,k}{}^{\mathrm{T}} + B_{c,1}) \tag{4-63}$$

其中，c 表示实体识别的类别数量；$B_{c,1}$ 表示全连接层的偏移向量；$\mathrm{crf\_}i_{c,n}$ 表示 CRF 层的输入特征矩阵；$W_{c,k}$ 表示全连接层的权重矩阵。

输出特征再输入到 CRF 层，其中线性链上的特殊的条件随机场常用来解决标注问题。其计算如式（4-64）所示：

$$S(X,Y) = \sum_{i=0}^{n} A_{y_i, y_{i+1}} + \sum_{i=0}^{n} P_{i, y_i} \tag{4-64}$$

其中，A 表示状态转移矩阵；$A_{i,j}$ 表示从第 i 个标签转移到第 j 个标签的概率。利用极大似然法求得 $S(X,Y)$ 的最大值，这样可获得最佳的输出标签序列。最后预测标签转换为单标签向量生成期望的标签结果。通过 CRF 作为损失函数，利用梯度下降进行实体识别模型的训练，从而得到科技文本数据的实体识别模型。

3. ERWSA 算法步骤

科技大数据的实体识别算法将预处理好的文本数据作为输入，结合分词词性，利用双向长短时循环网络和注意力机制模型，得到科技文本中识别出的实体向量。算法实现步骤如下。

算法 4-1　ERWSA 算法步骤

输入：科技文本数据，预训练好的 Word2Vec 模型

输出：科技文本数据中的实体向量

步骤 1：科技文本数据预处理，对原始的科技文本数据使用 jieba 工具进行分词、去停用词等操作

步骤 2：使用大量的科技文本数据对 Word2Vec 进行预训练

步骤 3：利用步骤 2 预训练好的 Word2Vec 分别对 jieba 分词结果和原始科技文本数据进行表示，得到分词向量表示和字符向量表示

步骤 4：字符向量经过 BLSTM 模型，得到 BLSTM 隐藏层输出向量，作为注意力层的输入向量

步骤 5：引入融合分词向量的注意力机制，有效地结合分词向量，提高实体识别准确率

步骤 6：经过 CRF 层，得到科技文本数据中的实体向量

4.5.2　基于多注意力机制的实体关系识别算法的提出

为构建科技大数据的实体关系知识图谱，需要对科技文本数据进行实体关系抽取。科技文本数据的实体关系抽取任务的主要难点是不同的科技文本实体之间可能有相同的关联关系，相同的科技文本实体在不同的科技文本句子中可能有不同的关系。本节提出适用于科技文本数据的基于多注意力机制的实体关系识别（relation extraction using multi-attention mechanism algorithm，REMA）算法，识别出科技文本句子中对关系抽取任务有关键用处的词语并进行加强，对无关的干扰词语进行削弱，可以提高关系抽取的准确率。

1. REMA 算法的总体框架

对科技文本数据进行实体识别之后，构建知识图谱的过程还需要对科技文本数据进行实体关系的抽取。为此，本节提出了适用于科技文本数据的 REMA 算法。REMA 算法模型主要分为嵌入层、BLSTM 层和注意力机制层三个部分，其中嵌入层考虑了文本位置信息。该算法的结构图如图 4-10 所示。

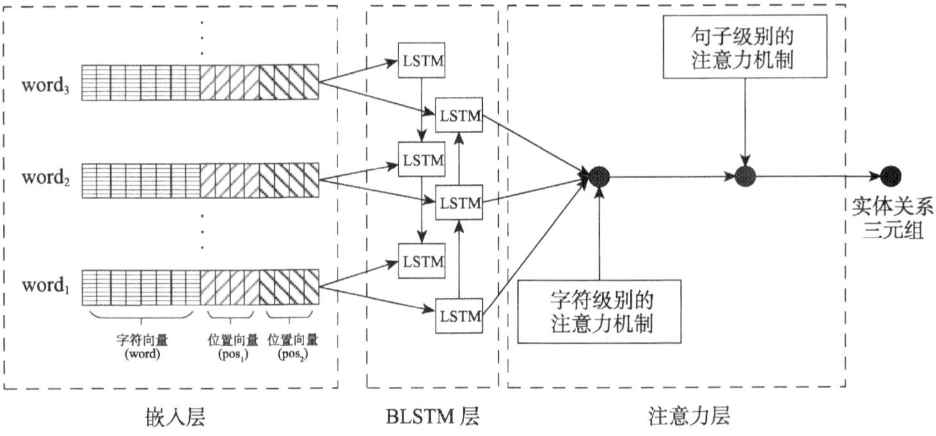

图 4-10　REMA 算法的总体框架图

2. 实体关系识别多注意力机制的引入

输入特征分为两部分，分别是词嵌入向量与位置信息向量，其向量作为 BLSTM 层的输入向量。对于词嵌入向量，可以假设一个科技大数据文本句子由多个汉字组成，这样可以描述为 $\text{sen}=[w_1,w_2,\cdots,w_n]$，其中 w_i 表示该句子中的第 i

个汉字，n 表示该句子由 n 个汉字组成。对于汉字 w_i 根据预训练结果可以得到其相应的词嵌入向量 $w_i = [v_{i1}, v_{i2}, \cdots, v_{im}]$，其中 m 为每个汉字的向量维度。根据实体关系抽取的特点，可以从文本句子中根据每个汉字与该句子两个实体名的距离来提取该句子位置信息的特征矩阵，其计算方法就是计算每个汉字与其两个实体的距离，由此可以得到整个算法的输入句子的矩阵向量如式（4-65）所示：

$$\begin{aligned}\text{sen} &= w\times v + w\times p_1 + w\times p_2\\ &= \begin{bmatrix} v_{11}\cdots v_{1m} & \text{pos}_{11}^{1}\cdots\text{pos}_{1k}^{1} & \text{pos}_{11}^{2}\cdots\text{pos}_{1k}^{2}\\ v_{21}\cdots v_{2m} & \text{pos}_{21}^{1}\cdots\text{pos}_{2k}^{1} & \text{pos}_{21}^{2}\cdots\text{pos}_{2k}^{2}\\ v_{n1}\cdots v_{nm} & \text{pos}_{n1}^{1}\cdots\text{pos}_{nk}^{1} & \text{pos}_{n1}^{2}\cdots\text{pos}_{nk}^{2} \end{bmatrix}_{n\times(m+2k)}\end{aligned} \tag{4-65}$$

其中，k 表示位置信息的词嵌入向量维度。与上文实体识别过程一样，该输入矩阵首先通过 BLSTM 网络，并得到隐藏层的输出向量矩阵 $h_{n,k}$。

矩阵 $h_{n,k}$ 首先进入一层自注意力机制层中，考虑到关系抽取的原理是对句子以及句子中两个实体进行分类标记，所以这时注意力层的原理与实体识别中的注意力结构是不同的。

实体关系字级别注意力机制原理和图 4-10 类似，其中的区别在于注意力层输出一个 $n\times 1$ 的特征向量，字级别注意力输出向量如式（4-66）和式（4-67）所示：

$$\text{att\_w\_word}_{n,1}=\text{softmax}(\text{key\_word}_{n,k}\times\text{query\_word}_{k,1}) \tag{4-66}$$

$$\text{att\_r\_word}_{k,1}=(\text{att\_w\_word}_{n,1}{}^{\text{T}}\times\text{value\_word}_{n,k})^{\text{T}} \tag{4-67}$$

其中，softmax 表示用来进行归一化的操作；$\text{key\_word}_{n,k}$ 表示字级别注意力机制的 key 矩阵；$\text{query\_word}_{k,1}$ 表示字级别的 query 矩阵；$\text{att\_w\_word}_{n,1}$ 表示字级别注意力机制的权重值，针对 BLSTM 隐藏层输出的 n 维向量的权重分布；$\text{value\_word}_{n,k}$ 表示 BLSTM 隐藏层的输出矩阵；$\text{att\_r\_word}_{k,1}$ 表示字级别注意力机制的输出矩阵。

通过字级别注意力层后可以获取科技文本句子中每个汉字的权重值，接着根据实体关系抽取的特点可以对该实体关系对以及标签在多个科技文本句子中分配权重，最终确定每个科技文本句子对于最终结果标签的分类权重。同一个实体关系对以及相应的关系标签可能存在于 m 个句子中，定义句子级别的特征输入向量为 $\text{value}_{m,k}$，作为科技文本句子级别注意力机制中的 value 矩阵的特征向量。科技文本句子级别的注意力机制中的 key 矩阵中的向量，则是通过 $\text{value}_{m,k}$ 线性变化得到的，这样就承接了科技文本字级别的输出向量的特征，同时根据式（4-66）、式（4-67），得到科技文本句子级别的注意力机制的输出向量矩阵，如式（4-68）、式（4-69）所示：

$$\text{att\_w\_sen}_{m,1} = \text{softmax}((\text{sen\_a} \cdot \text{value\_sen}_{m,k}) \times \text{query\_sen}_{k,1}) \quad (4\text{-}68)$$

$$\text{att\_r\_sen}_{k,1} = (\text{att\_w\_sen}_{m,1}{}^{\mathrm{T}} \times \text{value\_sen}_{m,k})^{\mathrm{T}} \quad (4\text{-}69)$$

其中，$\text{att\_w\_sen}_{m,1}$ 表示句子级别注意力机制中的句子权重分类的权值；$\text{query\_sen}_{k,1}$ 表示句子级别注意力机制中的 query 矩阵；sen_a 表示线性变化的矩阵；$\text{att\_r\_sen}_{k,1}$ 表示句子级别注意力机制的输出矩阵；$\text{value\_sen}_{m,k}$ 表示字符级别注意力机制输出的矩阵。

利用 softmax 进行归一化得到句子中实体对关系的分类结果，如式（4-70）所示：

$$r_{c,1} = \text{softmax}(W_{c,k} \times \text{att\_r\_sen}_{k,1} + B_c) \quad (4\text{-}70)$$

其中，$W_{c,k}$ 表示全连接层各单元的权重值；B_c 表示全连接层的偏移值；c 表示实体关系的分类数量。

利用实际的该句子中实体对关系与模型预测的实体关系分布的交叉熵函数作为损失函数进行梯度下降的训练，可以得到实体关系识别的模型。利用训练得到的实体关系识别模型，实现科技文本的实体关系抽取。

3. REMA 算法实现步骤

REMA 算法将词嵌入向量与位置信息向量作为 BLSTM 层的输入向量，结合句子级别的注意力机制，得到实体关系三元组。算法流程如下所示。

算法 4-2 REMA 算法实现步骤
输入：词嵌入向量与位置信息向量
输出：科技大数据的实体关系三元组
步骤 1：将词嵌入向量与位置信息向量通过 BLSTM 网络，并得到隐藏层的输出向量矩阵 $h_{n,k}$
步骤 2：输出向量矩阵 $h_{n,k}$ 先进入一层自注意力机制层，确定每个句子中的词对于最终结果标签的分类权重
步骤 3：引入句子级别注意力机制，确定每个句子对于最终结果标签的分类权重
步骤 4：最后再接上一个全连接层并利用 softmax 进行归一化
步骤 5：得到科技大数据的实体关系三元组

4.5.3 实验结果及分析

为了验证模型在跨媒体科技文本数据实体识别和关系抽取方面的有效性，使用真实的科技文本数据对模型进行训练与测试。具体数据设置如表 4-1 所示。

表 4-1　科技文本数据集

项目	训练数据集	测试数据集
数量	7 884	1 960
字符数	428 019	105 210
带标记字符数	73 332	19 403
标记占比	17.13%	18.44%
带词性标注数	234 400	56 861
实体总数	24 524	4 425
实体类别	6	6
实体关系总数	9 082	2 664
关系种类	14	14

使用的科技文本资源数据集包括训练集与测试集两部分，其中科技文本训练数据集有 7884 条，科技文本测试数据集有 1960 条。训练集与测试集中标签占比基本一致，保证数据的一致性。为了验证提出的算法的有效性，使用平均准确率、平均召回率、平均 F1 来进行评测，计算公式如式（4-71）~式（4-73）所示。TP 表示标记为真正例；FP 表示标记为假正例；FN 表示标记为假反例；TN 表示标记为真反例。

$$P=\frac{\mathrm{TP}}{\mathrm{TP+FP}} \tag{4-71}$$

$$R=\frac{\mathrm{TP}}{\mathrm{TP+FN}} \tag{4-72}$$

$$\mathrm{F1}=\frac{2\times P\times R}{P+R} \tag{4-73}$$

其中，P 表示分类准确率；R 表示分类召回率；F1 表示 P 和 R 的调和均值。

1. ERWSA 算法结果及分析

利用科技文本数据集对 ERWSA 算法的有效性进行验证。对于实验的参数根据算法的结构图进行以下的设置，对于 ERWSA 网络框架，其中原始科技文本的字嵌入向量的长度设置为 320 维，分词词性标注的嵌入向量长度设置为 640 维，BLSTM 网络隐藏层的输出维度为 512 维。BLSTM 网络中隐藏层输出的激活函数使用 tanh 函数，优化器选用 Adam。epoch 的大小设置为 64，batch_size 的大小设置为 64，dropout 设置为 0.5，学习率设置为 0.001。分别使用 CRF、BLSTM、BLSTM+CRF 这三种算法作为对比进行实验，实验结果如表 4-2 所示。其中每张表的最后一行为提出的 ERWSA 算法的测试结果。

表 4-2　对比算法与 ERWSA 算法性能比较

对比算法名	准确率	召回率	F1 值
CRF	0.7962	0.6319	0.7046
BLSTM	0.7954	0.6342	0.7057
BLSTM+CRF	0.8410	0.7538	0.7951
ERWSA	0.8581	0.7972	0.8266

ERWSA 算法的性能指标要优于其他的对比方法。CRF 算法可以充分考虑到文本的上下文信息，并利用判别模型进行全局最优解的求解；而 BLSTM 算法对于类似于文本序列这种动态的序列问题的处理有着较好的效果，其可以前向与后向获取特征信息，能够得到更多更全的序列的信息。BLSTM+CRF 算法是在 BLSTM 算法基础上引入 CRF 模型，是对 BLSTM 网络隐藏层的输出进行了序列判别的处理，因而可以明显提升模型的效果。在以上的基础上利用分词词性标注的特点引入注意力机制，从而对相应词性标注的词语有更重要的影响，这样可对于实体名的边界进行重点识别，从而提升命名实体识别的效果，ERWSA 算法优于 BLSTM+CRF 方法。分别统计 CRF、BLSTM、BLSTM+CRF 这三种对比算法以及 ERWSA 算法在组织、时间、地点、人名、技术实体识别任务中的准确率、召回率和 F1 值。实验结果如图 4-11~图 4-13 所示。

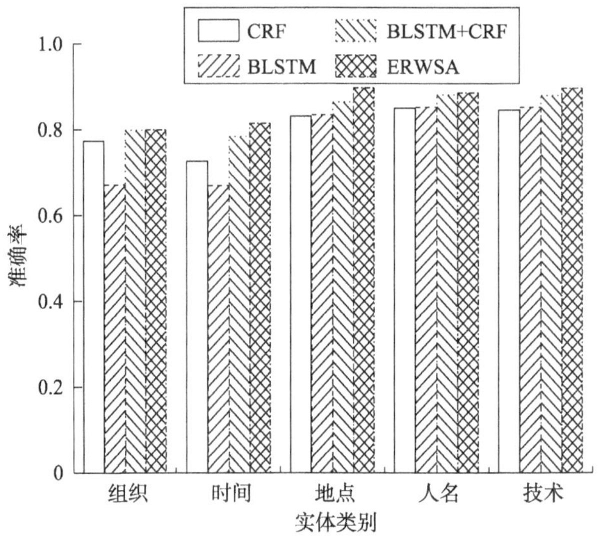

图 4-11　ERWSA 算法与对比算法在各类实体中的识别准确率

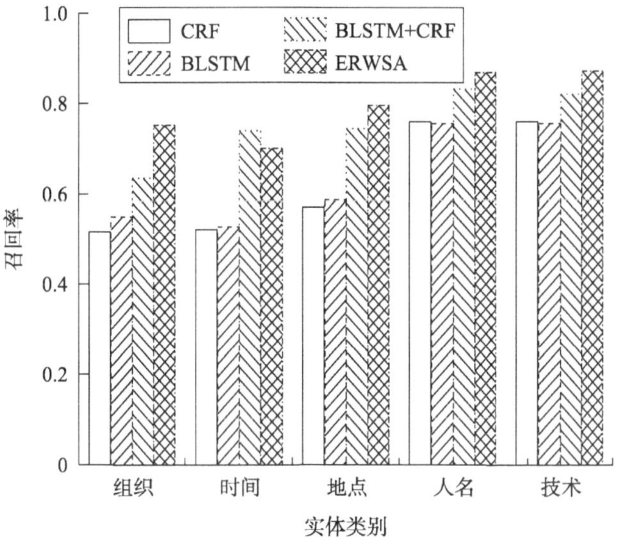

图 4-12　ERWSA 算法与对比算法在各类实体的识别召回率

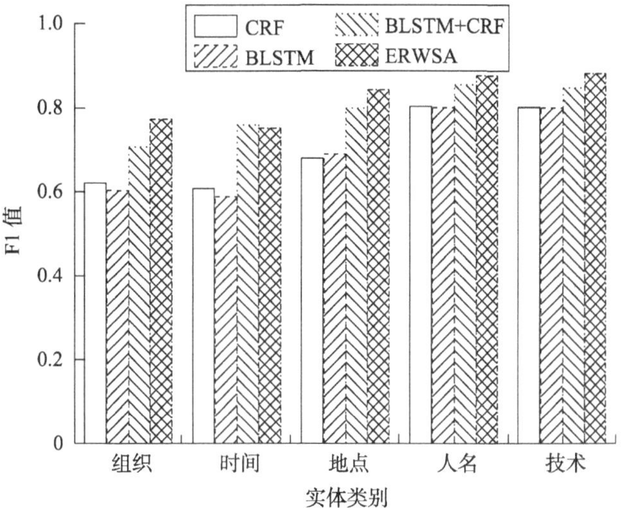

图 4-13　ERWSA 算法与对比算法在各类实体的识别的 F1 值

ERWSA 算法在组织、时间、地点、人名、技术 5 个实体识别任务中的准确率、召回率、F1 值基本都要好于对比算法 CRF、BLSTM、BLSTM+CRF，从而进一步验证 ERWSA 算法的有效性。在实体识别的准确率方面，可以看出 ERWSA 算法在地点的实体识别任务中有较为显著的提升。在实体识别的召回率方面，可以看出 ERWSA 算法在组织、地点、人名、技术的实体识别任务中都有明显的提升。在实体识别的 F1 值方面，可以看出 ERWSA 算法在组织、地点、人名、技术的实体识别任务中都有一定的提升。ERWSA 算法在人名、技术实体识别任务中的性能都好于其他实体识别任务，得到这样的结果主要是因为人名、技术实体标注得更好。

2. REMA 算法实验结果及分析

为了验证提出的 REMA 算法的有效性，利用科技文本数据集对 REMA 算法的有效性进行验证。对于实体关系，我们通过研究样本数据确定了 14 组关系，能够较好地描述数据的实体关系，如表 4-3 所示。

表 4-3　科技文本数据实体关系情况

编号	关系名称	含义
1	per-per	人物与人物的关系
2	per-loc	人物与地点的关系
3	per-org	人物与组织的关系
4	per-time	人物与时间的关系
5	per-tech	人物与技术的关系
6	loc-loc	地点与地点的关系
7	loc-org	地点与组织的关系
8	loc-time	地点与时间的关系
9	loc-tech	地点与技术的关系
10	org-org	组织与组织的关系
11	time-tech	时间与技术的关系
12	org-time	组织与时间的关系
13	tech-tech	技术与技术的关系
14	org-tech	组织与技术的关系

对于实体关系抽取实验的参数进行以下设置，其中原始科技文本的字嵌入向量的长度设置为 90 维，第一个位置信息嵌入向量为 5 维，第二个位置信息嵌入向量为 5 维，字级别注意力机制向量权重维度为 256 维，句子级别注意力机制向量权重维度与句子数量相等，BLSTM 网络隐藏层的输出维度为 256 维。实体关系抽取实验的 batch_size 的大小设置为 64，学习率设置为 0.001，dropout 设置为 0.5。BLSTM 网络中隐藏层输出的激活函数使用 tanh 函数，优化器选用 Adam。使用准确率、召回率以及 F1 值等指标对数据集实体关系抽取的效果进行评价。分别使用

CNN、BLSTM、BLSTM+ATT 这三种算法与 REMA 算法进行对比实验，实验结果如表 4-4 所示。

表 4-4　对比算法与 REMA 算法性能比较

对比算法名	准确率	召回率	F1 值
CNN	0.5055	0.4175	0.4573
BLSTM	0.5685	0.4612	0.5093
BLSTM+ATT	0.6219	0.4878	0.5468
REMA	0.6474	0.4984	0.5631

REMA 算法在科技文本数据中实体关系的抽取中的性能指标要优于其他对比实验中的方法。CNN 算法是一种利用 CNN 进行关系分类的算法。BLSTM 对于类似于文本序列这种动态的序列问题的处理有着较好的效果。在 BLSTM 的基础上引入注意力机制，则可增强文本语义提升的效果，从而提升模型的整体效果。REMA 算法是在文本信息中增加了位置信息，同时结合字级别的注意力机制和科技文本数据的句子级别的注意力机制。在科技文本数据下，REMA 算法在准确率、召回率以及 F1 值方面比其他的算法均有一定的提升，其中准确率的提升值为 2.6%，召回率的提升值为 1.1%，F1 值的提升值为 1.6%。分别统计 CNN、BLSTM、BLSTM+ATT 这三种对比算法在 per-org、per-time、per-loc、per-per、per-tech 关系抽取任务中的准确率、召回率和 F1 值，如图 4-14~图 4-16 所示。

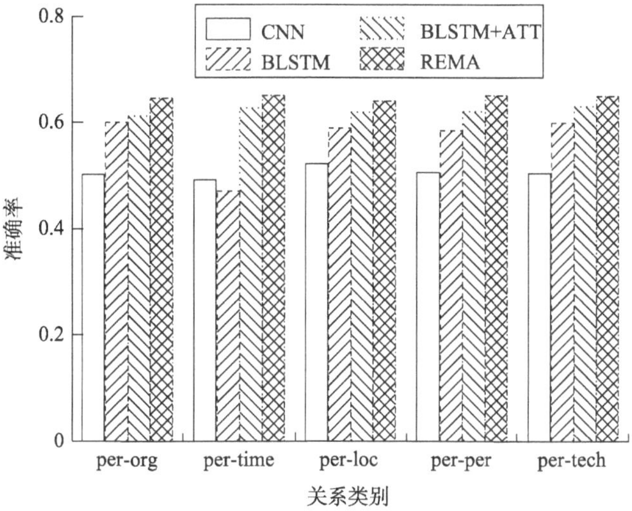

图 4-14　REMA 算法与对比算法在各类关系的识别准确率

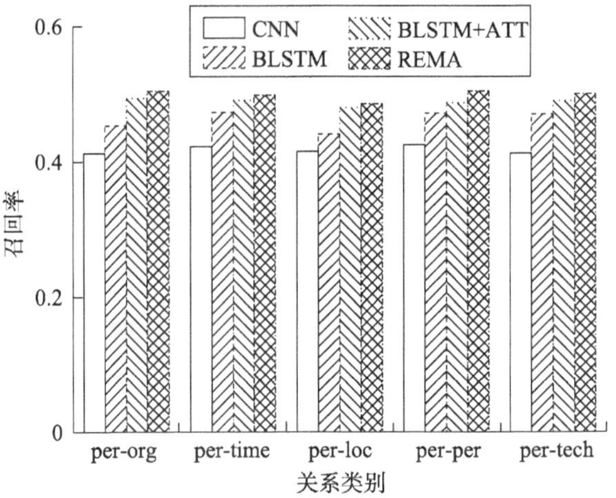

图 4-15 REMA 算法与对比算法在各类关系的识别召回率

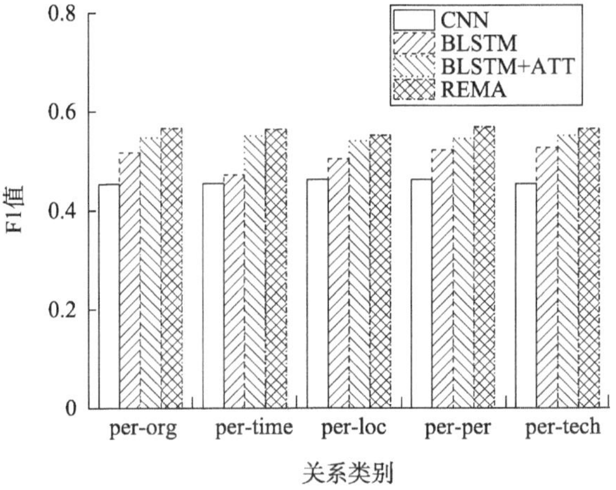

图 4-16 REMA 算法与对比算法在各类关系的识别的 F1 值

4.5.4 基于 BERT-BLSTM-CRF 的实体识别算法

1. 基于 BERT-BLSTM-CRF 的实体识别算法的框架

采用深度学习序列标注模型 BLSTM-CRF 模型，将待识别的文本输入 BLSTM 模型中，获取每个字符相应的标签。这些标签之间具有较强的依赖关系，在 BLSTM 网络层之后，接入一层条件随机场模型来学习标签间存在的依赖关系，输出全局最优句子级别的标签序列。本节提出基于 BLSTM 学习数据的上下文信息，引入 BERT 来完成数据的预训练，将双向 Transformer 用于语言模型中，可以很好地根据字的上下文信息来丰富字的语义向量，将输出的字向量序列输入到 BLSTM-CRF 进行训练。基于 BERT-BLSTM-CRF 的实体识别的模型结构如图 4-17 所示。

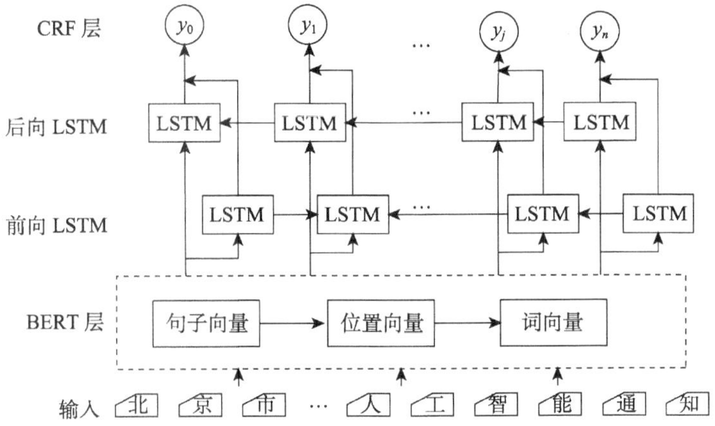

图 4-17　基于 BERT-BLSTM-CRF 的实体识别算法模型设计

模型由 BERT、BLSTM、CRF 三个模块构成，输出的特征输入到 CRF 层，其计算如式（4-74）所示：

$$S(X,Y)=\sum_{i=0}^{n}A_{y_i,y_{i+1}}+\sum_{i=0}^{n}P_{i,y_i} \tag{4-74}$$

将条件随机场中状态转移矩阵用 A 来表示，从第 i 个标签转移到第 j 个标签的概率用 $A_{i,j}$ 来表示，函数 S（X,Y）的最大值通过极大似然法计算得来，从而得到最优的标签序列作为数据标签。通过 CRF 作为损失函数，利用梯度下降进行实体识别模型的训练，得到科技大数据的政策文本的实体识别模型。基于 BERT-BLSTM-CRF 的实体识别算法的流程步骤如下所示。

算法 4-3　基于 BERT-BLSTM-CRF 的实体识别算法步骤

输入：科技资源内容短文本，训练完成的 BERT-BLSTM-CRF 网络结构
输出：科技资源内容短文本中所包含的人名、地名、组织名等实体

步骤 1：使用数据采集手段获取科技资源内容短文本原始数据
步骤 2：将采集到的科技资源内容短文本原始数据基于分词工具来分词，得到科技资源候选词集
步骤 3：基于 BERT 语言模型开展输入文本的预训练，先将候选词集输入 BERT 模型中
步骤 4：BERT 对输入的文本先采用 token 嵌入，表示为 $E_{\text{token}}(w_i)$，代表字的向量表示
步骤 5：BERT 中的 segment 嵌入，表示为 $E_{\text{segment}}(w_i)$，帮助 BERT 将句子对中两个句子的向量表示划分开来
步骤 6：接入 BERT 中的 position 嵌入，表示为 $E_{\text{position}}(w_i)$，添加输入序列的位置数据
步骤 7：经过 BERT 用于语言理解的 Transformer 预训练模型，得到输入语句的字向量表示
步骤 8：将 BERT 输出的字向量输入 BLSTM 层中，通过综合前向和后向记忆网络，提取实体识别任务中的特征
步骤 9：BLSTM 层之后再加入一层条件随机场，通过学习标签之间的相邻关系来确保标签有效
步骤 10：模型顶部的标准随机场层的输出即为最终的序列标注，从而得到实体识别结果

模型的输入是科技资源短文本和已经训练完成的 BERT-BLSTM-CRF 网络结构。对于采集到的原始科技资源内容短文本数据通过数据的预处理得到模型的候选词，输入 BERT 语言模型中，输入的文本依次经过 BERT 模型中的 token 层、segment 层、position 层得到输入文本的词向量表示。词向量输入 BLSTM 层中，综合前向和后向记忆网络，充分考虑文本的上下文信息，解决长依赖问题；在模型的顶层引入条件随机场模型，解决 BLSTM 没有考虑标签之间的依赖关系的问题。条件随机场模型通过学习标签之间的相邻关系得到最终的序列标注结果，完成从科技资源文本数据内容中挖掘出人名、地名、组织名等预先制定好的实体。

2. 基于 BERT-BLSTM-CRF 的实体识别算法的实验结果及分析

为了验证实验模型在科技大数据命名实体识别方面的有效性，使用获取到的实际的科技资源数据对模型开展训练与测试。实验数据设置如表 4-5 所示。使用的数据集包括训练集和测试集两部分，其中训练集包含 4000 条科技文本，测试集包含 1000 条科技文本，训练集大小和测试集大小的比例严格按照标准比例 8∶2 设置。此外，实验选取的训练集和测试集中的标记占比基本一致，从而提高了实验数据的一致性，减少无关因素带来的误差。在实验中把所有的实验数据的标签划分为 B_PER、M_PER、E_PER、B_TIME、M_TIME、E_TIME、B_LOC、M_LOC、E_LOC、B_ORG、M_ORG、E_ORG 以及 O，其中 B_XXX 表示实体名的开始，E_XXX 表示实体名的结尾，M_XXX 表示实体名的中间数据。地点信息用 LOC 来标记，组织信息用 ORG 来标记，人名信息用 PER 来标记，时间信息用 TIME 来标记。

表 4-5　实验的数据设置

项目	训练集	测试集
科技文本数量	4 000	1 000
字符数	258 091	65 210
带标记字符数	43 332	12 230
标记占比	16.79%	18.75%
带词性标注数	125 345	32 865
实体总数	13 512	2 879
实体类别	12	12
实体关系总数	4 874	1 857
关系种类	12	12

如表 4-6 所示，其中 TP 代表了实际结果为真，同时预测结果也为真的实验个数；FP 代表了实际结果为假，实验的预测结果却为真的实验个数（即为误差率）；FN 表示实际结果为真，实验的预测结果却为假的实验个数（即为漏报率）；TN 表示实际结果为假，实验的预测结果也为假的实验个数。实验采用的评价指标模

型的准确率、召回率和 F1 值的计算式如式（4-75）~式（4-77）所示：

$$\text{recall} = \frac{\text{TP}}{\text{TP+FN}} \tag{4-75}$$

$$\text{precession}=\frac{\text{TP}}{\text{TP+FP}} \tag{4-76}$$

$$\text{F1} = \frac{2\times P\times R}{P+R} \tag{4-77}$$

表 4-6　实验的评判判别

模型预测	实际分类	
	真	假
预测为真	TP	FP
预测为假	FN	TN

实验结果如表 4-7 所示，实验性能的评价指标选取了准确率、召回率和 F1 值。图 4-18、图 4-19 为跨媒体科技大数据实体在不同算法模型上对比实验的结果图。

表 4-7　基于科技大数据数据集的实体识别的实验结果

算法	准确率	召回率	F1 值
HMM	0.5022	0.5118	0.4929
CRF	0.5654	0.5782	0.5334
BLSTM	0.6212	0.6032	0.6191
BLSTM-CRF	0.6732	0.6623	0.6744
IDCNN-CRF	0.6821	0.6791	0.6861
BLSTM-ATTENTION-CRF	0.6913	0.6934	0.6935
IDCNN-ATTENTION-CRF	0.7001	0.6983	0.7013
BERT-BLSTM-CRF	0.7101	0.7112	0.7129

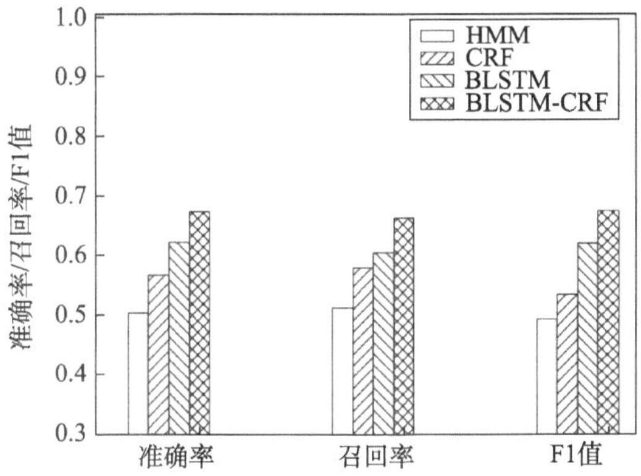

图 4-18　基于科技大数据数据集的实体识别的对比实验（一）

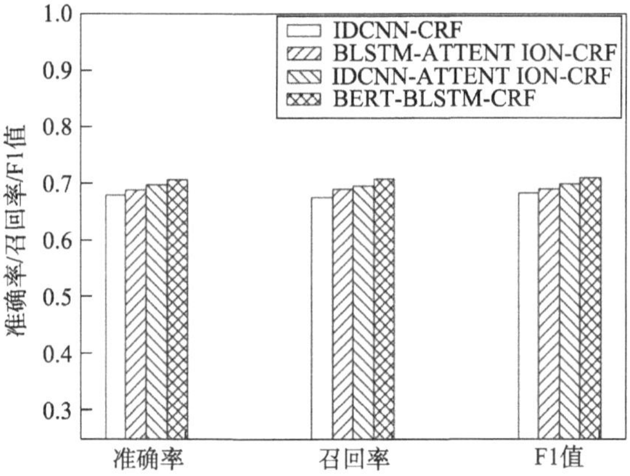

图 4-19　基于科技大数据数据集的实体识别的对比实验（二）

基于 BERT-BLSTM-CRF 的实体识别算法在大部分实体名的性能指标要优于其他的对比实验中的方法。我们采用了迭代扩张卷积神经网络（iterated dilated convolutional neural networks，IDCNN）来测试实验的性能效果，虽然 IDCNN 的实验效果也较好，但是为了覆盖全部的输入数据就需要加入更多的卷积层，从而导致层数越来越多，实验的参数也越来越多，使得整个模型变得庞大且难以训练。利用 BERT 的预训练，所有层中的上下文会被整体调节起来，提升了实体名识别的效果，因此基于 BERT-BLSTM-CRF 的实体识别算法优于 BLSTM+CRF 方法。

从图 4-20 中可以观察出来，对于实验评价指标 F1 值而言，F1 值的计算结果随着模型训练次数（epoch）的增加也不断增大，说明实验的训练次数是影响模型性能的重要因素，模型性能会随着实验训练次数的增加而提升，达到一个峰值后，性能的提升变得不明显，说明不断地去训练实验的数据，对于分类具有良好的效

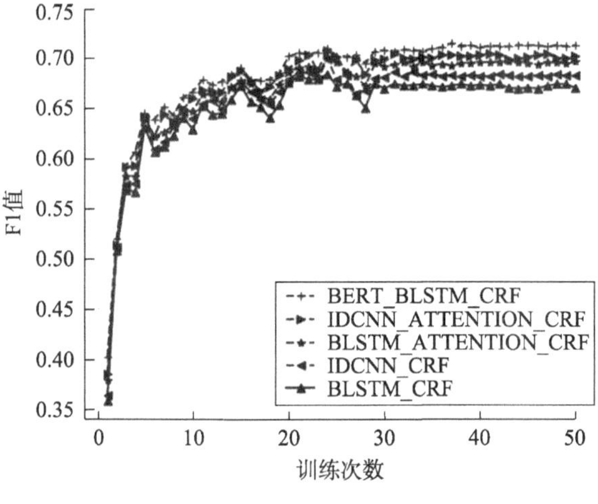

图 4-20　不同模型的 F1 值随训练次数的曲线情况

果，但是训练次数过多，对于整个模型的计算就是一个很大的负担，同时训练的参数过多会导致性能提升不够明显。把语料库随机划分为训练集、测试集和验证集，其中训练集包括 20 864 个句子，6 277 429 个字；测试集包括 4636 个句子，1 405 788 个字；验证集包含 2318 个句子，702 455 个字。实验结果如表 4-8 所示，对比实验的结果如图 4-21 和图 4-22 所示。

表 4-8　基于《人民日报》公开数据集的实体识别的实验结果

算法	准确值	召回率	F1 值
HMM	0.9122	0.7701	0.9129
CRF	0.9543	0.9462	0.9542
BLSTM	0.9572	0.9343	0.9569
BLSTM-CRF	0.9819	0.9073	0.9818
IDCNN-CRF	0.9826	0.9421	0.9827
BLSTM-ATTENTION-CRF	0.9831	0.9321	0.9831
IDCNN-ATTENTION-CRF	0.9838	0.9524	0.9839
BERT-BLSTM-CRF	0.9859	0.9558	0.9858

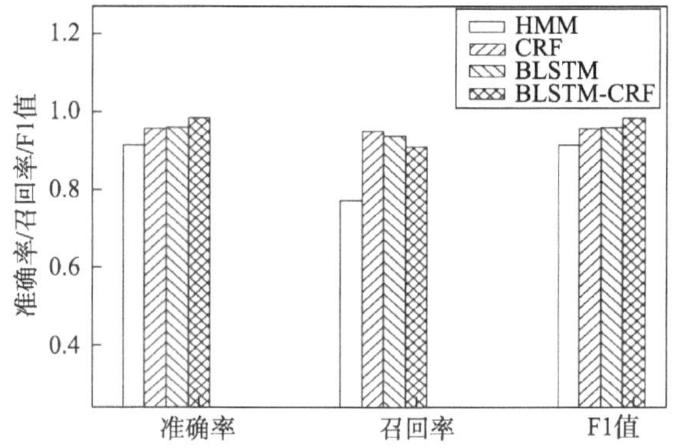

图 4-21　基于《人民日报》公开数据集的实体识别的对比实验（一）

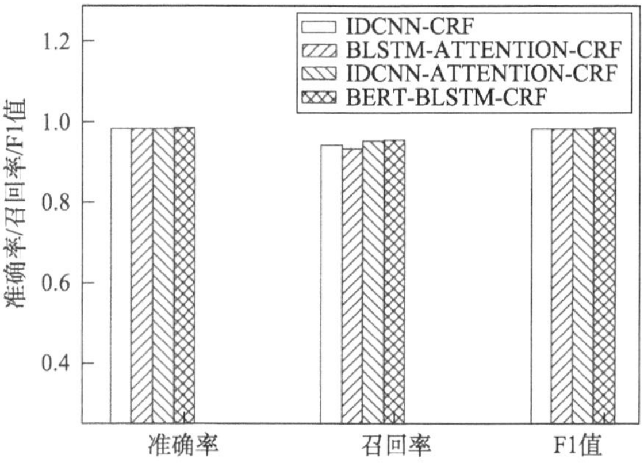

图 4-22　基于《人民日报》公开数据集的实体识别的对比实验（二）

综合考虑三个指标，表 4-8 的对比实验表明，基于 BERT-BLSTM-CRF 的实体识别算法的表现最好。准确率能够衡量模型分类的准确性，而召回率则可衡量模型是否能找全该类别的样本。只有当两个值都比较大时，模型的综合性能才是最优的。

4.6 科技资源实体信息与实体关联关系挖掘与发现

本节提出了基于 BERT 融合局部特征的注意力机制的科技实体抽取（Bert BLSTM attention CRF，BBLAC）算法，实现了对科技资源信息中无效信息的过滤，对核心有效信息进行抽取。此外，还提出了基于多重维度的科技资源实体关键词相似关系判定（multi-dimension based scientific and technology resource entities similarity judgment，MDESJ）算法，实现了对科技实体间相似关联关系的扩充。

4.6.1 基于 BERT 融合局部特征的注意力机制的科技实体抽取算法

1. 基于 BERT 融合局部特征的注意力机制的科技实体抽取算法总体框架

本节提出了 BBLAC 算法，利用提出的文本特征提取模型实现对科技资源文本数据的文本语义特征提取，使用 BERT 模型对获取到的文本数据进行精调训练，以便获取到更为精确的语义信息，使用 BLSTM 网络实现对上下文语义信息的获取。

2. 基于 BERT 融合局部特征的注意力机制的科技实体抽取实现

对于词嵌入向量，假设一个科技资源文本由多个符号组合而来，将文本序列定义成 $X=(x_1,x_2,\cdots,x_N)$，x_i 代表当前序列中的第 i 个符号，N 代表当前序列由 N 个符号组成。对于每个汉字 x_i 根据预训练模型可以获取其相应的词特征向量 $\text{word}=(w_1,w_2,\cdots,w_N)$，根据科技数据实体的特点，引入文本句子中每个汉字与该句子的位置信息，$e=(e_1,e_2,\cdots,e_N)$，对于科技数据文本中的句子可以得到一个词特征向量矩阵，将特征向量 $X=(x_1,x_2,\cdots,x_T)$ 经过段嵌入（segment embedding，SE）和位置编码（position encoding，PE）加和后作为 BERT 的输入，如式（4-78）所示。

$$X_{\text{embedding}} = \text{EL}(X) + \text{SE} + \text{PE} \tag{4-78}$$

LSTM 网络结构分成遗忘门、输入门、候选门、输出门。整个 LSTM 网络单元涉及计算公式如式（4-79）所示：

$$h_t = \sigma\left(W_o \cdot [h_{t-1}, x_t] + b_o\right) \otimes \tanh\left(f_t \otimes C_{t-1} + i_t \otimes \tilde{C}_t\right) \tag{4-79}$$

BLSTM 层的输出结果如式（4-80）所示：

$$h_t = [\vec{h}_t, \overleftarrow{h}_t] \tag{4-80}$$

在 BLSTM 层之后结合注意力机制，通过对实体词给予不一样的比重值，增强对局部信息的感知。用 BERT 提取过的高维语义向量作为输入，用 BLSTM 网络来获取上下文关联特征，结合局部注意力网络，给提取到的关联特征给予不一样的得分。实现局部语义信息的获取，得到含有全局语义与局部语义信息的两种特征的语义表达。式（4-81）、式（4-82）为输入和输出之间的关联能量。

$$\alpha_{tj} = \frac{e^{u_{tj}}}{\sum_{1}^{T} u_{tk}} \tag{4-81}$$

$$u_{ij} = v_\alpha^T \tanh w_\alpha c_{t-1} + u_\alpha h_j \tag{4-82}$$

其中，α_{tj} 表示注意力的权重值，其数学含义为对于一个句子的 n 个汉字进行实体名分类的权值。利用注意力的权重值与 H_t 矩阵进行乘积运算，其中 c_t 是注意力层的输出值，式（4-83）利用了点乘的思想。

$$c_t = \sum_{j=1}^{T} \alpha_{tj} h_j \tag{4-83}$$

根据注意力的算法得到融入局部特征向量的注意力层的输出结果。在进行最后分类前进行一次全连接操作，其计算如式（4-84）所示：

$$\text{crf\_i}_{c,n} = \text{softmax}\left(W_{c,k} \times c_t + B_{c,l}\right) \tag{4-84}$$

其中，$\text{crf\_i}_{c,n}$ 表示 CRF 层的输入特征矩阵；$W_{c,k}$ 表示全连接层的权重矩阵；$B_{c,l}$ 表示全连接层的偏移向量；c 表示实体的类别数量。输出的特征输入到 CRF 层，实现对结果的标记。其计算如式（4-85）所示：

$$S(X,Y) = \sum_{i=0}^{n} A_{y_i, y_{i+1}} + \sum_{i=0}^{n} P_{i, y_i} \tag{4-85}$$

其中，A 表示状态转移矩阵；$A_{i,j}$ 表示从第 i 个标签转移到第 j 个标签的概率。利用极大似然法求得 $S(X,Y)$ 最大值，可获得最佳的输出标签序列。通过将 CRF 作为损失函数，利用梯度下降进行实体抽取模型的训练，从而得到科技资源数据实体抽取模型。

4.6.2 基于 BERT 融合局部特征的注意力机制的科技实体抽取算法实验

1. 数据集描述

我们使用各类新闻网站的科技资讯信息，覆盖科技事件的各个方面。使用的数据集包括训练集与测试集两部分，训练集包括科技新闻数据并分割成相应的句子，训练集包括 8000 个科技事件的句子，测试集包括 2000 个科技事件句子。训练集样本规模与测试集样本规模比为 8∶2。实验设计中文本的标签分类如表 4-9 所示。

表 4-9　实验文本标签分类

编号	标签
1	B_KEYWORD、M_KEYWORD、E_KEYWORD
2	B_ADDRESS、M_ADDRESS、E_ADDRESS
3	B_POSITION、M_POSITION、E_POSITION
4	B_GOVERNMENT、M_GOVERNMENT、E_GOVERNMENT
5	B_NAME、M_NAME、E_NAME
6	B_ORGANIZATION、M_ORGANIZATION、E_ORGANIZATION
7	O

表 4-9 中，B_XXX 为实体名的开始，E_XXX 为实体名的结尾，M_XXX 则为实体名中间数据。KEYWORD 表示科技资源核心关键词信息，ORGANIZATION 表示组织信息，NAME 表示人名信息，ADDRESS 表示位置信息，POSITION 表示身份信息，GOVERNMENT 表示机构信息，O 表示文本序列中的其他无效文本信息。

2. 评价指标

为了评估所提出的算法实体抽取的效果，使用准确率、召回率以及 F1 值指标对科技资源数据集进行实体抽取效果的评价，结果如表 4-10 所示。三个指标的计算方式如式（4-86）~式（4-88）所示：

$$\text{precision}=\frac{\text{TP}}{\text{TP+FP}} \tag{4-86}$$

$$\text{recall}=\frac{\text{TP}}{\text{TP+FN}} \tag{4-87}$$

$$\text{F1}-\text{Score}=\frac{2\times\text{precision}\times\text{recall}}{\text{precision}+\text{recall}} \tag{4-88}$$

表 4-10　评价结果情况

模型预测	实际分类	
	真	假
预测为真	TP	FP
预测为假	FN	TN

3. 实体抽取实验

将提出的算法与 CRF、LSTM+CRF、BLSTM+CRF 几种算法进行对比，各算法的实验结果对比如表 4-11 所示。

表 4-11　实体抽取实验结果

算法名称	准确率	召回率	F1 值
CRF	0.7529	0.7198	0.7359
LSTM+CRF	0.7912	0.7421	0.7658
BLSTM+CRF	0.8295	0.8019	0.8154
BBLAC	0.8623	0.8436	0.8528

下面选择出特定的标签进行结果的数据分析。在 NAME、KEYWORD、ORGANIZATION 以及 POSITION 四种标签的实验结果指标如表 4-12 和表 4-13 所示。

表 4-12　各算法在 NAME 与 KEYWORD 的指标对比

算法名称	NAME			KEYWORD		
	准确率	召回率	F1 值	准确率	召回率	F1 值
CRF	0.7826	0.7084	0.7436	0.7032	0.7108	0.7069
LSTM+CRF	0.8257	0.7834	0.8039	0.7398	0.7217	0.7306
BLSTM+CRF	0.8591	0.8347	0.8467	0.8039	0.7795	0.7915
BBLAC	0.9038	0.8821	0.8928	0.8273	0.8019	0.8144

表 4-13　各算法在 ORGANIZATION 与 POSITION 的指标对比

算法名称	ORGANIZATION			POSITION		
	准确率	召回率	F1 值	准确率	召回率	F1 值
CRF	0.7901	0.7413	0.7649	0.7235	0.7124	0.7179
LSTM+CRF	0.8342	0.7537	0.7919	0.7548	0.7263	0.7402
BLSTM+CRF	0.8717	0.8409	0.8560	0.8107	0.7684	0.7890
BBLAC	0.9107	0.8746	0.8923	0.8326	0.8107	0.8215

BBLAC模型在科技资源实体抽取中的结果比其他方法要好，各算法对NAME与ORGANIZATION的实验指标表现较好，原因在于数据集中对于人名和组织的序列标记较好。结合BLSTM，可以有效利用文本序列的过去与未来信息，从而可以得到精确的上下文语义。引入注意力机制，对文本的局部特征进行增强，从而达到有效的实体名词对应的标注的词语有更重要的影响，这样对于实体名的边界进行重点感知，利用BERT可以获取到更为有效的语义特征信息，从而提升实体抽取的效果，对其他算法的不足进行改进。因此BBLAC方法优于其他几种方法。图4-23为训练过程F1值指标随训练次数的增加的变化趋势图，图4-24为训练过程损失函数收敛曲线图，在训练前期，各类算法的F1值上升趋势相对比较陡峭，而随着训练次数的增加，各个算法逐渐趋于平稳，BBLAC算法在平稳之后高于其他算法的指标结果。

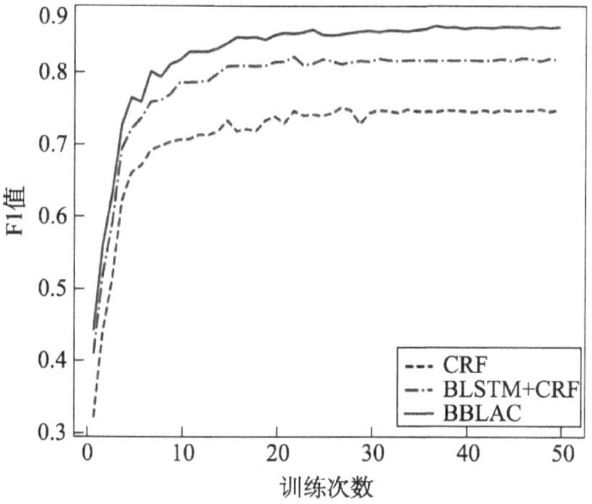

图4-23　训练过程F1值趋势图

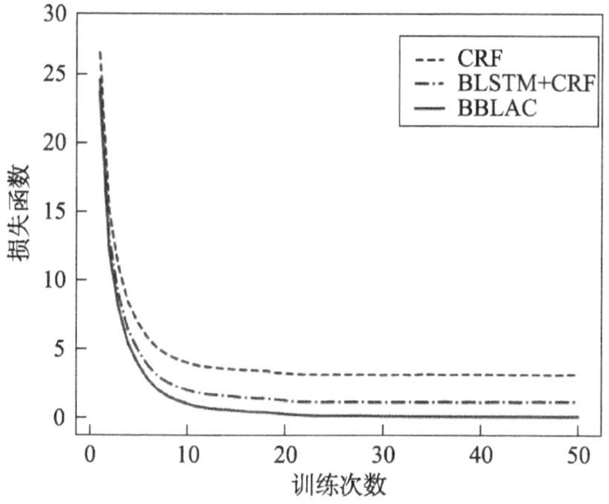

图4-24　训练过程损失函数收敛曲线图

4.6.3 基于 BGRU-BATTENTION 的实体关系抽取算法

1. 基于 BGRU-BATTENTION 的实体关系抽取算法的框架

在知识图谱构建过程实体抽取之后需要进行实体关系的抽取，本节引入了双向门控循环单元（bidirectional gated recurrent unit，BGRU），提出一种基于 BGRU-BATTENTION（bidirectional gated recurrent unit-bidirectional attention，双向门控循环单元–双向注意力）的实体关系抽取算法，该算法的结构如图 4-25 所示。模型通过更新门决定了传递到未来的过去的信息量，或需要继续传递多少前一时间步和当前时间步的信息：

$$z_t = \sigma\left(W_z x_t + U_z h_{t-1} + b_z\right) \tag{4-89}$$

$$r_t = \sigma\left(W_r x_t + U_r h_{t-1} + b_r\right) \tag{4-90}$$

$$\tilde{h}_t = \tanh\left(W_h x_t + U_h\left(h_{t-1} \otimes r_t\right) + b_h\right) \tag{4-91}$$

$$h_t = \left(1 - z_t\right) \otimes h_{t-1} + z_t \otimes \tilde{h}_t \tag{4-92}$$

$$h_t = \left[\overrightarrow{h_t}, \overleftarrow{h_t}\right] \tag{4-93}$$

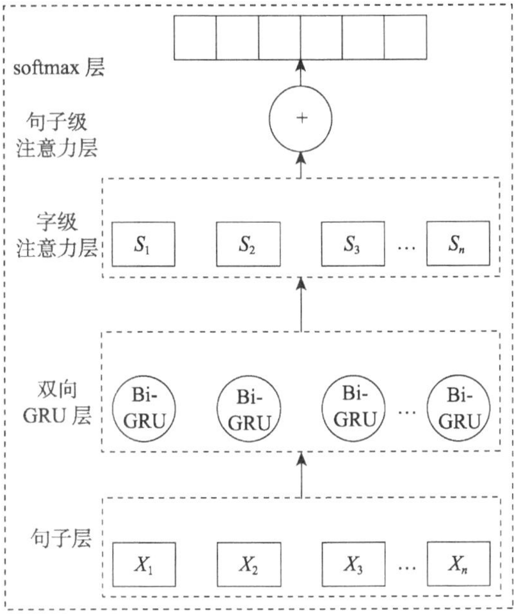

图 4-25 BGRU-BATTENTION 模型设计图

如式（4-89）~式（4-93）所示，其中，z_t 和 r_t 分别表示 GRU 的更新门和重置门，更新门决定了多少信息从上一时刻传递到当前时刻，重置决定了该遗忘多少来自上一时刻的状态信息。W_z、W_r、W_h 和 U_z、U_r、U_h 分别为神经元当前时刻的输入权重和循环输入的权重。b_z、b_r、b_h 为偏置向量。通过上一时刻的隐藏状态信息 h_{t-1} 和当前时刻的节点输入 x_t 来计算出两个门控的状态。得到门控信号之后，通过重置门来获取遗忘后的状态 $h_{t-1} \otimes r_t$，$\otimes$ 表示哈达马积对应元素相乘；将其与当前时刻的输入 x_t 相加并借助非线性函数 tanh 激活；通过更新门对当前节点的输入选择记忆。

科技实体关系抽取中的字级别注意力机制模型采用 Q、K、V。通过均匀分布随机采样的向量矩阵 $\text{query}_{k\times 1}$ 来获取到 query，其中 BGRU 网络隐藏层的输出向量的维度用 k 表示，基于句子中的中文分词词性的向量所生成的特征矩阵来获取到 key，基于 BGRU 网络隐藏层输出向量获取到相同的矩阵 value，之后获取到实体关系抽取中的字级别的注意力输出向量，如式（4-94）和式（4-95）所示。

$$\text{att\_w\_word}_{n\times 1}=\text{softmax}(\text{key\_word}_{n\times k}\times \text{query\_word}_{k\times 1}) \tag{4-94}$$

$$\text{att\_r\_word}_{k\times 1}=(\text{att\_w\_word}_{n\times 1}{}^{\mathrm{T}}\times \text{value\_word}_{n\times k})^{\mathrm{T}} \tag{4-95}$$

其中，$\text{key\_word}_{n\times k}$ 表示字级别注意力机制中的 key 向量矩阵；$\text{att\_w\_word}_{n\times 1}$ 表示句子级别注意力机制的权重值；采用 softmax 来完成数据的归一化操作；$\text{query\_word}_{k\times 1}$ 表示字级别的 query 向量矩阵；$\text{att\_r\_word}_{k\times 1}$ 表示字级别注意力机制的输出。

基于上述的字级别注意力层模型已经获取到了句子中汉字的权重值，基于实体关系抽取中同一个实体和标签很有可能出现在多个句子当中的特点，对该实体以及标签在多个句子中分配权重，从而得到每个句子对于最终结果标签的分类权重。使用 $\text{value}_{m\times k}$ 来表示句子级别的特征输入向量，m 表示同一个实体以及相应的标签可能存在于 m 个句子当中。为了直接继承字级别的输出向量的特征，基于 $\text{value}_{m\times k}$ 线性变化得到了句子级别的注意力机制中的 key 向量矩阵。通过式（4-96）和式（4-97）得到句子级别的注意力机制的输出向量矩阵。

$$\text{att\_w\_sen}_{m\times 1}=\text{softmax}((\text{sen\_a}\times \text{value\_sen}_{m\times k})\times \text{query\_sen}_{k\times 1}) \tag{4-96}$$

$$\text{att\_r\_sen}_{k\times 1}=(\text{att\_w\_sen}_{m\times 1}{}^{\mathrm{T}}\times \text{value\_sen}_{m\times k})^{\mathrm{T}} \tag{4-97}$$

其中，$\text{value\_sen}_{m\times k}$ 表示注意力机制在字粒度计算出来的向量矩阵，作为注意力机制在句子粒度的输入向量矩阵；sen_a 表示线性变化的向量矩阵；句子级别注意力机制中的 query 矩阵采用 $\text{query\_sen}_{k\times 1}$ 来表示；$\text{att\_r\_sen}_{k\times 1}$ 表示句子级别注意力机制中的句子权重分类的权值。用一个全连接层，基于 softmax 来完成归一化，从而得到句子中实体对关系的分类结果，如式（4-98）所示：

$$r_{c\times 1} = \text{softmax}(W_{c\times k} \times \text{att\_r\_sen}_{k\times 1} + B_c) \tag{4-98}$$

全连接层的偏移值用 B_c 来表示，实体关系的分类的数量用 c 来表示，$W_{c\times k}$ 表示全连接层各个单元的权重值。基于真实情况中该句子中的实体对关系和本次模型预测的实体关系分布的交叉熵函数作为损失函数来开展梯度下降的训练，得到实体关系抽取的模型。

基于 BGRU-BATTENTION 的实体关系抽取算法的流程步骤如算法 4-4 所示，模型的输入是科技资源内容短文本和已经训练完成的 BGRU-BATTENTION 网络模型，输出是科技资源内容短文本中所包含的实体间的关系。使用 scrapy 分布式爬取框架完成数据采集，基于分词等工具完成数据的去噪，处理后的数据会被输入到词向量模型中完成数据的编码，转换成可被网络识别的序列向量，序列向量被输入到 BGRU 层中，经过网络的多次训练计算出输入数据的特征向量，基于双重注意力机制提取向量的重要特征，接入一层 softmax 得到实体对关系的分类，从而完成基于 BGRU-BATTENTION 的实体关系抽取，提取科技资源文本中实体对的关系。

算法 4-4　基于 BGRU-BATTENTION 的实体关系抽取算法的流程步骤

输入：科技资源内容短文本，训练完成的 BGRU-BATTENTION 网络模型
输出：科技资源内容短文本中所包含的实体间的关系

步骤 1：使用数据采集手段获取科技资源内容短文本
步骤 2：对采集到的科技资源内容短文本原始数据基于分词工具进行分词，得到科技资源候选词集
步骤 3：基于数据预处理层将实体对、关系和对应句子数据经过编码、词向量化处理转换成序列向量，作为下一层的数据输入
步骤 4：转换后的序列向量输入到 BGRU 层，经过多次迭代后计算出输入数据的特征向量
步骤 5：引入词级别注意力层和句子级别注意力层的双重注意力机制提高特征向量的重要特征性
步骤 6：双重注意力机制后再接入一个 softmax 算法，从而计算得到一个 score，从而得到实体对关系的分类效果
步骤 7：输入科技资源内容短文本中所包含的实体间的关系

2. 基于 BGRU-BATTENTION 的实体关系抽取算法实验结果及分析

利用实体抽取实验的数据集进行模型的训练和测试，确定了 10 组实体关系，该组关系能够较好地描述科技资源的实体关系，如表 4-14 所示。字向量维度在实验的模型中调节为 100，位置向量的维度在实验模型中调节为 5，Batch Size 大小调节为 50，Epoch Num 在实验模型中调节为 10，使用 Adam 优化器进行训练，学习率为 0.0005，L2 正则化为值为 1，Dropout 比率为 0.5。将 Dropout 比率与 L2 正则化结合起来以防止过度拟合。

表 4-14　科技大数据之实体关系情况

编号	关系名称	含义
1	per-per	人物与人物的关系
2	per-loc	人物与地点的关系
3	per-org	人物与组织的关系
4	loc-loc	地点与地点的关系
5	loc-org	地点与组织的关系
6	org-org	组织与组织的关系
7	event-per	事件与人物的关系
8	event-loc	事件与地点的关系
9	event-org	事件与组织的关系
10	event-time	事件与时间的关系

将擅长学习长期依赖信息的 BGRU 加入到句子编码阶段中，用字级别注意力机制提高对关系分类有决定作用的字权重，用句子级注意力机制获取更多语句的特征，增大正确标注的句子权重，减少错误标注的句子权重。在训练过程中，使用相同的数据、批次大小以及迭代次数，分别对 SVM 模型、CNN 模型、LSTM 模型、BLSTM-Attention 模型和本节所提出的模型进行训练，记录训练过程中最高的准确率、召回率和 F1 值，具体数据如表 4-15 所示，不同模型的关系抽取的实验对比图如图 4-26 所示。

表 4-15　不同模型的关系抽取的实验结果对比

算法	准确率	召回率	F1 值
SVM	0.6534	0.6226	0.6376
CNN	0.6252	0.6057	0.6152
LSTM	0.7312	0.7430	0.7371
BLSTM-Attention	0.7786	0.7656	0.7720
BGRU-BATTENTION	0.8051	0.8184	0.8117

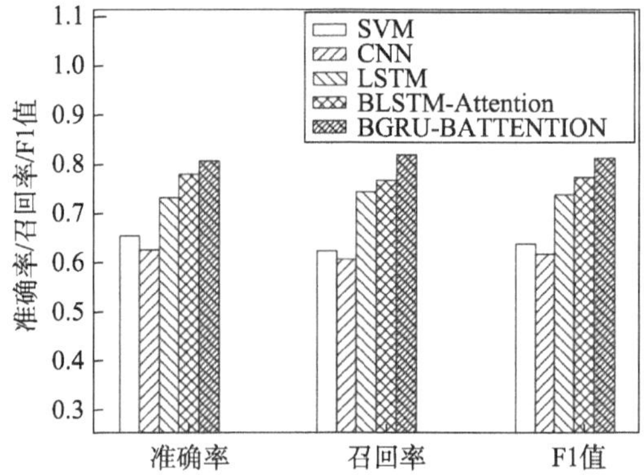

图 4-26　不同模型的关系抽取的实验对比图

可以看出，提出的基于 BGRU-BATTENTION 的实体关系抽取算法相比其他方法效果较好，F1 值达到了 0.8117。学习方法分为传统机器学习方法（如 SVM）和深度学习方法（如 CNN、LSTM）。提出的基于 BGRU-BATTENTION 的实体关系抽取算法相较于传统的机器学习算法有明显的提高，同时相较于 BLSTM-Attention 模型，F1 值提高了 3.97%。准确率和召回率均得到了大幅提高，这说明该算法在科技大数据的关系抽取中有着良好的表现，可以有效地解决科技大数据中实体关系提取的问题。

4.6.4　基于多重维度的科技资源实体关键词相似关系判定算法

1. 基于多重维度的科技资源实体关键词相似关系判定算法总体框架

图 4-27 是科技资源实体相似关系判定框架图。

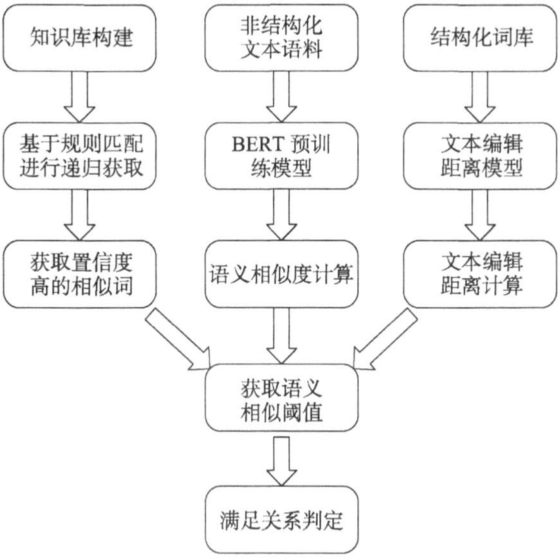

图 4-27　科技资源实体相似关系判定框架图

在关系图谱构建过程实体抽取之后需要进行实体相似词关系的补全。在获取相似词方面结合知识库、上下文语义信息和文本相似度来对相似词进行判断。

2. 基于多重维度的科技资源实体关键词相似关系判定算法实现

结合三种策略的相似关系判定，构建知识库、上下文语义信息和文本相似度。

本节提出了 MDESJ 算法，表 4-16 是词林知识库中的部分数据。

表 4-16　词林知识库示例

序号	示例
1	人选 人氏 人士 士 人物 人
2	全人类 生人 人类
3	口 人口 食指 人丁 人手 人员
4	工作者 劳力 劳动力
5	每位 每人 各人

利用前面提到的实体抽取算法将科技资源文本信息的实体词进行抽取并进行存储，建立科技资源实体词库。利用大数据下的百科类众包知识库对实体词库的相似词进行同步获取。对不同语言同义词进行递归获取，实现对跨学科语义相似词的获取。除利用百科类众包知识库外，利用搜词工具，进行扩充相似词库的构建。语义距离计算方式使用余弦相似度计算与欧氏距离计算，计算方法如式（4-99）和式（4-100）：

$$D(X,Y)=\frac{\sum_{i=1}^{n}(x_i \times y_i)}{\sqrt{\sum_{i=0}^{n}(x_i)^2} \times \sqrt{\sum_{i=0}^{n}(y_i)^2}} \tag{4-99}$$

$$D(X,Y)=\sqrt{(x_i - y_i)^2} \tag{4-100}$$

其中，x_i 和 y_i 分别表示不同语义特征向量 X 与 Y 在同一维度下第 i 个投影的值。

引入直接计算两个字符序列或者编辑距离，以此计算两个实体词的文本相似度，如果两个实体词的文本距离大于阈值，即可判定两个词具有相似关系。训练得到实体抽取以及实体相似关系判定的模型，对科技资源信息进行实体抽取以及实体相似关系补全。

3. 相似关系判定实验

使用准确率、召回率以及 F1 值等指标对科技资源数据集进行实体相似关系判定的效果的评价。分别使用 Word2Vec、HOWNET、DSSM 三种算法模型与所提出的算法模型进行对比实验，通过以上指标对不同算法进行实体相似关系抽取的性能的比较，结果如表 4-17 所示。MDESJ 算法在实体相似关系判定中的结果比其他方法要好。

表 4-17　实验结果对比

算法名称	准确率	召回率	F1 值
Word2Vec	0.6537	0.6629	0.6583
HOWNET	0.7124	0.7012	0.7068
DSSM	0.7276	0.7297	0.7286
MDESJ	0.7741	0.7624	0.7682

MDESJ 算法构建置信度高的文本语料与结构化的知识库进行训练，可以获取到大量的相似文本对，从而可以在置信度高的条件下，结合上下文语义特征，获取相似词的语义距离的阈值，通过使用语义相似度，可以特别关注到特殊的长文本相似词，而短文本会有较大误差。所提出的算法相互弥补了不足之处，提升了整体模型的效果。

4.7　本 章 小 结

本章围绕科技实体关联的可解释性描述、多模态科技知识的实体描述与归纳、科技大数据的实体深度关联建模、跨媒体科技大数据的细粒度实体挖掘、跨媒体科技大数据的实体识别与关联关系发现、科技资源实体信息与实体关联关系挖掘与发现等进行研究；从科技实体关联的可解释性描述出发，研究了多模态科技知识的实体描述与归纳方法，提出了基于多通道注意力的科技需求大数据实体关系抽取方法；针对科技大数据的跨媒体特性，研究了跨媒体科技大数据的细粒度实体挖掘、实体识别与关联关系发现方法，提出了命名实体识别算法和实体关系识别算法，在科技大数据上的实验验证了算法的有效性。

第 5 章　科技大数据的关系预测与演进规律分析

随着科技大数据实体网络的快速发展，实体之间的关系比以往任何时候都更加紧密，如何有效地针对科技大数据实体之间的关系进行关系预测与演进规律分析成为近年来兴起的研究热点之一。科技大数据实体之间的关系往往并不是静态的，而是可能发生动态变化的，如科研人员之间的竞争合作关系，就有可能由竞争转为合作。在这种情况下，当未知的隐性关系发生动态变化时，就进一步增加了解读关系及其类型的困难。实体之间虽然往往并没有显式可见的关系，但往往存在一些可供推断关系的线索。无论是人员还是知识，各类科技实体的关系往往并不是完整可得的，而是有大量的隐性关系有待进行预测与演进规律分析。因此，为实现科技大数据完整的预测与演进规律分析，就不能仅着眼于显式的、已知的关系，还要围绕隐性关系展开推理和预测。科技大数据中关系演进的现象普遍存在，而且往往并非联合演化现象所能涵盖，需要从单序列关系演进和多序列联合演化的维度以及更为一般化的关系演进规律角度描述问题。

5.1　科技大数据的隐性关系推理与预测

5.1.1　科技大数据中的隐性关系推断

以科技机构实体之间的合作与竞争为例，针对科技大数据的实体网络关联建模可以在很大程度上刺激与推动对科技机构实体之间的合作与竞争行为的分析。一方面，这一分析将指导科技机构实体更好地选择合作伙伴，以在竞争中产生优势；另一方面，也可能有助于识别潜在的竞争对手，以便设计出更加高效的应对策略。然而，由于一些科研行为与科研成果的保密性，部分信息始终处于未公开的状态，这就为进行有效的合作竞争分析，从而为科技机构实体提供指导带来了一定的困难。本节介绍一种实体间竞争合作策略分析方法，该方法能够基于公开的实体信息和实体间相互关系对实体之间的竞争合作策略进行分析，可有效提高科技机构实体竞争合作策略分析结果的可靠性，从而为科研人员开展有针对性的合作提供指导。

通过图神经网络融合实体自身信息数据和实体之间关系信息的公开数据，得到每个实体的嵌入向量表示。根据实体自身信息和实体之间关系信息数据，为每个实体生成节点嵌入向量表示。这样做的目的是汇总有关实体的尽可能多的信息，并获得实体的统一表示，以进行进一步的合作和竞争策略分析。因此，有必要适当地处理异构输入。

将记录了实体自身信息和实体关系信息的实体图网络记作图 $G=(V, E, R)$，其中 V 表示全部节点（即实体）的集合，E 表示全部边（即实体关系）的集合，R 表示全部关系的集合。G 即可作为模型的输入。实体特征主要包含两种类型的输入信息，即向量信息（前述的分类向量和数值向量数据）和文字说明（如前述的实体简介）。实体的统一表示不仅应包含节点的特征，还应包含图 G 中的结构信息。采用一种图神经网络，即修改过的多关系图卷积网络（multi-relational graph convolutional networks, RGCN），对图 G 中的每个节点 i 生成融合多种关系的嵌入向量表示。对于每个实体 c_i，以其输入特征 $\{f_i\}$ 作为初始节点特征，节点 i 的嵌入向量是通过其他节点的消息传递来计算的。在第 l 层中的计算如式（5-1）所示。

$$\mathrm{emb}_i^{(l)}=\sigma\left(\sum_r\sum_{j\in V}\frac{1}{c_{i,r}^{(l)}}W_r^{(l)}\mathrm{emb}_j^{(l)}+W_0^{(l)}\mathrm{emb}_i^{(l)}\right) \tag{5-1}$$

其中，$\mathrm{emb}_i^{(l)}$ 和 $\mathrm{emb}_j^{(l)}$ 分别表示节点 i 和节点 j 第 l 层的嵌入向量；$c_{i,r}$ 表示节点 i 在关系 r 上的归一化常数，该常数可以作为参数学习或预先指定；$W_r^{(l)}$ 和 $W_0^{(l)}$ 表示要学习的两个权重矩阵。由于 RGCN 层仅聚合来自直接邻居的信息，因此需要更多的层来传播整个网络的信息、为深层结构信息建模。使用 L_1 个 RGCN 层，可以在嵌入向量中保留更多的结构信息。

通过注意力机制对竞争合作偏好进行聚合，得到实体的竞争合作偏好向量。基于获取的节点嵌入向量 $\{\mathrm{emb}_i\}$，为每个实体 c_i 生成两组策略向量，分别代表其合作偏好和竞争偏好。由于实体的合作和竞争策略对其邻居节点影响最为显著，因此从邻居节点那里汇总信息是很直观的。实体之间的各种关系对于合作和竞争战略的重要性也不同。当生成 N_{coo} 个合作偏好向量 $P_i^{\mathrm{coo}}=\{p_{i,k}^{\mathrm{coo}},k=1,\cdots,m\}$ 和 N_{com} 个竞争偏好向量 $P_i^{\mathrm{com}}=\{p_{i,k}^{\mathrm{com}},k=1,\cdots,n\}$ 时，利用注意力机制来学习不同关系的贡献，其中每个实体 c_i 具有两个超参数 m 和 n。在关系为 r 的所有实体对上，计算关系 r 对合作策略向量 $p_{i,k}^{\mathrm{coo}}$ 的注意力权重 $a_{r,k}^{\mathrm{coo}}$。

定义注意力权重后，在每个实体的邻居节点嵌入中汇总信息，强调某些关系的作用，同时减弱另一些关系的影响。实体 c_i 的合作偏好 $p_{i,k}^{\mathrm{coo}}$ 和竞争偏好 $p_{i,k}^{\mathrm{com}}$ 可以表示为式（5-2）和式（5-3）。

$$p_{i,k}^{\mathrm{coo}}=\sum_{j\in N_i}a_{r_{i,j},k}^{\mathrm{coo}}\mathrm{emb}_j \tag{5-2}$$

$$p_{i,k}^{\text{com}} = \sum_{j \in N_i} a_{r_{i,j},k}^{\text{com}} \text{emb}_j \tag{5-3}$$

考虑到合作关系和竞争关系不是独立的，设计了一种符号约束来模拟合作关系和竞争关系之间的依赖关系。合作与竞争关系可以看作一对相反的关系，通过将合作与竞争分别指定为正向和负向的边来构建一个有符号的网络。为了建模的合作和竞争之间的符号约束，将这种约束设计为损失函数的一部分。由于合作和竞争可以分别看作正向和反向的联系，期望实体 c_i 的合作偏好向量 $p_{i,k}^{\text{coo}}$ 和竞争偏好向量 $p_{i,k}^{\text{com}}$ 有较大的差异性。对于这两个表示相反符号的偏好向量，更关心 $p_{i,k}^{\text{coo}}$ 和 $p_{i,k}^{\text{com}}$ 在方向上的差异性而不是长度上的差异性。因此，利用余弦相似度来衡量向量在方向上的差异，以衡量合作偏好 $p_{i,k}^{\text{coo}}$ 和竞争偏好 $p_{i,k}^{\text{com}}$ 之间的距离，具体如式（5-4）所示：

$$L_{\text{sign}} = \max\left\{0, \sum_k \frac{p_{i,k}^{\text{coo}} \times p_{i,k}^{\text{com}}}{\left\|p_{i,k}^{\text{coo}}\right\|\left\|p_{i,k}^{\text{com}}\right\|}\right\} \tag{5-4}$$

深度学习模型具有黑盒特性，从 RGCN 模型得出的节点嵌入可能无法代表现实世界的实体，从而导致合作偏好 $p_{i,k}^{\text{coo}}$ 和竞争偏好 $p_{i,k}^{\text{com}}$ 不能代表真实的合作策略和竞争策略。为了显示合作偏好和竞争偏好的可解释性，需要获取的节点嵌入向量 emb_i 保留每个节点 i 的输入特征和结构信息。采用解码器将节点嵌入转换为输入特征，该解码器的目标函数公式如下：

$$L_{\text{rec}} = \sum_{i \in V} l(\text{dec}(\text{emb}_i), f_i) \tag{5-5}$$

为了验证节点嵌入捕获结构化信息的能力，构造两个集合 P 和 N，这两个集合均由采样的实体对 (i, j) 组成。集合 P 中的实体对 (i, j) 是从实体关系图 G 中的互相连接的边中采样的，而 N 中的实体对 (i, j) 则表示不存在的边关系。期望 P 中 (i, j) 对的距离比 N 中的距离更近，将目标函数构造为

$$L_{\text{rel}} = \sum_{\substack{(i,j)\in P \\ (u,v)\in N}} \max\left\{0, \left\|\text{emb}_i - \text{emb}_j\right\|_2 - \left\|\text{emb}_u - \text{emb}_v\right\|_2\right\} \tag{5-6}$$

将节点嵌入解码为输入特征和结构信息中的损失函数：

$$L_{\text{dec}} = \beta L_{\text{rec}} + (1-\beta) L_{\text{rel}} \tag{5-7}$$

对于每个实体 c_i，由于其合作策略和竞争策略分别表示为合作偏好向量和竞争偏好向量，因此合作偏好集 $\{p_{i,k}^{\text{coo}}\}$ 和竞争偏好集 $\{p_{i,k}^{\text{com}}\}$ 应该分别保留有关其合作和竞争实体的尽可能多的信息。因此，将该预测任务的目标函数表述为

$$L_{\text{pred}}=\sum_{i\in V}\left(\sum_{k}\sum_{j\in \text{coo}_i} l(p_{i,k}^{\text{coo}},\text{emb}_j)+\sum_{k}\sum_{j\in \text{com}_i} l(p_{i,k}^{\text{com}},\text{emb}_j)\right) \tag{5-8}$$

训练过程的总损失函数包括三个部分，即符号约束损失 L_{sign} 、输入特征和结构信息的重构解码损失 L_{dec} ，以及合作和竞争预测任务的预测损失 L_{pred} ：

$$L=\lambda_1 L_{\text{sign}}+\lambda_2 L_{\text{dec}}+\lambda_3 L_{\text{pred}} \tag{5-9}$$

我们在一个包含 300 个实体与 3188 条已知关系的真实数据集上进行了验证。结果显示各类实体在竞争合作时体现出不同的策略。这些实体之间的合纵连横行为非常普遍，可以看出有的小公司通过抱团的方式合力对抗大公司，也有部分小公司联手大公司以求在局部竞争中脱颖而出。类似的符号网络及其所对应的竞合行为看起来杂乱无章，实际上仍有规可循，上述实验结果验证了面向符号的表示技术在实体合作和竞争分析任务中的潜力。

为实现实体之间的合作竞争分析，有效判定关系类型未知的实体之间的互动类型，介绍一种新型的面向符号的偏好网络模型用于合作和竞争分析，使用多关系图卷积网络来生成实体异构特征和关系图的深度表示，进而利用注意力机制对不同关系的重要性进行建模，从而为每个节点生成两组策略向量，分别代表其合作和竞争偏好。我们设计了一种面向符号的约束来建模合作与竞争关系之间的依存性。在真实数据集上进行的大量实验验证了该解决方案的有效性。

5.1.2　科技大数据中的潜在关系预测

学者之间的合作往往基于共同的研究课题。同时，学者的研究方向又可能随着项目需要或学科整体的发展趋势而发生变化。在这种情况下，当学者的研究方向发生偏移的时候，旧的合作关系往往就会被新的合作关系所取代。在这种合作过程中，学者的研究内容也会受到合作者的影响，从而形成了一种合作内容影响合作关系，合作关系又反作用于合作内容的双向作用，进而形成了一种联合演化的趋势。然而，目前还少有这种结合动态关系演化影响与实体序列行为，对实体间潜在关系及其演化进行分析的研究，尤其是将动态社交影响纳入时间序列的范畴加以深度表征建模的研究。本节介绍一种联合结构信息与时序信息的关系推断方法。该方法的思路如图 5-1 所示。

从用户历史行为和社交行为记录中获取用于分析的基本数据。基于获得的数据，通过建模实体时序行为，获得实体在各个时刻的动态偏好，通过建模实体的时序社交行为获得动态社交背景信息。在此基础之上，基于社交背景信息与实体个人偏好，还原历史行为中实体的决策过程，结合实体的决策函数估计推荐对象的相对排序，并实现实体决策函数中相关参数的训练。对于新的推荐对象，基于

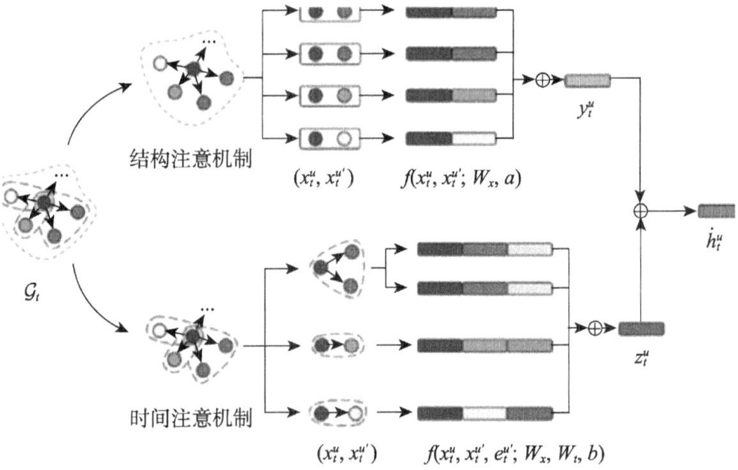

图 5-1　动态关系建模的机制示意图

完成参数训练的决策函数，计算实体对于每个对象的评分，通过稳定匹配的方式预测实体选择的结果并进行推荐。通过对实体时序行为建模，可以真实地还原实体在各个时刻的决策变化过程，通过动态建模实体社交行为，捕获社交信息对实体行为选择的影响，既可以实现对于实体的精准画像，又可以提升对于社交影响力分析乃至推荐的性能。

对实体的序列性行为进行建模，并预测每个时间窗口内的实体偏好。实体 u 在 t 时间窗口内的偏好向量为 h_t^u，而实体偏好的获得取决于两部分：实体当前的输入特征 x_t^u 和实体前一时段的偏好 h_{t-1}^u，即实体过去的偏好对其当前的偏好有影响。输入特征 x_t^u 的计算来自实体在 t 时段交互的推荐对象向量的聚合，采用向量平均作为聚合函数。将实体初始偏好向量 h_0^u 和特征序列（$x_1^u, x_2^u, \cdots, x_T^u$）输入 RNN，网络输出实体在各个时间段内的偏好向量序列（$h_1^u, h_2^u, \cdots, h_T^u$），从而实现动态实体偏好的预测。根据实体的序列社交记录，对社交背景信息进行动态的提取。实体的行为偏好和选择受到其社交关系的影响，不同的社交关系具有不同的影响力，社交关系的重要程度和这段关系存在的时间长短有关。为更真实地还原不同社交关系带来的影响，通过注意力机制学习社交关系的权重。注意力机制进一步分成两个组分：基于社交图结构的注意力与基于时间信息的注意力。根据实体之间的社交连接以及时间信息可以将社交行为表示为序列社交图，即 $\{\mathcal{G}_1, \mathcal{G}_2, \cdots, \mathcal{G}_t\}$。在一个特定时刻的社交图 $\mathcal{G}_t$ 中，以目标实体 u 作为中心节点，根据中心节点的连接结构计算对应的邻居节点权重。若 u 所连接的邻居节点集合表示为 N_t^u，对于每一个邻居 u'，两种注意力机制计算 u' 权重的方式如下所示。

1. 基于结构信息

基于社交图结构的注意力机制旨在区分 u 当前的邻居对其的重要程度，对目标实体 u 和目标邻居 u' 的输入特征进行 x_t^u 和 $x_t^{u'}$ 线性变换，线性变换的参数矩阵对所有实体共享，如式（5-10）和式（5-11）所示：

$$\hat{x}_t^u = W_x \hat{x}_t^u \tag{5-10}$$

$$\hat{x}_t^{u'} = W_x x_t^{u'} \tag{5-11}$$

根据变换后的实体特征，计算两个实体之间的关系：

$$uu_t' = \sigma(a(\hat{x}_t^u \oplus \hat{x}_t^{u'})) \tag{5-12}$$

其中，$\oplus$ 表示向量串接操作；a 表示参数向量，作为实体特征到实体关系的映射参数。获得两个实体的关系表示 uu_t' 之后，经过归一化处理可得到 u' 所对应的权重系数，归一化操作发生在完成全部邻居与目标实体的关系计算之后，如式(5-13)所示：

$$\alpha_t^{uu'} = \text{softmax}(uu_t') = \frac{\exp(uu_t')}{\sum_{u' \in N_t^u} \exp(uu_t')} \tag{5-13}$$

得到的 $\alpha_t^{uu'}$ 是基于社交图结构信息计算的注意力系数，表示邻居 u' 在 t 时刻对 u 的重要程度。

2. 基于时间信息

基于时间信息的注意力机制在计算一个邻居的权重时需考虑社交关系存在的时长的影响。在计算两个实体之间的关系表示时，输入包含三个部分：目标实体的特征、邻居实体的特征、邻居实体对应的时间向量。计算流程与基于结构信息部分相似，如式（5-14）～式（5-16）所示：

$$\hat{e}_t^{u'} = W_t e_t^{u'} \tag{5-14}$$

$$\widehat{uu_t'} = \sigma(a(\hat{x}_t^u \oplus \hat{x}_t^{u'} \oplus \hat{e}_t^{u'})) \tag{5-15}$$

$$\beta_t^{uu'} = \text{softmax}(uu_t') = \frac{\exp(\widehat{uu_t'})}{\sum_{u' \in N_t^u} \exp(\widehat{uu_t'})} \tag{5-16}$$

其中，$e_t^{u'}$ 表示邻居 u' 所对应的时间向量；$\hat{e}_t^{u'}$ 表示时间向量经过共享参数矩阵的线性变换；$\widehat{uu_t'}$ 表示带有时间影响的 u 与 u' 之间的关系表示。经过归一化的权重 $\beta_t^{uu'}$ 表示 u' 对于 u 的重要程度，与 $\alpha_t^{uu'}$ 不同的是，$\beta_t^{uu'}$ 的计算过程中考虑了社交关系的时间影响。

通过注意力机制获得特定时间段内社交关系的两类权重后，对于实体u，其社交背景信息来自社交关系信息的加权和，如式（5-17）所示：

$$\dot{h}_t^u = \sum_{u' \in N_t^u} (\alpha_t^{uu'} \hat{x}_t^{u'} + \beta_t^{uu'} \hat{x}_t^{u'}) \tag{5-17}$$

其中，$\dot{h}_t^u$表示u在t时刻对应的社交背景信息的表示向量。

在获得动态的行为和关系两部分信息之后，进入联合实体表示。将获取的实体偏好向量与社交背景向量相结合，得到最终的实体表示，即含有社交影响的实体偏好向量。结合方式为向量相加，即对于实体u在t时刻的最终表示$\ddot{h}_t^u$如式（5-18）所示：

$$\ddot{h}_t^u = h_t^u + \dot{h}_t^u \tag{5-18}$$

根据模型输出的实体表示$\ddot{h}_t^u$和初始化过程中得到的推荐对象表示q^v，模型预测的实体u在t时段对推荐对象v的偏好取决于向量$\ddot{h}_t^u$和q^v的内积，如式（5-19）所示：

$$\hat{r}_t^{u,v} = \mathrm{dot}(\ddot{h}_t^u, q^v) \tag{5-19}$$

计算得到的$\hat{r}_t^{u,v}$值越高，表示实体选择此推荐对象的可能性越大。在训练模型时，根据实体推荐对象之间真实的交互记录，对模型的期望是预测的情况尽可能还原真实的情况。模型训练指模型的参数迭代更新的过程，参数的更新取决于待优化的目标函数。采用贝叶斯推断排序中的目标函数，假设实体对正样本的偏好大于对其他样本的偏好。若v是实体已经有过相关行为的推荐对象，而v'是实体没有显式交互记录的推荐对象，基于贝叶斯推断排序假设，目标是最大化以下目标函数：

$$p(u,t,v > v') = \sigma(\hat{r}_t^{u,v} - \hat{r}_t^{u,v'}) \tag{5-20}$$

在训练过程中，模型每次输入的是多个实体的序列数据，每次计算的总目标函数$\mathcal{J}$是以上函数的对数加和形式：

$$\mathcal{J} = \sum \ln(1 + p(u,t,v > v')) + \frac{1}{2}\|\Theta\|^2 \tag{5-21}$$

对于每个实体，在所有推荐对象中随机选择一个实体未显式标记过的推荐对象作为对应的负样本v'，用于以对级（pair-wise）的形式计算目标函数。

根据目标函数对模型参数进行迭代更新，即模型训练过程。模型中所需更新的参数包括：RNN 中的参数、注意力机制中的参数。训练过程中，训练数据集以分批（batch）形式输入到模型中，参数通过梯度下降法来更新，也可以采用其他类似方法来更新。将训练数据集迭代输入到模型中，直至模型收敛。模型训练完成后，得到的模型作为实体决策函数，当输入实体的行为数据和社交行为数据时，决策函数输出实体的表示向量 $\ddot{h}_t^u$，其含义为带有社交影响及时间影响的实体偏好。基于两个真实社交平台的数据进行了验证，在效果提升上至少可达 5%，最高可达 30%～40%。相比于基于马尔可夫链的模型，其优势有两方面：一方面，RNN 可以捕获序列数据的长期依赖；另一方面，RNN 中的复杂非线性运算具有更强的特征提取能力。通过对比序列方法与静态方法，以动态方式建模可以取得更优的推荐效果。

针对具有时序演化的隐性关系推荐问题，本节介绍了一种旨在同时以动态方式建模个体关系与行为，进而实现更有效的建模个体偏好变化过程及更准确的个性化推荐任务。该方法可以分为两个子模块：社交影响力学习模块和个体偏好学习模块。其中，前者的设计是为从变化的时序社交图中获取社交背景信息，采用基于空间域的图卷积网络从社交图中挖掘社交信息，在卷积过程中，利用一种时序结构性注意力机制区分不同社交关系的重要程度，设计的注意力机制不仅考虑个体社交连接关系，同时考虑时间因子的影响，以此达到更有效地提取社交信息的目的。而后者的设计是为以动态的方式从时序行为中学习个体个人偏好表征，通过 RNN 建模时序依赖性，以更准确地学习偏好表征。我们基于两个真实的实验结果验证了该方法的有效性及优越性。

5.2　科技大数据的关系演进规律分析

5.2.1　单序列关系建模与演进规律描述

将实体之间关系的演进归结为实体行为与关系的“联合演化”现象。但很多时候，并没有可供参照的其他序列，而是仅仅面对单一序列的演进问题。例如，某个学科的发展趋势是一个单一序列，某位科研人员的研究生涯同样也是一个单一序列。在这一场景中，就需要针对单序列的演进规律展开研究。如果能够针对积累的大量人才流动序列的数据，判断人们跳槽的依据及规律，无论对于科研人员本身，还是对于科研机构，都具有较好的指导性意义。我们基于大量的人才跳槽数据构建了人才流动网络并在网络上给出机构竞争力的定义，提出了一个人才流动表征模型去学习机构的吸引力表征，进而保留机构间的竞争关系。实验结果验证了模型的有效性。

人才流动被表述为机构之间的员工工作跳槽行为，可以直接从电子简历中抽取。人才流动是有向非对称的，即如果存在员工从机构 u 跳槽到 v，反之却不一定成立。人才流动具有可传递性，即如果机构 u 和 v 之间存在人才流动，机构 v 和 w 之间存在人才流动，那么 u 和 w 之间很可能存在人才流动。基于员工岗位流转的记录，可以构建一个人才流动网络，$G=(V,E)$，其中 V 代表的是机构集合，E 表示的是边集合，E_{ij} 表示的从机构 i 跳槽到 j 的人数。

当机构 u 与 v 在人才流动网络上存在越多越短的路径，那么员工则越可能从 u 流动到 v。当机构 u 的员工越可能流动到 v，v 对 u 的竞争力则增加。例如，有 100 个员工从 u 流动到 v，有 10 个员工流动到 w，只考虑源机构的流出情况，对机构 u 而言，v 比 w 更具有竞争力。如果考虑目的机构的流入情况，如 100 个从 u 流动到 v 的员工占据机构 v 员工来源的 10%，而 10 个流动到 w 的员工占据 w 员工来源的 100%，此时机构 w 应该比 v 更具竞争力，因此定义竞争力应该同时考虑两种情况。人才从源机构的流出情况可以在原始网络中执行 PPR（personalized PageRank, 个性化 PageRank）算法估计，目的机构的人才流入情况则利用原始网络的转置，从目的机构执行 PPR 算法估计。综合两个方面，定义竞争力如式（5-22）所示：

$$\mathrm{comp}(u,v)=\vartheta_{\mathrm{o}}(u,v)\cdot\vartheta_{\mathrm{i}}(v,u) \tag{5-22}$$

其中，$\vartheta_{\mathrm{o}}(u,v)$ 表示 v 对 u 的 PPR 相似性；下标“o”和“i”分别表示在原网络和转置网络。$\vartheta_{\mathrm{o}}(u,\cdot)$ 满足下面的递归等式：

$$\vartheta(u,\cdot)=(1-\alpha)\cdot\vartheta(u,\cdot)A+\alpha\cdot r \tag{5-23}$$

其中，A 表示原始网络的归一化邻接矩阵；α 表示转移概率；r 表示一个 one-hot 的向量，除了 u 对应的那一维等于 1。在大规模的网络上求解 PPR 往往不可行，可以通过蒙特卡罗模拟随机游走的方法进行估计。为每个机构学习两个吸引力向量：①S_u 表示机构 u 的人才受到其他机构吸引力的表征；②T_u 表示机构 u 对其他机构人才吸引力的表征。

学习问题可以被形式化定义成如下。

人才流动表征指给定一个人才流动网络 G=(V, E)，目的是学习两个低维向量表征 $S_u\in\mathbb{R}^d$ 和 $T_u\in\mathbb{R}^d$ 去指示双向的竞争力。

人才流动表征模型如图 5-2 所示。在表征空间，为每个机构学习表征，进而保留机构间的竞争关系。竞争力的定义依赖于两个部分，包括原始网络和转置网络中的 PPR 相似性。网络中节点 v 对 u 的 PPR 相似性可以从节点 u 开始以一定的转移概率执行随机游走，结合蒙特卡罗模拟思想，执行多次随机游走，用路径终点为 v 点的频率进行估计。考虑到竞争力并不能简单地通过从一个节点随机游走直接估计，提出在原始网络和转置网络分别进行学习，最终通过相应向量拼接的方式获得最终的表征。

将机构的两个吸引力向量分别进行分隔，得到式（5-24）：

$$S_u=[S_u^{\mathrm{o}},T_u^{\mathrm{i}}],\ T_u=[T_u^{\mathrm{o}},S_u^{\mathrm{i}}] \tag{5-24}$$

其中，$[\cdot,\cdot]$表示向量的连接操作；S_u^{o}、T_u^{o}、S_u^{i} 和 T_u^{i} 分别表示机构在原始网

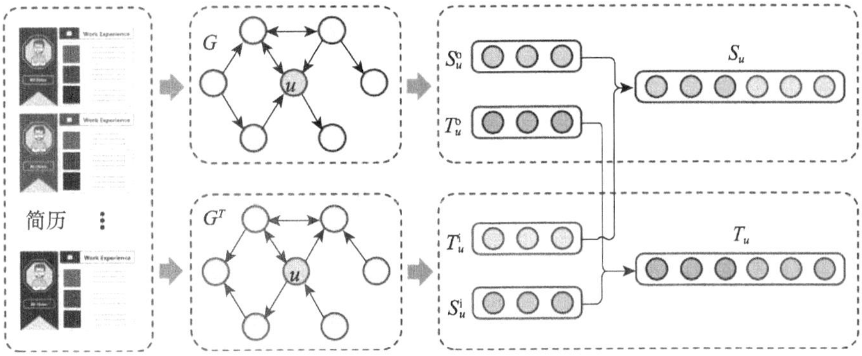

图 5-2　人才流动表征学习框架图

络和转置网络上的表征，维度都为 $d/2$ 。用 S_u^{o} 和 T_v^{o} 去保留原始网络上 v 对 u 的 PPR 相似性，用 s_v^{i} 和 T_u^{i} 去保留转置网络上 u 对 v 的 PPR 相似性。

在原始网络上的网络表征学习过程：其他节点对机构 u 的相似性可以被看成一种分布，满足 $\sum_{v\in V}\varrho_{o}(u,v)=1$ 。可以在表征空间上生成一个估计的分布 $\varrho_{o}^{*}(u,\cdot)$ 。用 $\varrho_{o}^{*}(u,\cdot)$ 去拟合 $\varrho_{o}(u,\cdot)$，目标是最小化两个分布的 KL 散度（Kullback- Leibler divergence），如式（5-25）所示：

$$\sum_{u\in V}\mathrm{KL}(\vartheta(u,\cdot)\,||\,\vartheta_{o}^{*}(u,\cdot)) \tag{5-25}$$

为了定义两个节点 u 和 v 在表征空间上的相似性，选择 u 的源向量和 v 的目标向量之间的点积 $S_u^{o}\cdot T_v^{o}$ 来表示 u 到 v 对应的距离，$S_v^{o}\cdot T_u^{o}$ 表示 v 到 u 对应的距离。保留 PPR 相似度的非对称性，估计的概率分布也被 softmax 函数进行归一化处理，如式（5-26）所示：

$$\vartheta_{o}^{*}(u,v)=\frac{\exp(S_u^{o}\cdot T_v^{o})}{\sum_{w\in V}\exp(S_u^{o}\cdot T_w^{o})} \tag{5-26}$$

根据式（5-25），目标是最小化 KL 散度，等价于最小化如下的交叉熵损失函数：

$$L_{o}=-\sum_{u\in V}\vartheta_{o}(u,\cdot)\log(\vartheta_{o}^{*}(u,\cdot)) \tag{5-27}$$

通过求解上面的损失函数，得到机构最终的吸引力表征。

（1）链接预测实验。在四个网络中分别随机抽取 50%的边作为测试正样本，并生成等量的测试负样本，在剩下网络中训练模型并预测测试集中的边是否存在，以 AUC（area under curve，定义为 ROC 曲线下方面积的大小）作为评价指标。为验证模型的鲁棒性，设置不同的比例的训练集分别实验，提出的方法都能取得不错的结果。

（2）边权重预测实验。链接预测实验只能判别两个机构之间是否存在人员流动，因此，进一步预测人员流动的强度，更细粒度地揭示各机构之间的竞争力，并验证序列分析的效果。以 2015 年到 2016 年的人才流动数据作为训练集，以 2017 年的数据作为测试集。以模型在训练集上获得的表征去预测测试集上的强度，给定一个机构 u，根据预测结果其他机构进行排序，用 NDCG（normalized discounted cumulative gain，归一化折损累计增益）指标来验证预估排序的效果。

对于人才流动所形成的序列数据，我们通过分析人才流动的序列化演进规律，揭示了机构竞争力的量化规律；基于大量的人才跳槽数据构建了人才流动网络并在网络上给出机构竞争力的定义；提出了一个人才流动表征模型来学习机构的两种吸引力表征，进而保留机构间的竞争关系；在大规模的真实数据集上进行广泛实验，验证了模型的有效性。

5.2.2　多序列协同建模与交叉融合分析

本节采用间接式的研究方法，基于分析个体行为的规律演变，探索个体之间的潜在社交网络关系，并进而建模其社交学习机制。本节提出一个两阶段框架，以在实现个体行为规律有效预测的同时，分析获取其社交元素。该方法将基于以下合理假设，即个体行为中不同模式比重的演变，体现的是其社交导师在不同模式上影响的强度不同，如果某种模式随时间演变呈现出比重上升的趋势，则说明社交导师在此种模式上的影响要高于其他模式，反之则相反。基于这一假设，着眼于时间序列中的行为演变分析，并将其中不同形式、模式的比重演变转化为社交影响的偏序优化问题。这不仅可以实现对于潜在社交关系和社交互动的有效挖掘，还可以更好地预测用户的行为，从而使其行为演化有迹可循；还将定义有关个体自身的若干种行为模式以及个体之间的潜在网络，将个体行为模式的演变表示为来自社交影响的偏序问题，并基于排序优化目标定义损失函数。将社交学习（传播）机制引入损失函数以衡量社交影响，并在此基础之上介绍优化任务的解决方案，从而实现挖掘潜在社交关系和准确描述行为演变的双重目的。

给定一群个体，对于每一位个体 u_i，已知其历史记录中的行为模式及时间戳信息$\{s_i^t\}$，如何有效挖掘个体之间的社交关系强度 w_{ij}，建模社交学习过程以实现在 T+1 时刻行为模式变化Δs_i^{T+1}的有效估计？下面讨论如何结合社交学习机制，实现个体行为模式的有效预测。为了表示个体u_i所受到的社交影响，对于第 k 种行为模式，将其受到的社交影响表示为 $p_{i,k}^t$，实现行为模式变化 Δs_i^{T+1} 的有效估计。然而，准确估计 Δs_i^{T+1} 中每一维的具体数值并不容易，容易受到诸多因素干扰。因此，将这一问题退化成以下两个预测问题。

（1）对于第 k 种行为模式而言，在 $T+1$ 时刻中，其比重是上升还是下降，即 $\Delta s_{i,k}^{T+1}>0$ 或 $\Delta s_{i,k}^{T+1}<0$。

（2）对于第 k 种行为模式，其比重的变化 $\Delta s_{i,k}^{T+1}$ 在全部 K 种行为模式的变化中的排序如何。

讨论如何准确解决 $\Delta s_{i,k}^{T+1}$ 的排序问题。通过寻找最优的 w_{ij}，使得对于 $\forall\langle r,d\rangle_{i,t}$，其中 $r\in\mathbb{R}_i^t$ 且 $d\in D_i^t$，有 $p_{i,d}^t<p_{i,r}^t$。其中，以 γ_{rd} 代指 $p_{i,d}^t-p_{i,r}^t$，则 $h(\gamma_{rd})$ 表示与 γ_{rd} 正相关的一个非负惩罚项。通常情况下，当 $p_{i,d}^t\leqslant p_{i,r}^t$ 时，该惩罚项为 0，表示排序正确无损失。而当 $p_{i,d}^t>p_{i,r}^t$ 时，即表示排序错误，此时需要引入惩罚，即 $h(\gamma_{rd})>0$，并且采用常用的平方损失函数，即如式（5-28）所示：

$$h(x)=\max\{x,b\}^2 \tag{5-28}$$

其中，b 表示对排序错误程度的一个容忍阈值。任何排序错误都将视作有损失产生，因此有 $b=0$。

采用适用范围更为广泛的稳定状态传播模型（steady state spread model）。在社交影响中，如果对于某种行为模式 k，个体与其学习的对象在比重上的差距越大，其学习的效果就越明显，相应的社交影响也就越强烈，$\delta_{i,j,k}^{t-1}$ 也就越高。通过引入类似 sigmoid 函数的形式，将 $\delta_{i,j,k}^{t-1}$ 的计算如式（5-29）所示：

$$\delta_{i,j,k}^{t}=\frac{1}{1+\mathrm{e}^{-\left(s_{j,k}^{t}-s_{i,k}^{t}\right)}} \tag{5-29}$$

与 w_{ji} 相类似，$\delta_{i,j,k}^{t-1}$ 也将控制在[0,1]范围内，从而不破坏整体的优化计算。当出现 $s_{j,k}^t<s_{i,k}^t$，即被学习者在第 k 种行为模式的比重上，尚不如学习者的比重高的情况下，学习的效果将出现削弱，从而尽可能保证了这一设定的合理性。

在给定了社交学习机制作用的量化计算公式之后，可以实现对于上述损失函数的优化计算，以学习个体之间的潜在社交关系强度 w_{ij}。为最小化这一损失函数，可以采用基于梯度下降的相关方法，需要推导针对 w_{ij} 的偏导形式。

在训练阶段中，给定一群个体 U，对于其中的每一名个体 $u_i\in U$，已知其在 t（$t=1,2,\cdots,T$）时刻的历史行为记录，并归纳为行为模式向量 s_i^t。则训练阶段的目标为通过寻找个体之间的最优化的潜在社交学习强度 $\{w_{ij}\}$，实现对于每一时刻个体行为模式演变 Δs_i^{T+1} 的有效估计。

在通过训练阶段训练得到个体之间的潜在社交关联强度 $\{w_{ij}\}$ 之后，在测试阶段中，给定一群个体 U，对于其中的每一名个体 $u_i\in U$，已知其在 t（$t=1,2,\cdots,T$）

时刻的历史行为记录，并归纳为行为模式向量 s_i^t，则测试阶段的目标为准确预测在 $T+1$ 时刻每位个体的行为模式向量的演变情况，即 Δs_i^{T+1}。

对于测试阶段的预测任务，由于个体之间的潜在社交关联强度 $\{w_{ij}\}$ 已经训练得到，因此，对于每种行为模式，可以计算得到其相应的社交影响强度 $p_{i,k}^{T+1}$。那么在测试阶段，估计个体行为模式的演变 Δs_i^{T+1}，即解决先前提出的排序问题和判别问题，实际上可以通过对于相应的社交影响强度 $p_{i,k}^{T+1}$ 进行排序，并依据一定的启发式方法在排序基础上进行判别而得到最后的结果，可实现对于个体行为的更有效的描述，同时捕捉个体之间存在的潜在社交关系。

5.3　科技资源跨媒体信息挖掘与演进规律分析

对科技资源跨媒体信息进行资源关系发现和演进规律分析过程中，需要获得科技资源信息中的独特属性，对相应的科研领域数据进行信息的抽取，获取与之相关的所有重要的信息以及信息之间的关系，并从时间维度对科技资源信息的演进规律进行分析，架构如图 5-3 所示。

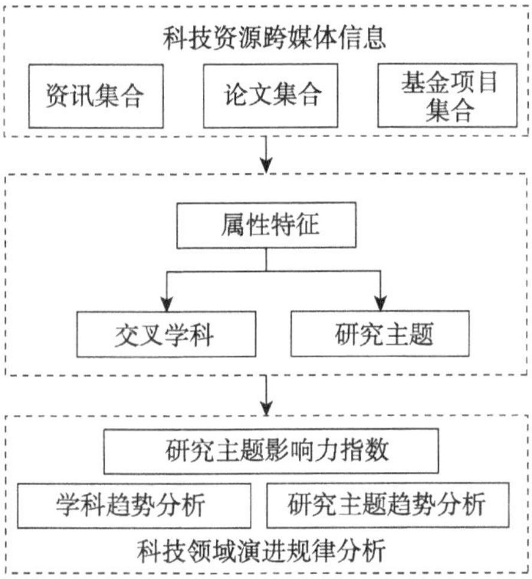

图 5-3　科技资源跨媒体信息挖掘与演进规律分析架构图

5.3.1　科技资源跨媒体信息中资源关系的发现

对科技资源跨媒体的信息挖掘是基于对爬取到的数据已经提取到的特征进行的，而在分析特征的过程中，可以明显发现关键词、学科、研究主题之间的关系复杂且较为紧密。这对于发现科技资源之间的关系有参考意义，具有一定的研究价值。在爬取到的科技资源信息中，有许多属性信息是可见的。论文数据包含论文标题、论文作者、论文发表的机构、关键词、摘要、论文发表的会议或期刊、论文发表的时间、基金信息、论文所属的学科类别和论文被引量等；基金项目数据包含基金项目编号、标题、基金项目负责人、机构、基金项日获得的资助金额、基金项目类型、基金项目开始时间和结束时间等；资讯数据包含标题、资讯编辑者、发布时间、该资讯的原文链接、正文、资讯图片、关键词等。

资源和关键词存在对应关系，而关键词对应学科，不同的学科下又有许多研究主题，因此一条资源可以对应到各个学科下的多个研究主题。当然，数据集合中存在某些专注于单一领域或研究主题的文献，在传统的搜索查询系统中，对这部分的文献检索服务已能够较好实现，因而可以研究多领域或研究主题的文献查询，即交叉学科下资源的查询和分析。在特征提取阶段，对于文本数据分别获得了论文、基金项目、资讯的信息，因为需要了解完整的学科和研究主题的关系，因此需要对结果进行融合，达到从不同的资源维度评估学科和研究主题的目的。对于学科类别的判断，主要参考现有知识库的学科分类方法以及中国图书馆分类法中的图书分类号，将学科分类号作为学科的唯一标识。

5.3.2　科技资源学科及研究主题演进预测算法

为了研究交叉学科及研究主题的演进规律，本节提出了针对科技资源的学科及研究主题演进预测（trend prediction for technology field，TPTF）算法，它基于LSTM 网络处理时序数据的优势，引入 CNN 的卷积层和池化层来提取研究领域成果相关数据的信息，将冗余数据更少的特征信息作为 LSTM 网络的输入数据，获得研究主题下数据序列的关系，进而得到研究主题演进的预测结果。进行计算的是遗忘门的 sigmoid 层，输入 H_{t-1} 和 x_t，输出一个 0 到 1 之间的数值，0 代表完全遗忘，1 代表完全保留，如式（5-30）所示：

$$F_t = \sigma(W_F \cdot [H_{t-1}, x_t] + b_F) \tag{5-30}$$

sigmoid 层调用输入门，计算好的更新值如式（5-31）和式（5-32）所示：

$$i_t = \sigma(W_i \cdot [H_{t-1}, x_t] + b_i) \tag{5-31}$$

$$\tilde{C}_t = \tanh(W_C \cdot [H_{t-1}, x_t] + b_C) \tag{5-32}$$

对记忆单元的状态进行更新，如式（5-33）所示：

$$C_t = F_t \cdot C_{t-1} + i_t \cdot \tilde{C}_t \tag{5-33}$$

输出的值如式（5-34）和式（5-35）所示：

$$O_t = \sigma(W_O \cdot [H_{t-1}, x_t] + b_O) \tag{5-34}$$

$$H_t = O_t \cdot \tanh(C_t) \tag{5-35}$$

构建 TPTF 算法网络结构，结合 LSTM 网络，引入卷积层，每个 LSTM 层的前一个 LSTM 层需返回序列，将 return_sequences 调整为 True，将 LSTM 扩展，除了词嵌入层、LSTM 隐藏层和输出层组成的网络，为提高准确率，加入 Dropout 损失，搭建更为复杂的神经网络，最终得到输出结果，该预测结果将作为学科及研究主题在检索排序时的因子影响系统最终返回的结果。

5.3.3 实验结果与分析

1. 科技资源跨媒体信息资源关系发现结果及分析

此分析针对的是学科与学科的关系以及学科和研究主题之间的对应关系，对已获得标签的资源信息做整合并进行更新。这两者之间的关系提供了更清晰友好的展示，并可视化了学科与学科之间的资源比重关系。

2. 学科及研究主题演进预测算法结果及分析

为了验证模型在交叉学科及研究主题演进规律方面的有效性，使用真实的学科成果数据对该模型进行训练并实验。采用的评价标准为平均绝对误差（mean absolute error，MAE）和均方根误差（root mean squared error，RMSE），它们可以对预测结果进行评价。

MAE 指标描述的是真实值和预测值绝对误差的平均值，其计算方法如式（5-36）所示：

$$\text{MAE} = \frac{1}{n}\sum_{j=1}^{n}\left|y_j - \hat{y}_j\right| \tag{5-36}$$

其中，y_j 表示真实值；$\hat{y}_j$ 表示算法预测的结果值。

RMSE 的计算方式基于均方误差（mean squared error，MSE），MSE 的计算方法如式（5-37）所示：

$$\text{MSE} = \frac{1}{n}\sum_{j=1}^{n}(y_j - \hat{y}_j)^2 \tag{5-37}$$

其中，y_j 表示真实值；$\hat{y}_j$ 表示算法预测的结果值。RMSE 的计算方法如式（5-38）所示：

$$\mathrm{RMSE}=\sqrt{\frac{1}{n}\sum_{j=1}^{n}(y_j-\hat{y}_j)^2} \tag{5-38}$$

使用 fit 方法进行数据的输入，通过设置数据参数完成对模型的训练，完成训练之后，使用 predict 方法将数据输入模型，进而完成预测操作。为了评估 TPTF 算法在科技资源跨媒体信息数据集上的表现，选取 2000～2020 年计算机学科下的论文成果数据，以相同的数据集为输入数据，输出在不同模型上的预测结果，进行训练集和测试集的划分，训练集大小比测试集大小为 8∶2。由实验结果图可以观察到，对于科技资源数据集，LSTM 在时间序列维度上的处理不够精确，导致模型对于数据的训练效果不理想，预测结果不准确，而 TPTF 算法能够有效提取科技资源数据集中的有效特征进行时间序列上的预测，预测结果更加准确。为了进一步验证该算法在科技资源数据集上的可扩展性，选取航空航天数据集再次进行实验，加入 RNN 和 GRU 进行对比实验，以 MAE 和 RMSE 为评价指标分析预测误差，结果如表 5-1 所示。

表 5-1　不同算法在航空航天数据集上的实验结果

算法	MAE	RMSE
RNN	0.982	1.436
LSTM	0.859	1.225
GRU	0.867	1.210
TPTF	0.635	0.903

为了进一步优化模型结构，通过逐渐增加网络中记忆单元数和隐藏层数来测试不同隐藏层 LSTM 的预测结果，如表 5-2 所示。适当扩展网络中 LSTM 的隐藏层数可以提升模型的预测能力，但随着隐藏层数量的提升，可能出现过拟合现象，因此实验得出的结果有助于优化网络模型。

表 5-2　TPTF 算法训练的实验结果

模型中网络的隐藏层数	训练轮数	批量大小	RMSE
1	100	64	0.667
2	100	64	0.582
3	100	64	0.550
4	100	64	0.601

通过 TPTF 算法获得的结果将和研究主题影响分析结合，共同作用于检索查询，达到在查询过程中优化排序的效果，从而帮助科研工作者发现新兴或热门研

究主题，探索研究主题发展方向。

5.4　基于图团体检测的科技大数据演进规律分析

本节将给出基于跨模态科技大数据的语义关联关系挖掘的演进规律分析算法。为了更有效地利用科技需求中的跨模态大数据，解决传统关联关系挖掘算法在科技需求大数据上准确率较差的问题，本节提出基于多通道注意力机制的科技需求大数据实体关系抽取（multi-channel attention mechanism based entity relation extraction for science and technology demand big data，MCMA）算法。MCMA 算法对不同时间间隔之内的跨模态科技需求大数据进行实体关系抽取，并集合语义的相似度以及时间系数进行筛选，最终得到科技大数据语义关联关系集，利用改进的图团体检测算法从关系集当中进行演进规律分析，得到科技需求数据的演进规律分析的结果。

5.4.1　科技实体演进规律分析的算法

给出利用跨模态科技大数据进行科技实体演进规律分析的算法，如图 5-4 所示。

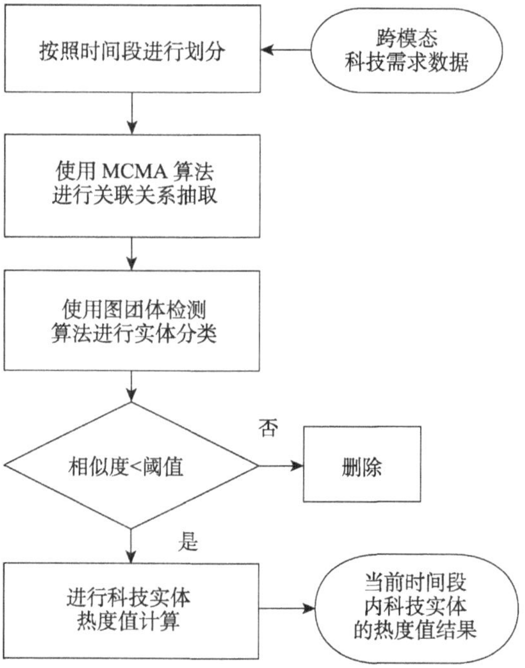

图 5-4　基于跨模态科技数据的演进规律分析算法总体流程

利用时间作为分割，对不同时间的科技实体热度值进行计算。采用最小分割图聚类（graph clustering with min cut，GCMC）算法进行聚类计算。算法的伪代码描述如算法 5-1 所示，该算法的输入为多通道注意力科技需求实体关联关系挖掘算法得到的科技实体关联关系向量数组的二部图结构。不同科技实体之间的关联关系建立在实体之间的语义关系上。按照不同的时间段进行分类计算，对不同科技实体之间的相似度进行计算，将满足条件的计算结果保存在矩阵 MT 当中。为了能够满足科技需求大数据实体之间相似度不高的实体也能建立相应的关联关系，需要采用带有存储相似矩阵的哈希表数据结构来实现。科技实体节点的相似矩阵 MT 的生成为算法的第一阶段，该阶段影响着科技需求演进规律分析。为了能够成功找到科技需求实体之间的强连通分量，需要对算法输出的相似矩阵进行遍历计算来得到最终结果。

算法 5-1　GCMC 算法

输入：群组大小上限 M，时间窗 T，科技实体关系二部图 B，群组作弊度阈值 γ，科技实体相似度阈值 β。

输出：科技实体群组集合

```
步骤 1：利用科技实体关联关系图 B，以及相似矩阵 MT
for 关联图中的科技实体节点 r1 do
 for 与 r1 具有语义关系的科技实体 r2 do
 计算 r1、r2 的相似度 sim(r1, r2)
  if sim(r1, r2) >β then
   将 MT(r1, r2)= sim(r1, r2)
  end if
 end for
end for
步骤 2：计算连通分量集合 G
for 连通分量 g do
  FindGroups(g)
end for
步骤 3：输出科技需求群组集合
步骤 4：输出全部的科技需求群组集合
```

为了保证科技需求大数据需求实体生成的群组之间的结构具有一定的紧密性，同时保证科技需求大数据需求实体生成的群组之间的结构达到规定的阈值，需要对科技需求大数据需求实体生成的群组进行最小分割图聚类计算。上述采用递归的思想进行实现，其伪代码如算法 5-2 所示。需要满足科技需求大数据需求实体生成的不同群组中可以包含相同的科技实体，将双连通计算运用于强连通分量。为了能够实现最终的群组分类，对科技需求大数据需求实体生成的群组之间的相似度进行计算，并累加能够分裂的小的科技需求大数据需求实体生成的群组，最终满足以上规定的群组可以被认定为科技需求实体群组，并对其按照其作弊度降序输出，得到科技需求实体群组，根据不同的科技实体对所属的群组进行确定，结合相关度来进行当前科技实体的热度计算。热度计算结合了不同科技实体的附加需求信息，如需求时间、需求金额和需求公司等，将群组当中的其他科技实体与当前科技实体之间的关联度结合，得到当前科技实体的热度值。

算法 5-2 FindGroup 算法

输入：连通分量 g

输出：输出科技需求实体群组

```
描述：计算 g 中的连通分量，将以上计算的结果存到 D 中
for D 中的每一个双连通分量 d do
    if d 中科技实体节点的个数大于 M then
        对 d 进行最小分割计算，得到 g1、g2
        FindGroups(g1)
        FindGroups(g2)
    else if 如果得到的连通分量 d 的阈值小于 γ then
        对 d 进行计算（最小分割），可以得到 g3、g4
        FindGroups(g3)
        FindGroups(g4)
    else if 连通分量 d 中的节点范围在 2 和 M 之间 then
        对连通分量 d 的结果进行输出
    end if
end for
```

5.4.2 实验结果及分析

1. 数据集描述

数据集包含高分子材料、医学药品和机械制造三个科技研究领域数据，数据的模态总共分为两个类型，即文本类型和图片类型，其基本信息如表 5-3 所示。

表 5-3 科技需求主题数据集描述

数据集名称	文本数量	图像数量
高分子材料	24 893	13 893
医学药品	23 225	19 838
机械制造	27 356	21 593

基于科技需求大数据的对比实验进行模型训练的训练数据集以及测试数据集如表 5-4 所示。

表 5-4　科技需求训练数据集基本信息

项目	训练数据集	测试数据集
数据总量	60 795	14 679
字符数据量	183 285	45 687
科技文本数量	58 961	14 672
科技实体总量	103 846	25 961
科技需求	57 625	14 406

2. 关联关系挖掘实验

选取以下算法作为对比：CNN+ATT 是一种在 CNN 的基础上引入注意力机制的算法。BLSTM 可以从前向以及后向获取数据特征信息，通过这种方法获得文本中的上下文特征。BLSTM+ATT 是一种针对增强文本的语义提取算法，可以有效地提升模型整体性能。这四种算法在三个数据集上的对比结果如表 5-5~表 5-7 所示。

表 5-5　科技实体关系抽取实验结果对比（高分子材料）

算法名称	高分子材料		
	准确率	召回率	F-measure
CNN+ATT	0.765	0.789	0.790
BLSTM	0.806	0.795	0.802
BLSTM+ATT	0.864	0.806	0.854
MCMA	0.893	0.863	0.901

表 5-6　科技实体关系抽取实验结果对比（医学药品）

算法名称	医学药品		
	准确率	召回率	F-measure
CNN+ATT	0.790	0.771	0.782
BLSTM	0.801	0.823	0.831
BLSTM+ATT	0.832	0.852	0.842
MCMA	0.897	0.891	0.891

表 5-7　科技实体关系抽取结果对比（机械制造）

算法名称	机械制造		
	准确率	召回率	F-measure
CNN+ATT	0.712	0.764	0.729
BLSTM	0.795	0.825	0.767
BLSTM+ATT	0.823	0.837	0.804
MCMA	0.898	0.926	0.872

表 5-5 为基于高分子材料实体数据集对于 CNN+ATT、BLSTM、BLSTM+ATT 以及 MCMA 进行的针对准确率、召回率和 F-measure 的实验结果对比，图 5-5 为

对比实验的结果图。表 5-6 为基于医学药品实体数据集对于 CNN+ATT、BLSTM、BLSTM+ATT 以及 MCMA 进行的针对准确率、召回率和 F-measure 的实验结果对比，图 5-6 为对比实验的结果图。MCMA 算法利用多通道注意力机制来进行科技需求数据句子级别之间的相关性分析，科技需求文本数据经过 BLSTM 网络之后，将输出结果输入到多通道注意力层进行句子级别的科技实体关联关系分析。通过加入的多通道注意力层能够很好地将科技实体之间的关联关系进行分析，并提高科技实体关联关系挖掘的准确率。为了能够在模型训练的过程中缩短模型训练的时间，通过降低科技需求的维度来实现时间复杂度的提升。从图 5-5 中可以看到，在科技实体关联关系挖掘的对比实验中，在经过 MCMA 算法计算之后，通过模型训练得到的科技实体关联关系的各项评价指标（准确率、召回率以及 F-measure 值）均有所提高。

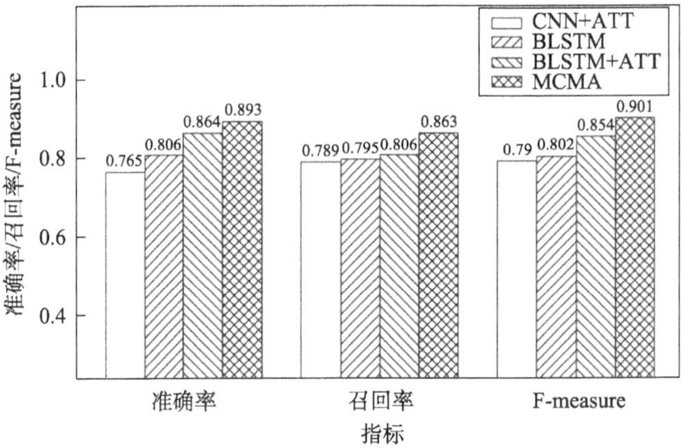

图 5-5　基于高分子材料数据的 MCMA 实验对比实验

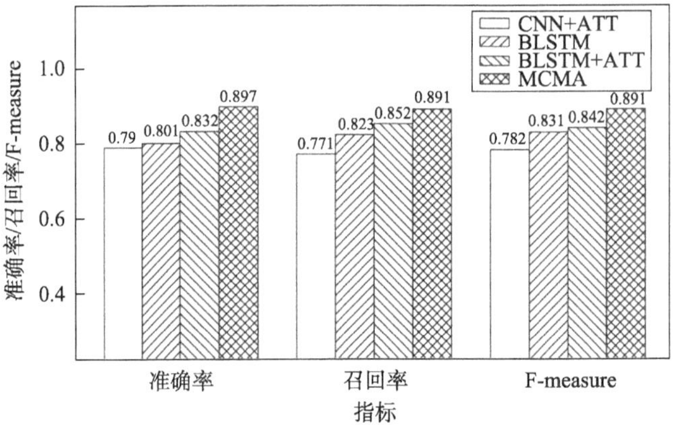

图 5-6　基于医学药品数据的 MCMA 实验对比实验

表 5-7 为基于机械制造实体数据集对于 CNN+ATT、BLSTM、BLSTM+ATT 以及 MCMA 进行的针对准确率、召回率和 F-measure 的实验结果对比。MCMA 算法利用多通道注意力机制来进行科技需求数据句子级别之间的相关性分析，科技需求文本数据经过 BLSTM 网络之后，将输出结果输入到多通道注意力层进行句子级别的科技实体关联关系分析。通过加入的多通道注意力层能够很好地将科技实体之间的关联关系进行分析，并提高科技实体关联关系挖掘的准确率。为了能够在模型训练的过程中缩短模型训练的时间，通过降低科技需求的维度来实现时间复杂度的提升。从图 5-7 中可以看到，在科技实体关联关系挖掘的对比实验中，在经过 MCMA 算法计算之后，通过模型训练得到的科技实体关联关系的各项评价指标（准确率、召回率以及 F-measure 值）均有所提高。

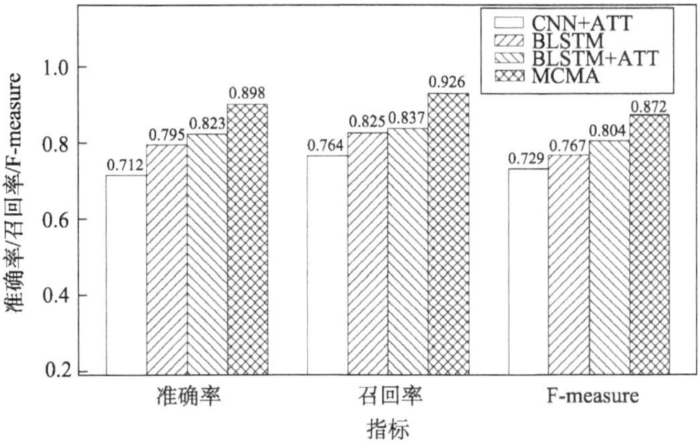

图 5-7　基于机械制造数据的 MCMA 实验对比实验

通过上述的对比实验，可以得到 MCMA 算法在跨模态科技需求大数据文本数据上的关系抽取优于其他对比算法，分别提升了 2.68%、3.84%以及 4.16%。由此可见，基于跨模态科技需求大数据文本数据的 MCMA 算法提取的关联关系准确率优于其他算法，解决了其他关联关系提取算法在科技需求文本数据上准确率不高的问题。

3. 演进规律分析评估

利用历史规律经验来评估基于跨模态科技数据的演进规律分析算法，以及根据算法生成的机器学习关键字演进规律分析的结果。通过分析可以掌握一个科技主题的整体热度发展情况，以便科研人员进行项目的研发工作。

5.5 本章小结

本章提出了 TPTF 算法，它基于 LSTM 网络处理时序数据的优势，引入 CNN 的卷积层和池化层来提取研究领域成果相关数据的信息，将冗余数据更少的特征信息作为 LSTM 网络的输入数据，获得了研究主题下数据序列的关系，进而得到研究主题演进的预测结果。本章还提出了获取与科技大数据关系演进相关的信息以及信息之间关系的方法策略以及一种联合结构信息与时序信息的关系推断方法，通过对实体时序行为建模，可以更为真实地还原实体在各个时刻的决策变化过程。利用改进的图团体检测算法从关系集当中进行演进规律分析，得到科技需求数据的演进规律分析的结果，利用历史规律经验来评估基于跨模态科技数据的演进规律分析算法。

第 6 章　科技大数据的知识表示与知识服务

科技大数据包括各类科技实体和科技活动要素，实体与实体之间及科技活动要素之间都存在复杂的关系，而且科技大数据的来源和形式各不统一，将科技大数据的原始形式转换为一种便于各类应用算法利用的表示形式，用于对外提供知识表示的资源聚类、智能问答和可视化等服务，成为值得研究的关键问题。然而，科技大数据呈现的数量巨大、类型繁多、跨越多个领域、多种媒体、价值密度低及速度快、时效高等特点，给科技大数据进行知识表示与知识服务增加了困难。在科技大数据科技服务开发的过程中，通过统一的知识表示服务获得各类科技实体与相关关系的知识表示，利用知识图谱的图结构提出科技大数据知识表示学习方法，挖掘存在于科技大数据中的科技知识，实现科技知识的资源聚类。

6.1　科技大数据的知识表示

在学者、论文、专利等科技资源领域内，分别具有不同的科技资源实体和科技资源关系。不同的科技资源元素组成了各自领域内的科技知识图谱。原始形式的知识图谱是文本形式的三元组，无法被各类应用，如推荐系统、智能问答系统等直接利用。知识图谱当中隐含了丰富的语义信息需要被探索。因此，需要在知识图谱的原始形式与基于知识图谱的应用之间构建一个桥梁，用于充分挖掘知识图谱中蕴含的知识并提供给各类具体应用场景。知识图谱表示学习就是解决这一问题最直接的手段。

知识图谱表示学习方法的核心思想是将知识图谱中的所有实体与关系表示为连续的低维空间中的嵌入，嵌入可以是向量、矩阵或者其他的形式，学习到的嵌入都能够很容易结合机器学习、深度学习等方法进行其他更高层的应用。在进行科技大数据的知识表示学习时，科技大数据的各个不同领域的科技知识图谱对于实体与关系的定义各不相同，知识抽取的方式与粒度不同，实体与关系的数量也有巨大的差异。为了能够充分利用各个来自不同来源的科技资源，需要寻找到一种方式学习不同科技知识图谱中蕴含的知识。虽然不同领域的科技资源知识图谱差异很大，但是不同的知识图谱中实体与关系都能够构成一张高维稀疏的有向图。如果能够利用知识图谱的图结构提出一种较为有效的知识学习方法，那么这种方法在多个不同领域的科技知识图谱下都能够直接应用。

6.1.1　基于图网络的知识表示

为了能够利用图结构进行学习，需要对图进行表示。一个图的常用表达形式是 $G=(V,E)$，V 是节点的集合，E 是边的集合。如果存在边 $e=u,v$，那么 u 被称作 v 的邻居，节点 u 和 v 是邻接的。

（1）邻接矩阵（adjacency matrix）：对于一个简单图 $G=(V,E)$，邻接矩阵 $A\in\mathbb{R}^{n\times n}$ 如式（6-1）所示：

$$A_{ij}=\begin{cases}1, & \{v_i,v_j\}\in E\text{ 且 }i\neq j\\ 0, & \text{其他}\end{cases} \tag{6-1}$$

（2）度矩阵（degree matrix）：度矩阵 $D\in\mathbb{R}^{n\times n}$ 是一个对角矩阵 s。$D_{ii}=d(v_i)$

（3）拉普拉斯矩阵（Laplacian matrix）：拉普拉斯矩阵定义为度矩阵减去邻接矩阵，$L=D-A$，如式（6-2）所示：

$$L_{ij}=\begin{cases}d(v_i), & i=j\\ -1, & \{v_i,v_j\}\in E\text{且}i\neq j\\ 0, & \text{其他}\end{cases} \tag{6-2}$$

（4）对称归一化拉普拉斯矩阵（symmetric normalized Laplacian matrix）：将拉普拉斯矩阵归一化，如式（6-3）所示：

$$\begin{aligned}L^{\mathrm{sym}}&=D^{-\frac{1}{2}}LD^{-\frac{1}{2}}\\&=I-D^{-\frac{1}{2}}AD^{-\frac{1}{2}}\end{aligned} \tag{6-3}$$

得到归一化拉普拉斯矩阵，矩阵中的元素定义如式（6-4）所示：

$$L_{ij}^{\mathrm{sym}}=\begin{cases}1, & i=j\text{且}d(v_i)\neq 0\\ -\dfrac{1}{\sqrt{d(v_i)d(v_j)}}, & \{v_i,v_j\}\in E\text{且}i\neq j\\ 0, & \text{其他}\end{cases} \tag{6-4}$$

当图是无向图，拉普拉斯矩阵是对称矩阵，归一化后的图拉普拉斯矩阵是半正定对称矩阵。

基于归一化拉普拉斯矩阵，可对角化，$L^{\mathrm{sym}}=U\Lambda U^{\mathrm{T}}$，其中 $U=[u_0,u_1,\cdots,u_n]\in\mathbb{R}^{n\times n}$ 是特征向量矩阵，$\Lambda_{ii}=\lambda_i$ 是特征值。特征向量构成了谱空间的基。在图的信号处理中，一个图信号（graph signal）定义为 $x\in\mathbb{R}^n$，每个节点都有一个对应的数值，图信号也叫作节点的特征，可以拥有多个特征，把多个图信号按列排序得到一个图的特征矩阵 $X\in\mathbb{R}^{n\times d}$，$X_i$ 表示第 i 个节点的特征，X_{ij} 表示第 i 个节点的第 j 个特征。

由于图不满足平移不变性，需要直接在特征空间下定义图的卷积算子$f*g$比较困难，x是输入的图信号，g是过滤器。利用卷积定理，信号卷积的傅里叶变换等价于信号傅里叶变换的乘积，如式（6-5）所示：

$$\mathcal{F}(x*g)=\mathcal{F}(x)\cdot\mathcal{F}(g) \tag{6-5}$$

图卷积算子如式（6-6）所示：

$$x*g=\mathcal{F}^{-1}(\mathcal{F}(x)\cdot\mathcal{F}(g)) \tag{6-6}$$

原特征空间中的卷积无须考虑，只需要先将信号转换为谱空间中的信号，在谱空间中与谱空间中的过滤器做乘法，利用傅里叶逆变换转换到原来的空间中，就实现了图卷积。图卷积算子如式（6-7）所示：

$$\begin{aligned}x*g&=\mathcal{F}^{-1}(\mathcal{F}(x)\cdot\mathcal{F}(g))\\&=U(U^{\mathrm{T}}x\cdot U^{\mathrm{T}}g)\end{aligned} \tag{6-7}$$

其中，$U^{\mathrm{T}}g$是一个向量，看作对角矩阵$g_\theta=\mathrm{diag}(U^{\mathrm{T}}g)$，谱卷积算子如式（6-8）所示：

$$x*g=Ug_\theta U^{\mathrm{T}}x \tag{6-8}$$

基于谱空间的图卷积方法都是在尝试寻找更合适的g_θ。spectral CNN（spectral convolutional neural network）将g_θ作为一系列可以学习的参数，得到卷积公式如下：

$$H_{:,j}^{(l+1)}=\sigma\left(\sum_{i=1}^{f_l}U\Theta_{i,j}^{l}H_{:,i}^{(l)}\right),\quad j=1,2,3,\cdots,f_l \tag{6-9}$$

需要计算特征向量，计算代价很大。使用切比雪夫多项式简化g_θ，令$g_\theta=\sum_{i=0}^{K}\theta_iT_i(\tilde{\Lambda})$，其中$\tilde{\Lambda}=2\Lambda/\lambda_{\max}-I_n$，得到卷积公式如下：

$$\begin{aligned}x*g&\approx U\sum_{i=0}^{K}\theta_iT_i(\tilde{\Lambda})U^{\mathrm{T}}x\\&=\sum_{i=0}^{K}\theta_iT_i(\tilde{L})x\end{aligned} \tag{6-10}$$

其中，$\tilde{L}=2L/\lambda_{\max}-I_n$。ChebNet 不需要再计算特性向量$U^{\mathrm{T}}$。

将K阶多项式限制到了 1 阶，假设$\lambda_{\max}=2$，得到了新的卷积算子如下：

$$x*g\approx\sum_{i=0}^{K}\theta_iT_i(\tilde{L})\approx\theta_0x+\theta_1x(L-I_n)x=\theta_0x+\theta_1D^{-\frac{1}{2}}AD^{-\frac{1}{2}}x \tag{6-11}$$

由于半监督图节点分类学习的数据量少，0 阶系数和 1 阶系数相同，减小学习的参数量：

$$x * g \approx \theta_0 x + \theta_1 D^{-\frac{1}{2}} A D^{-\frac{1}{2}} x \approx \theta\left(I_n + D^{-\frac{1}{2}} A D^{-\frac{1}{2}}\right) x \tag{6-12}$$

对于具有多层结构的 GCN，每一层使用的卷积函数如下：

$$H^{(l+1)} = \sigma\left(\tilde{D}^{-\frac{1}{2}} \tilde{A} \tilde{D}^{-\frac{1}{2}} H^{(l)} W^{(l)}\right) \tag{6-13}$$

其中，$\tilde{D}$ 和 $\tilde{A}$ 表示区别于之前的度矩阵和邻接矩阵，如式（6-14）和式（6-15）所示：

$$\tilde{A} = A + I_N \tag{6-14}$$

$$\tilde{D}_{ii} = \sum_j \tilde{A}_{ij} \tag{6-15}$$

GCN 用来做半监督的节点分类任务，使用了两层 GCN，经过 softmax 输出预测值，损失函数使用交叉熵。

GCN 的形式如下：

$$h_i^{l+1} = \sigma\left(\sum_{m \in M_i} g_m(h_i^l, h_j^l)\right) \tag{6-16}$$

R-GCN 设计了如下的传播层：

$$h_i^{l+1} = \sigma\left(\sum_{r \in R} \sum_{j \in N_i^r} \frac{1}{c_{i,r}} W_r^l h_j^l + W_o^l h_i^l\right) \tag{6-17}$$

式（6-17）中的 $c_{i,r}$ 可以为 $\left|N_i^r\right|$，即某个关系 r 的邻居的数量。

对于链接预测任务，R-GCN 使用 DistMult 方法作为解码器：

$$f(s,r,o) = e_s^{\mathrm{T}} R e_o \tag{6-18}$$

训练使用的损失函数：

$$L = -\frac{1}{(1+w)\left|\varepsilon\right|} \sum_{(s,r,o,y) \in \Gamma} y \log(f(s,r,o)) + (1-y) \log(1 - f(s,r,o)) \tag{6-19}$$

实体分类任务在 R-GCN 传播层之后，经过一个全连接层，计算 softmax 得分如下：

$$L = -\sum_{i \in Y} \sum_{k=1}^{K} t_{ik} \ln h_{ik}^L \tag{6-20}$$

对于一个以 e_i 为顶点的三元组 (i, j, k)，传播给 e_i 一个消息，如式（6-21）所示：

$$c_{ijk} = W_1 [h_i][h_k][g_j] \tag{6-21}$$

融合注意力机制，如式（6-22）和式（6-23）所示：

$$b_{ijk} = \mathrm{LeakReLU}(W_2 c_{ijk}) \tag{6-22}$$

$$\alpha_{ijk} = \mathrm{softmax}(b_{ijk}) \tag{6-23}$$

聚合所有的邻居信息，如式（6-24）所示：

$$h_i' = \sigma\left(\sum_{j\in N_i}\sum_{k\in R_{ij}} \alpha_{ijk} c_{ijk}\right) \tag{6-24}$$

使用多头注意力机制，如式（6-25）所示：

$$h_i' = \|_{m=1}^{M} \sigma\left(\sum_{j\in N_i}\sum_{k\in R_{ij}} \alpha_{ijk}^m c_{ijk}^m\right) \tag{6-25}$$

基于负采样的损失函数如式（6-26）所示：

$$L(\Omega) = \sum_{t_{ij}\in S}\sum_{t'_{ij}\in S'} \max(d_{ij} - d'_{ij} + \gamma, 0) \tag{6-26}$$

6.1.2　邻居信息的知识表示

知识图谱表示为$\mathcal{G} = (\mathcal{E}, \mathcal{R}, \mathcal{T})$，$\mathcal{E}$表示实体集合，$\mathcal{R}$表示关系集合，$\mathcal{T}$是三元组集合。$(s,r,o)$表示关系$r$链接实体$s$到实体$o$。三元组和关系拓展如式（6-27）和式（6-28）所示：

$$\mathcal{T}' = \mathcal{T} \cup \{s, r, o^{-1} | (s,r,o) \in \{\mathcal{T}\}\} \cup \{s, \top, s | s \in \mathcal{E}\} \tag{6-27}$$

$$\mathcal{R}' = \mathcal{R} \cup \mathcal{R}_{\mathrm{inv}} \cup \{\top\} \tag{6-28}$$

其中，$\mathcal{R}_{\mathrm{inv}} = \{r^{-1} | r \in \mathcal{R}\}$表示逆关系；$\{\top\}$表示自循环关系。

实体嵌入集合为$E \in \mathbb{R}^{|E| \times d_0}$，关系嵌入集合为$R \in \mathbb{R}^{|R| \times d_0}$。$(s,r,o)$对应的嵌入为$e_s$、$e_r$、$e_o$。

为了学习交叉交互，引入一个交互矩阵$C \in \mathbb{R}^{|R| \times d_0}$，除了一般的实体表示与关系表示作为输入外，引入了一个建模交互的表示——交互嵌入c_r。

假设邻居关系r和邻居实体s与中心实体相连，为了学习这种邻居信息的表示，需要建模交互的操作定义为哈达玛（Hadamard）积，如式（6-29）所示：

$$c_r \circ e \tag{6-29}$$

其中，$c_r \in \mathbb{R}^{1 \times d_0}$表示从$C$中取出的对应关系$r$的交互向量（interaction vector）。关系对于实体的交互定义如下：

$$i_{sr} = c_r \circ e_s \tag{6-30}$$

其中，i_{sr}表示关系r对实体s的交互。此时如果实体与不同的关系r相连，那么i_{sr}就会发生变化，相同的实体与不同关系产生联系时产生了不同的表示。

实体对于关系的交互定义如下：

$$i_{rs} = i_{sr} \circ e_r \tag{6-31}$$

其中，i_{rs} 表示实体 s 对关系 r 的交互。如果相同的关系与不同的实体相连，i_{rs} 也各不相同。在获得了两种不同的交互之后，需要将交互拼接起来，如式（6-32）所示：

$$q_{sr} = i_{sr} + i_{rs} \tag{6-32}$$

其中，q_{sr} 表示学习到的是实体与关系之间的双向交互。因为初始方向、逆方向和自循环方向是三个不同的方向，因此将三个不同方向表示的向量空间中定义的交互转换到同一个消息向量空间下，定义三个不同方向的转换矩阵如式（6-33）所示：

$$W_{\mathrm{dir}(r)} = \begin{cases} W_O, & r \in \mathcal{R} \\ W_I, & r \in \mathcal{R}_{\mathrm{inv}} \\ W_S, & r \in \top \end{cases} \tag{6-33}$$

得到单个邻居的消息表示：

$$e_{s \to o} = W_{\mathrm{dir}(r)} \phi(e_s, e_r) = W_{\mathrm{dir}(r)} q_{sr} \tag{6-34}$$

分解消息表示如下：

$$\begin{aligned} e_{s \to o} &= W_{\mathrm{dir}(r)} (c_r \circ e_s + c_r \circ e_s \circ e_r) \\ &= W_{\mathrm{dir}(r)} c_r \circ (e_s + e_s \circ e_r) \end{aligned} \tag{6-35}$$

通过以上步骤，可以获得单个邻居的信息表示，基于交叉交互进行学习，利用获得的消息去进行局部图结构的感知。

6.1.3　局部图结构感知的知识增强

通过聚合多个代表单个邻居的消息，感知实体的局部图结构用于增强知识表示。感知图结构的知识增强是存在多个层次的聚合过程，不同层次的聚合决定了在局部图结构上实体能够感知到的图的结构深度。在消息聚合过程中，需要考虑的核心问题是哪些信息是预测时需要保留的。基于空间的 GCN 聚合函数如下：

$$e_v' = f\left(\sum_{(u,r) \in N(v)} e_{u \to v} \right) \tag{6-36}$$

其中，v 表示中心节点；$N(v)$ 表示 v 的邻居节点；f 表示激活函数。通过聚合单个邻居的信息，更新后的中心实体表示可以感知它周围的局部图结构。这种聚合方式的缺点在于对于所有的消息 $e_{u \to v}$ 的权重都是固定的。不同的消息对于中心实体的重要程度不一样，因此先计算不同消息的重要程度，再进行聚合，如式（6-37）所示：

$$e_v' = f\left(\sum_{(u,r) \in N(v)} \alpha_{u,r} e_{u \to v} \right) \tag{6-37}$$

使用单层神经网络计算单个邻居消息的绝对权重，如式（6-38）所示：

$$b_{u,r} = \mathrm{LeakyReLU}(W_{\mathrm{att}} e_{u \to v}) \tag{6-38}$$

其中，$W_{\text{att}} \in \mathbb{R}^{1\times d_1}$ 表示注意力层的网络参数。根据所有邻居的绝对权重计算消息的相对权重，如式（6-39）所示：

$$\alpha_{u,r} = \text{softmax}(b_{u,r}) = \frac{\exp(b_{u,r})}{\sum_{i\in N_v}\sum_{r\in \mathcal{R}_{i,u}} \exp(b_{i,r})} \tag{6-39}$$

为了与交互向量更好地结合，我们使用多头注意力机制（multi-head attention），在不同的注意力头下定义不同的交互向量，从而获得了多个交互集合 $\{C^1,\cdots,C^M\}$。

在不同的注意力头中，网络的参数也是新定义重新学习的，这样能够获取处在不同参数子空间下的向量表示，此时获取消息的函数如下：

$$e_{u\to v}^m = W_{\text{dir}(r)}^m c_r^m \circ (e_s + e_s \circ e_r) \tag{6-40}$$

每个注意力头都能够获得新的实体表示，需要聚合多头注意力下的不同表示。采用向量平均、池化以及向量拼接后进行线性转换，为了减少网络的参数量，采取了向量平均的方法，实体表示如下：

$$e_v' = f\left(\frac{1}{M}\sum_{m=1}^{M}\sum_{(u,r)\in N_v} \alpha_{u,r}^m e_{u\to v}^m\right) \tag{6-41}$$

为了将关系投影到相同的向量空间中，转换关系 r 的表示 $e_r' = W_{\text{rel}} e_r$，新的实体表示 e_v' 与关系表示 e_r' 之后，可以用于众多上层的应用服务。

重点考虑如何将原来的实体嵌入和新的邻居消息进行融合。每一次传播都能够得到蕴含不同层级邻居的信息，但是过多的层级也会引入过多的噪声，因此，通过聚合多阶传播的嵌入，对多阶邻居信息直接进行信息选择。对于同一方向下的消息，不同的邻居实体，不同的邻居关系的重要性是不同的，在构造完成消息之后，使用注意力机制计算消息的权重。对于不同方向的消息，出边与入边对新的结果的贡献应该是不相同的，特别是如果存在自循环的方向，这些不同的方向更加需要区别对待。自循环方向与出边、入边的聚合直接决定了上一次的表示结果在新的表示中所占的比例。使用多阶的消息聚合过程，每一阶对应中心实体不同阶的邻居。不同阶的邻居与中心实体的联系紧密度是不同的。引入多阶的邻居可能会直接造成过多的噪声的引入。基于图神经网络的知识图谱表示学习方法的多阶邻居聚合层数在 1～3 层内。

6.1.4　知识表示的评估

已经获得的知识表示编码了原始知识图谱中的信息，为了解析表示的学习效果，将最终的知识表示输入到解码器（得分函数）当中，解析知识表示用于实际的多种预测任务，包括链路预测、实体分类、图分类等。合适的解码器能够直接提升知识表示的学习效果。解码器决定了学习知识表示的损失函数、负采样技术、训练过程以及评估策略。利用解码器评估知识表示对知识图谱三元组是否存在的概率进行预测，这样的评估任务叫作链路预测，是在知识表示学习任务中最常用的评估预测目标。

对于输入的编码了图结构信息的知识表示进行 t 次随机的特征维度排列组合，产生 t 组实体和关系的输入，如式（6-42）所示：

$$\mathcal{P}_t = [(e_s^1, e_r^1), \cdots, (e_s^t, e_r^t)] \tag{6-42}$$

之后进行特征重组，即将知识表示的向量形式重组为矩阵的形式，重构操作的目的是便于之后的卷积操作。实体和关系的向量会被融合重组为棋盘形式的二维矩阵，这样操作的目的是在进行一次卷积操作的时候能够同时存在更多的实体和关系的交互，如式（6-43）所示：

$$\phi_{\text{chk}}(\mathcal{P}_t) = [\phi_{\text{chk}}(e_s^1, e_r^1), \cdots, \phi_{\text{chk}}(e_s^t, e_r^t)] \tag{6-43}$$

进行循环卷积操作，如式（6-44）所示：

$$f(\phi_{\text{chk}}(\mathcal{P}_t) \circledast \omega) \tag{6-44}$$

将卷积结果转换为 1 维向量同时投影至实体向量空间，如式（6-45）所示：

$$\text{vec}(f(\phi_{\text{chk}}(\mathcal{P}_t) \circledast \omega))W \tag{6-45}$$

得到投影与候选实体向量点积，求得两个向量之间相似程度的度量，同时经过 sigmoid 函数，求出 0 至 1 的概率。对于 (s,r,o) 成立的概率估计如下：

$$p_{(s,r,o)} = \psi(e_s, e_r, e_o) = g(\text{vec}(f(\phi_{\text{chk}}(\mathcal{P}_t) \circledast \omega))W)e_o \tag{6-46}$$

其中，g 是 sigmoid 激活函数。

对于实体分类、图分类等任务使用准确率等常见的评估指标。在链接任务中常使用的评估数据集有 FB15k、WN18、FB15k-237、WN18RR、YAGO3-10 等，相关的统计情况如表 6-1 所示。FB15k 数据集是 FreeBase 知识图谱的子集，包括 14 951 个实体、1345 种关系。WN18 数据集是 WordNet 知识图谱的子集，包括 40 943 个实体、18 种关系。FB15k-237 数据集是 FB15k 数据集删除了所有逆关系之后的子集，包括 14 541 个实体、237 种关系。在 FB15k 数据集中，测试集中的很多三元组在训练集中有对应的逆三元组，这样就可以在 FB15k 数据集上得到较好的结果。

表 6-1　链路预测任务常用数据集统计

数据集	实体数量	关系数量	训练集数量	验证集数量	测试集数量
FB15k	14 951	1345	483 142	50 000	59 071
WN18	40 943	18	141 442	5 000	5 000
FB15k-237	14 541	237	272 115	17 535	20 466
WN18RR	40 943	11	86 835	3 034	3 134
YAGO3-10	123 183	37	1 079 040	5 000	5 000

与 FB15k-237 数据集类似，WN18RR 数据集是 WN18 数据集删除逆关系之后的子集，包括 40 943 个实体、11 种关系。YAGO3-10 是 YAGO3 数据集的子集，其中的每一个实体至少包含 10 种关系，总共包含 123 183 个实体、37 种关系。对于实体分类任务常用的数据集是 AIFB、MUTAG、BGS 和 AM。这四种数据集的统计数据如表 6-2 所示。

表 6-2　实体分类任务常用数据集统计

项目	AIFB	MUTAG	BGS	AM
实体	8 285	23 644	333 845	1 666 764
关系	45	23	103	133
边	29 043	74 227	916 199	5 988 321
有标签边数量	176	340	146	1000
分类数量	4	2	2	11

6.2　基于知识表示的科技服务

在科技大数据知识表示服务构件的基础上，可以实现各类的应用服务构件，这些构件直接向外提供服务，可以用于更高层的研究或者开发，主要包括基于知识表示的资源聚类服务、基于知识表示的知识推理服务和基于知识表示的可视化服务。

6.2.1　基于知识表示的资源聚类服务

科技大数据中包含了学者、论文、专利等多种科技资源，为了能更加高效地应用于推荐、智能问答等系统中，对数据中的实体进行类别划分显得尤为重要。如何在分类时充分利用知识图谱中丰富的语义信息也是一项极大的挑战。

引入模块度 Q 的概念用来评价一个类结构划分的质量。设 A_{vw} 为图的邻接矩阵的一个元素，定义如式（6-47）所示：

$$A_{vw}=\begin{cases}1, & v\text{和}w\text{之间存在边}\\ 0, & \text{其他}\end{cases} \tag{6-47}$$

C_v 和 C_w 分别表示点 v 和点 w 所在的两个类。类内部的边数和图中的总边数比例如式（6-48）所示：

$$\frac{\sum\limits_{vw}A_{vw}\delta(C_v,C_w)}{\sum\limits_{vw}A_{vw}}=\frac{1}{2m}\sum_{vw}A_{vw}\delta(C_v,C_w) \tag{6-48}$$

函数$\delta(C_v,C_w)$定义为：如果v和w在一个类中，即$C_v = C_w$，则为1，否则为0。模块度的大小定义为内部的总边数和图中总边数的比例减去一个期望值，模块度Q如式（6-49）所示：

$$Q = \frac{1}{2m}\sum_{vw}\left[A_{vw} - \frac{k_v k_w}{2m}\right]\delta(C_v,C_w) \tag{6-49}$$

其中，k_v表示点v的度。设e_{ij}表示分类i中的节点与分类j中的节点之间连边的数目在图总边数的百分比，a_i表示分类i内部的点所关联的所有的边的数目与总边数的比例，如式（6-50）所示：

$$e_{ij} = \frac{1}{2m}\sum_{vw}A_{vw}\delta(C_v,i)\delta(C_w,j),\quad a_i = \frac{1}{2m}\sum_{v}k_v\delta(C_v,i) \tag{6-50}$$

假设图中已经划分为n类，Q的计算如式（6-51）所示：

$$Q = \sum(e_{ii} - a_i^2) \tag{6-51}$$

设网络有n个节点，m条边，每一步合并对应的类数目为r，组成一个$r \times r$矩阵e，矩阵元素e_{ij}表示分类i中的节点与分类j中的节点之间连边的数目在图总边数的百分比。初始化时e_{ij}和a_i分别如式（6-52）和式（6-53）所示：

$$e_{ij} = \begin{cases} \dfrac{1}{2m}, & \text{如果节点}i\text{和节点}j\text{存在连边} \\ 0, & \text{其他} \end{cases} \tag{6-52}$$

$$a_i = \frac{k_i}{2m} \tag{6-53}$$

依次按照ΔQ的最大或者最小的方向进行合并有边相连的类对，计算合并后的模块度增量ΔQ如式（6-54）所示：

$$\Delta Q = e_{ij} + e_{ji} - 2a_i a_j = (e_{ij} - a_i a_j) \tag{6-54}$$

修改类对称矩阵e和社区i和j对应的行列，并重复执行以上步骤，直至整个图合并成一类为止。

为了充分利用实体和关系间的丰富语义信息，基于知识表示的资源聚类将科技大数据知识图谱的实体嵌入连续向量空间中，将学习得到的实体多维向量输入下游的数据聚类模型中去。数据间的距离是聚类常用的标准，根据数据类别的不同，选用不同的距离表示方法来体现数据间的相似性与差异，常用的有欧氏距离、曼哈顿距离和夹角余弦相似度等。

6.2.2　基于知识表示的智能问答服务

在基于模板的问答方法中，为了对问题文本进行匹配，构建模板的问答方法是首先构造一组模板参数，形成查询表达式，整个过程涉及问句分析，通过预设查询模板替代相关实体关系映射。然后针对谓词在问题中的不同表达和实体被识别后的消歧等问题，将知识图谱嵌入学习表示图谱中的每个谓词/实体低维向量，对于所有知识图谱可以解答的问题，它们的谓词向量必然在谓词嵌入空间中。因此，设计谓词与头实体学习模型，将问题作为输入，返回尽可能接近问题的谓词或实体嵌入表示的向量，确定谓词与头实体，最终找到尾实体，完成问答。

6.2.3　基于知识表示的可视化服务

科技大数据所占用的资源随着数据量的增大以及可视化的多样性日趋加大，大规模数据生成可视化结果往往需要耗费大量的时间与计算资源。对数据进行降维，将数据从参数空间出发，映射到可视化的结果空间中。

设 n 维向量 w 为目标子空间的一个坐标轴方向（称为映射向量），最大化数据映射后的方差如式（6-55）所示：

$$\max \frac{1}{m-1}\sum_{i=1}^{m}(W^{\mathrm{T}}(X_i-\bar{X}))^2 \tag{6-55}$$

其中，m 表示数据实例的个数；X_i 表示数据实例 i 的向量表达；$\bar{X}$ 表示所有数据实例的平均向量。定义 W 为包含所有映射向量为列向量的矩阵，经过线性代数变换，可以得到如下优化目标函数：

$$\min_{W} \mathrm{tr}(W^{\mathrm{T}}AW),\quad \text{s.t.}\ W^{\mathrm{T}}W=I \tag{6-56}$$

其中，tr 表示矩阵的迹；A 表示数据协方差矩阵，如式（6-57）所示：

$$A=\frac{1}{m-1}\sum_{i=1}^{m}(W^{\mathrm{T}}(X_i-\bar{X}))^2 \tag{6-57}$$

最优的 W 是由数据协方差矩阵的前 k 个最大的特征值对应的特征向量作为列向量构成的。这些特征向量形成一组正交基并且最好地保留了数据中的信息。PCA（principal component analysis，主成分分析）的输出为 $Y=W^*X$。

将数据由 X 的原始维度降低到了 k 维。PCA 在降维之后能够最大化保持数据的内在信息，通过衡量在投影方向上的数据方差的大小来衡量该方向的重要性。投影以后样本（特征向量集合）作为一个整体对待，去寻找一个均方误差最小意义下的最优线性映射投影，而忽略了类别属性，可能使得数据点糅杂在一起无法区分，对数据的区分作用并不大，这导致使用 PCA 在很多情况下的分类效果并不好。

对数据集中的一个样本 X_1，在它的原始高维邻域里用 K 近邻思想找到和它最近的三个样本 X_2、X_3、X_4。然后假设 X_1 可以由 X_2、X_3、X_4 线性表示，如式

（6-58）所示：

$$X_1 = W_{12}X_2 + W_{13}X_3 + W_{14}X_4 \tag{6-58}$$

其中，W_{12}、W_{13}、W_{14}表示权重系数。通过 LLE（locally linear embedding，局部线性嵌入）算法降维后，需要X_1在低维空间对应的投影X_1'和X_2、X_3、X_4对应的投影X_2'、X_3'、X_4'也尽量保持同样的线性关系，如式（6-59）所示：

$$X_1' = W_{12}X_2' + W_{13}X_3' + W_{14}X_4' \tag{6-59}$$

投影前后线性关系的权重系数W_{12}、W_{13}、W_{14}是尽量不变或者最小改变的。LLE 算法中线性关系只在样本的附近起作用，离样本远的样本对局部的线性关系没有影响，因此降维的复杂度降低了很多。因此对于样本集$D=\{X_1,X_2,\cdots,X_m\}$，算法寻找数据集中每个样本点X_i的k个近邻点$(X_{i1},X_{i2},\cdots,X_{ik})$，由每个样本点的近邻点计算出该样本点的局部重建权值矩阵，如式（6-60）所示：

$$Z_i = (X_i - X_j)(X_i - X_j)^{\mathrm{T}} \tag{6-60}$$

求出对应的权重系数向量如式（6-61）所示：

$$W_i = \frac{Z_i^{-1} 1_k}{1_k^{\mathrm{T}} Z_i^{-1} 1_k} \tag{6-61}$$

计算矩阵如式（6-62）所示：

$$M = (I - W)(I - W)^{\mathrm{T}} \tag{6-62}$$

计算矩阵的前$d+1$个特征值，计算这$d+1$个特征值对应的特征向量$\{y_1,y_2,\cdots,y_{d+1}\}$，由第二个特征向量到第 d+1 个特征向量所张成的矩阵即为输出低维样本集矩阵$D'=\{X_1,X_2,\cdots,X_m\}$。

将不同时间步的降采样后的体数据输入自编码器，获得压缩化的特征向量表达，其中每个变量对应一个通道，针对不同时间步数据的特征向量进行维度约减。

6.3 本 章 小 结

本章对科技大数据的知识表示，包括基于图网络的知识表示、邻居信息的知识表示、局部图结构感知的知识增强、知识表示的评估进行了研究；讨论了基于知识表示的资源聚类服务、基于知识表示的智能问答服务、基于知识表示的可视化服务的实现过程，以充分挖掘和利用科技大数据中蕴含的知识。基于知识表示的资源聚类将科技大数据知识图谱的实体嵌入连续向量空间中，基于学习到的实体多维向量进行数据聚类，在基于知识表示的智能问答过程中，通过对问句进行深层次语义分析，获取问句丰富内涵信息，再反馈满足用户需求的答案，更精准地回答用户提问。

第 7 章　跨媒体科技大数据知识图谱构建

随着跨媒体科技大数据的蓬勃发展，如何在跨媒体的科技大数据中利用知识图谱的结构成为近年的研究热点之一。此外，由于跨媒体科技大数据中的实体之间往往是有歧义的，直接影响实体间语义关系的准确性，影响了跨媒体科技大数据画像的精准性。本章介绍了跨媒体科技大数据的实体识别算法和实体关系抽取算法，识别出科技大数据的政策数据中重要的政策实体，并抽取出实体中的关键语义关系，从而能够从复杂且冗长的政策文本中快速捕捉到关键类别信息。基于识别到的科技实体和实体间关系，借助 Neo4j 图形数据库构建了跨媒体科技大数据的知识图谱，并通过知识图谱的可视化展示，捕捉到科技政策的发布单位、政策的发布时间、政策的类别以及政策的扶持类型等关键数据。

7.1　跨媒体科技大数据的知识图谱的结构

识别出科技大数据的政策数据中的重要的政策实体，并抽取出实体中的关键语义关系，从而能够从复杂且冗长的政策文本中快速捕捉到关键类别信息，便于用户从海量的政策文本中快速捕捉到自己所需要的政策文本。图 7-1 为跨媒体科技大数据的知识图谱构建的流程图，对每类科技资源数据进行命名实体识别以及实体关系抽取。

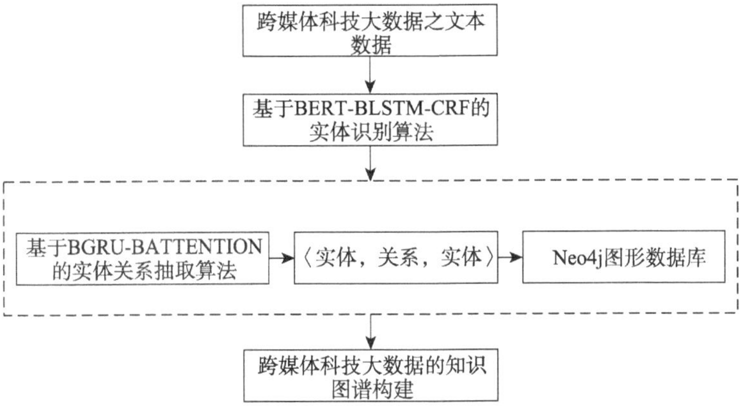

图 7-1　跨媒体科技大数据的知识图谱构建的流程图

利用已经获取的科技实体以及实体间的关系，通过 Neo4j 图形数据库完成数据的存储，实体和实体的关系是以三元组〈实体，关系，实体〉的形式存储在 Neo4j 图形数据库中的，我们借助 Neo4j 图形数据库进行知识图谱的构建工作。

从图 7-2 中可以看出，面对烦琐且冗长的文本数据，用户无法及时捕捉政策的关键数据，知识图谱的可视化展示便于用户直接捕捉到政策的发布单位、政策的发布时间、政策的类别以及政策的扶持类型等关键数据。

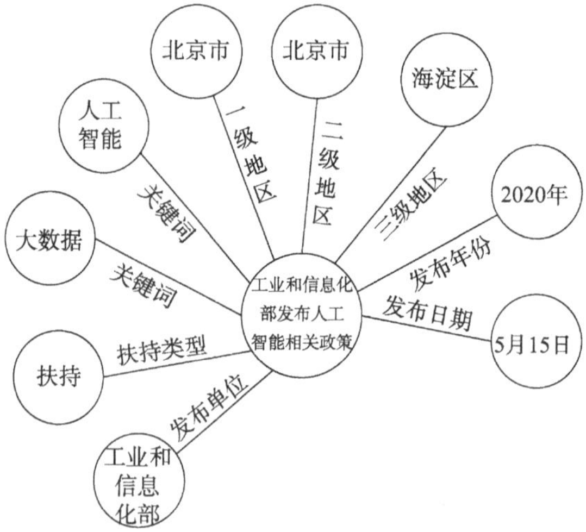

图 7-2　跨媒体科技大数据知识图谱的构建

7.2　跨媒体科技大数据的实体消歧算法

7.2.1　跨媒体科技大数据的实体消歧算法的框架

在跨媒体科技大数据的动态精准画像的构建中，实体消歧结果的准确性直接影响实体间语义关系的准确性，继而影响跨媒体科技大数据画像的精准性。科技大数据的实体消歧算法的整体框架如图 7-3 所示。对科技资源中的论文数据开展实体消歧实验。科技资源的论文数据的实体消歧由科技论文数据的特征提取、训练本实验的用于实体消歧的分类器和最后预测科技论文的所属作者这三个模块组成。科技论文数据的特征提取模块使用 TF-IDF 和向量空间模型完成论文的特征提取工作。TF-IDF 作为信息检索领域非常主流的特征提取方法，用来衡量文档中每个字或者词的重要程度。在处理论文信息的时候，相比于论文中的论文标题、摘要等基础属性，考虑到论文的作者信息的独特性，将作者信息和其他属性分开进行特征提取，合并分开提取出来的特征，从而生成更好的样本特征。

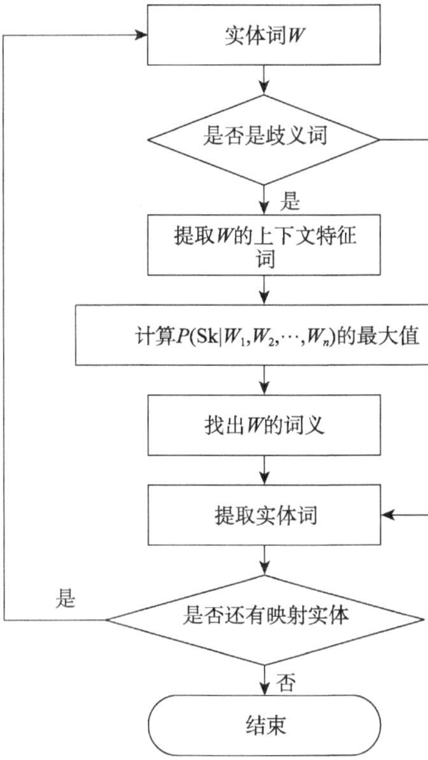

图 7-3　跨媒体科技大数据的实体消歧算法的框架

7.2.2　跨媒体科技大数据的实体消歧算法的实验结果及分析

本节对提出的实体消歧方法进行了实验与评估，评价指标是准确率、召回率和 F1 值。首先计算出不同类别下的样本数占总样本数的比例，然后将计算出的比例作为平均的权重，加权平均法的分类指标的计算方法如下：

$$\text{precision}_{\text{weighted}} = \sum_{i=1}^{m} \frac{N_i}{N} \times \text{precision}_i \tag{7-1}$$

$$\text{recall}_{\text{weighted}} = \sum_{i=1}^{m} \frac{N_i}{N} \times \text{recall}_i \tag{7-2}$$

其中，N_i 表示类别 i 的样本数；N 表示总的样本数；m 表示总的类别数。F1 值的计算公式如下：

$$F_{1,\text{weighted}} = 2\frac{\text{recall}_{\text{weighted}} \times \text{precision}_{\text{weighted}}}{\text{recall}_{\text{weighted}} + \text{precision}_{\text{weighted}}} \tag{7-3}$$

论文的作者信息相比于其他如标题、摘要等属性具有更大的信息量。实验结果如表 7-1 所示，对比图如图 7-4 所示。

表 7-1 不同分类模型分开特征提取的消歧效果

算法	准确率	召回率	F1 值
贝叶斯	0.9427	0.8924	0.9101
K 近邻	0.9135	0.9298	0.9189
softmax	0.9183	0.9161	0.9152
随机森林	0.8412	0.8488	0.8364
决策树	0.8890	0.8876	0.8825
SVM	0.9041	0.9103	0.8985
XGBoost	0.8798	0.8702	0.8563

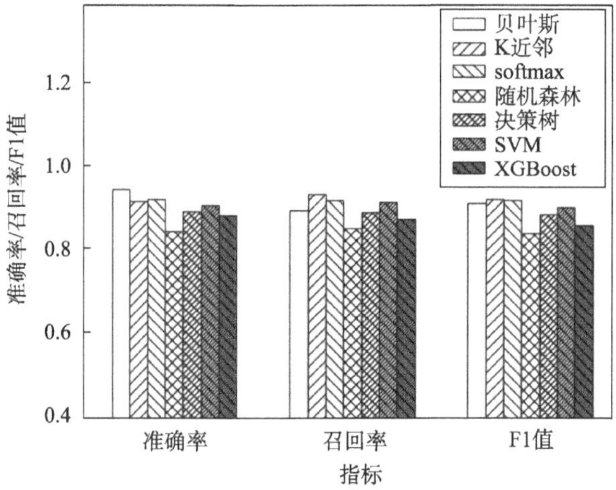

图 7-4 不同分类模型分开特征提取的消歧效果对比图

为了提高跨媒体科技大数据动态画像的精确性，选取准确率最高的贝叶斯来完成跨媒体科技大数据的实体消歧的任务。在不同分类模型的实验中进行了混合特征的提取，实验结果如表 7-2 所示，实验的对比图如图 7-5 所示。

表 7-2 不同分类模型的混合特征提取的实验结果

算法	准确率	召回率	F1 值
贝叶斯	0.9376	0.8863	0.9045
K 近邻	0.9101	0.9232	0.9110
softmax	0.9125	0.9114	0.9096
随机森林	0.8386	0.8402	0.8331
决策树	0.8734	0.8716	0.8705
SVM	0.8965	0.9071	0.8913
XGBoost	0.8687	0.8622	0.8520

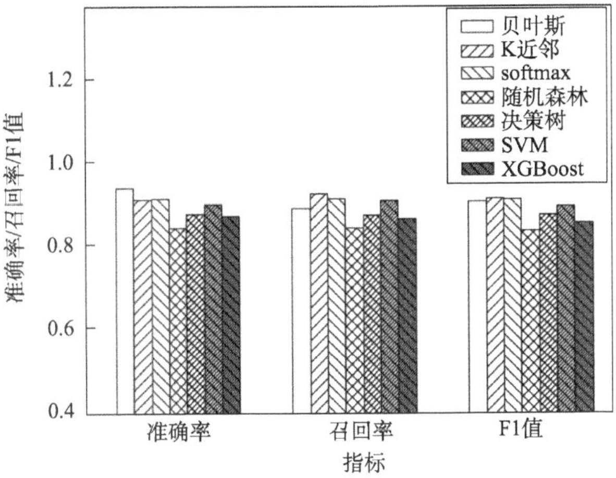

图 7-5　不同分类模型混合特征提取的消歧效果对比图

将论文中的作者属性和论文的其他如摘要等属性分开来提取，实验结果更好，验证了论文作者属性的重要性。

7.3　跨媒体科技大数据的知识图谱构建系统

结合跨媒体科技大数据的数据收集、处理与存储，跨媒体科技大数据知识图谱的构建等内容，设计开发跨媒体科技大数据的知识图谱构建系统。该系统包含跨媒体科技大数据的收集、处理与存储以及科技大数据的知识图谱的构建等。

7.3.1　系统设计

1. 系统总体架构

跨媒体科技大数据的数据收集、处理与存储模块通过数据挖掘技术全方位感知跨媒体科技大数据中相关多维度的数据，通过去噪、时间空间归一化等数据预处理技术，将跨媒体科技大数据转换为有效的数据并进行相应的存储。科技大数据的知识图谱的构建模块使用感知获取到的数据，利用已经训练的实体名抽取模型与实体关系识别模型进行实体以及实体关系的抽取。系统框架图如图 7-6 所示。

2. 系统各模块详细设计

系统的各模块详细设计如图 7-7 所示，通过跨媒体科技大数据的收集、处理与存储，进行结构化和非结构化数据的获取以及噪声处理、归一处理、数据增强

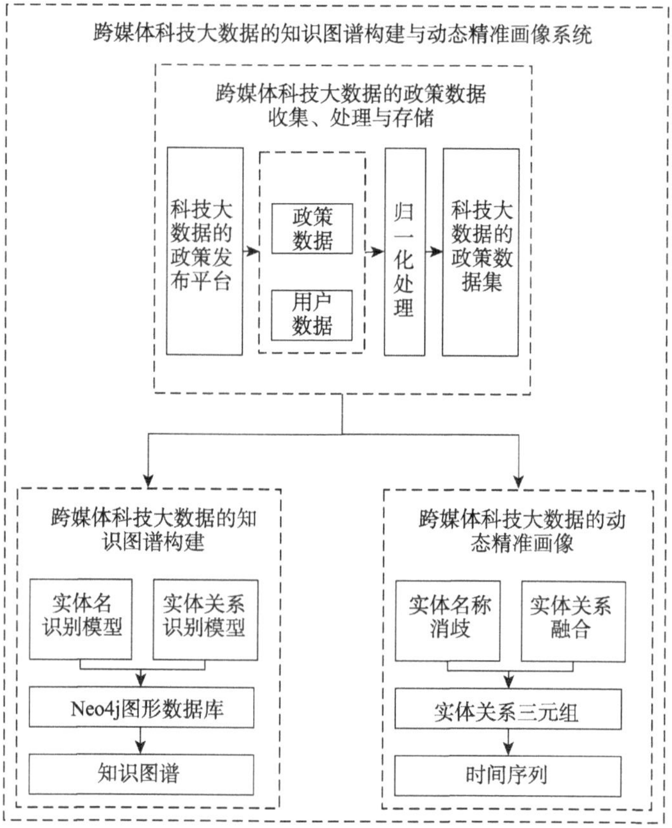

图 7-6　跨媒体科技大数据的知识图谱构建

的处理工作，存入到数据库中。数据交互模块分别与命名实体识别、实体关系抽取以及动态精准画像这三个过程进行相应的数据交互，从而实现随着时间推移不断衍化完成科技大数据的动态精准画像的构建。随着时间的推移，数据的不断扩展，实体消歧后的数据动态更新数据库，基于时间序列等信息进行动态知识图谱的构建。图 7-7 中箭头代表信息以及数据流动过程。

3. 系统数据库设计

按照所描述的数据存储结构设计了相关的数据库表，其中科技资源的政策数据的表结构如表 7-3 和表 7-4 所示。对于政策数据表，主要存储政策的文本内容，同时存储政策编号、政策标题、政策链接、政策发布时间、政策发布一级地区、政策发布二级地区、政策发布三级地区、政策发布部门、政策摘要、政策关键字、政策是否是扶持等信息。其中政策编号为政策数据表的主键，以上所有属性均是非空属性。

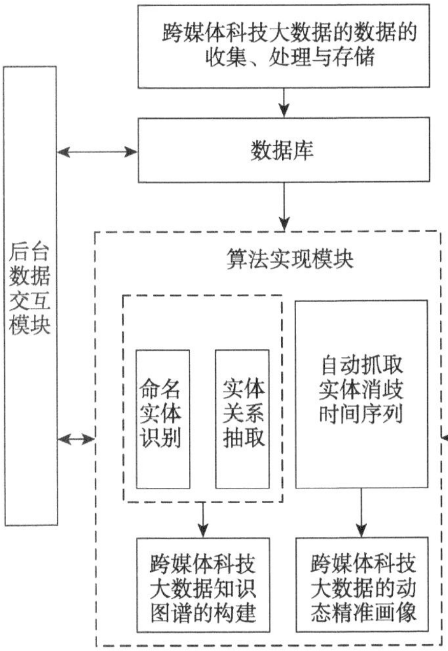

图 7-7　系统模块详细设计图

表 7-3　政策文本数据表

字段	类型	字段	类型
policy_id	int(256)	policy_area_third	varchar(512)
policy_title	varchar(512)	policy_department	varchar(512)
policy_url	varchar(512)	policy_abstract	varchar(512)
policy_time	varchar(512)	policy_keyword	varchar(512)
policy_area_first	varchar(512)	policy_is_help	int(10)
policy_area_second	varchar(512)		

表 7-4　政策图像数据表

字段	类型	字段	类型
image_id	varchar(512)	image_title	varchar(512)
image_url	varchar(512)	image_feature	varchar(512)
image_time	varchar(512)	image_path	varchar(512)

7.3.2　系统实现

1. 跨媒体科技大数据的数据收集、处理与存储

跨媒体科技大数据的数据收集、处理与存储模块主要是进行原始数据的处理

以及存储。该模块的流程如图 7-8 所示。

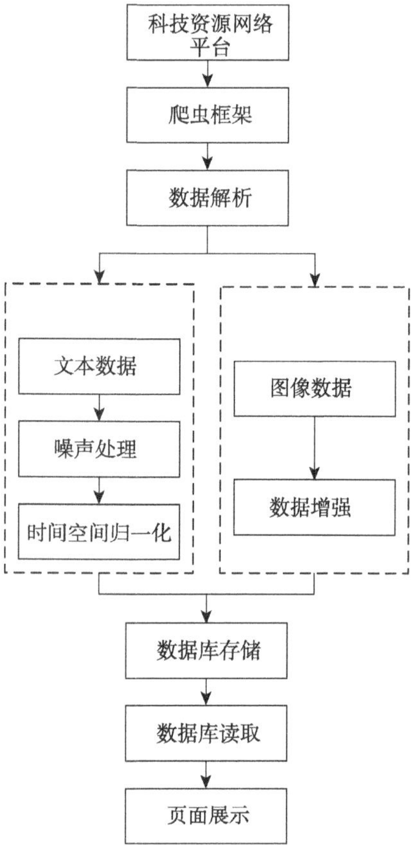

图 7-8 跨媒体科技大数据的数据收集、处理与存储模块流程图

利用 scrapy 分布式爬虫框架对政府官网信息公开平台进行原始数据的抽取。对于采集到的结构化的数据，直接存储到数据表中；对于非结构化的文本数据，利用 XML（extensible markup language，可扩展标记语言）与 JSON（JavaScript object notation，JS 对象简谱）处理的技术对数据进行结构化的处理；对于采集的图形数据除了统一的去噪、归一化等处理外，还需要完成数据的增强，如裁剪、转换、灰度化等。利用 MySQL 进行数据的存储，读取数据库将数据进行页面展示。

2. 跨媒体科技大数据知识图谱的构建

跨媒体科技大数据知识图谱的构建模块用来实现跨媒体科技大数据知识图谱的构建的功能，该模块的流程如图 7-9 所示。从数据库中读取非结构化的文本数据，进行命名实体识别，使用提出的基于 BERT-BLSTM-CRF 的实体识别算法进行政策数据命名实体识别；将政策内容数据与实体识别的结果投入到实体关系抽取模型，使用实体关系抽取算法进行政策实体关系的抽取；将政策的实体与实体关系提取的结果以三元组的形式存储到图形数据库 Neo4j 中，完成跨媒体科技大数据知识图谱的构建。

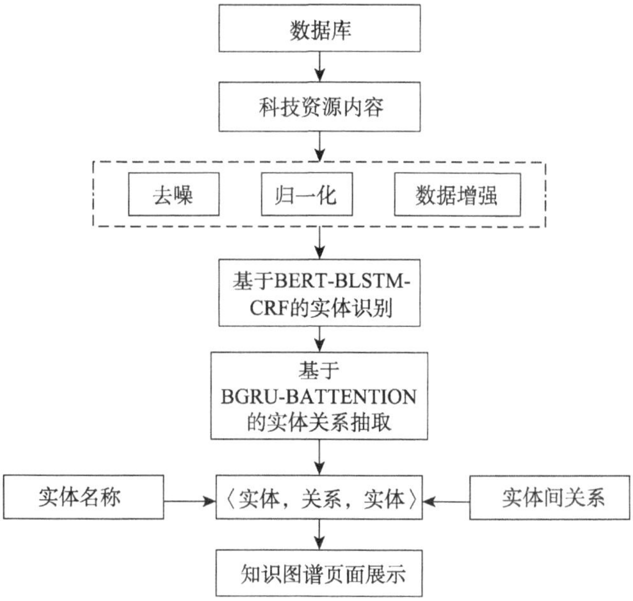

图 7-9　跨媒体科技大数据知识图谱的构建模块流程图

7.4　本 章 小 结

本章建立了跨媒体科技大数据的知识图谱的结构，提出了跨媒体科技大数据的实体消歧算法，包括科技论文数据的特征提取、科技实体消歧的分类器构建和科技论文的所属作者预测等三个核心过程；开发了跨媒体科技大数据的知识图谱构建系统。跨媒体科技大数据的收集、处理与存储全方位感知跨媒体科技大数据中相关多维度的数据，通过去噪、时间空间归一化等预处理，将跨媒体科技大数据转换为有效的数据并进行相应的存储。科技大数据的知识图谱的构建使用感知获取到的数据，利用已经训练的实体名抽取模型与实体关系识别模型进行实体以及实体关系的抽取。

第 8 章　基于深度学习的科技资源立体精准画像

科技资源呈现数据规模大、时效性高、价值密度较低等趋势，这给有效利用海量科技资源带来严峻的挑战。科技资源立体精准画像为高效利用科技资源提供了一种全新的思路。基于数据挖掘技术将科技信息抽象成标签，将科技资源以具象化的形式进行呈现，有助于从海量数据中获取隐匿、时变的科技资源，掌握其中蕴含的发展规律。科技资源画像为高效利用科技大数据提供了可能性，但是如何满足大数据时代下科技资源在高频实时动态更新的条件下的画像精准性，同时依据重要程度对科技资源进行画像的可视化，是目前亟待解决的问题。本章将围绕跨媒体科技大数据的动态精准画像的构建、基于深度学习的跨媒体科技资源立体精准画像系统实现等进行研究。

8.1　跨媒体科技大数据的动态精准画像的构建

本节引入时间序列维度，通过每日自动获取最新的数据来扩展数据库。在每日动态获取数据之后，将新获取的科技数据和数据库中的数据进行实体消歧，避免因实体歧义而带来的画像的精准性下降。跨媒体科技大数据的动态精准画像框架如图 8-1 所示。

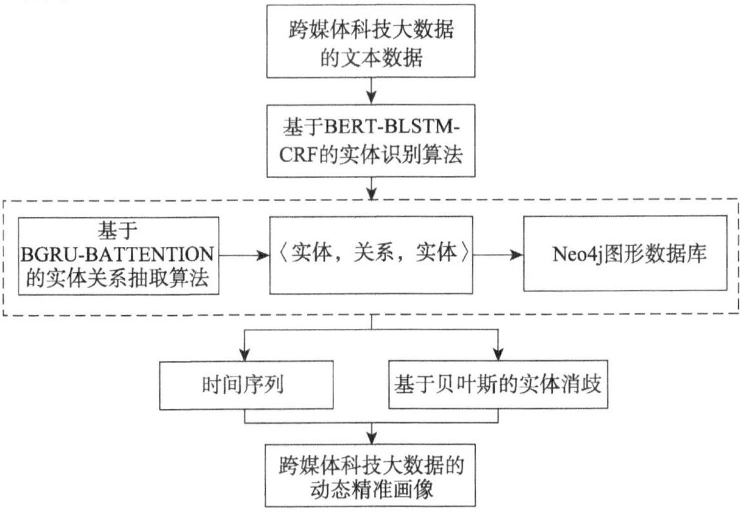

图 8-1　跨媒体科技大数据的动态精准画像的框架

跨媒体科技大数据的动态精准画像以知识图谱为基础来开展构建。根据跨媒体科技大数据的采集内容，提取不同的实体的类型，其中包含了人名实体、地名实体、组织名实体、时间实体、资源实体、属性实体、用户实体、主语、宾语共 9 种实体类型以及人物与人物的关系、人物与地点的关系、人物与组织的关系、地点与地点的关系、地点与组织的关系、组织与组织的关系、事件与人物的关系、事件与地点的关系、事件与组织的关系、事件与时间的关系共 10 种实体关系。

通过实体识别算法完成科技实体的提取，形成画像的点；通过实体关系抽取算法完成科技实体间的关系提取，形成画像的边；通过每日自动爬取数据，基于传统的贝叶斯机器学习方法来完成新采集实体和数据库中实体的消歧，提高形成画像的精准性，引入时间序列为维度，构建不同时间节点下的精准画像，随着时间的不断推移，形成跨媒体科技大数据的动态精准画像。知识图谱的内容基于 LTP（language technology platform，语言技术平台），使用句法分析和结构提取三元组信息来得到扩展和丰富。对核心的人物、地点、核心关键词等信息进行抽取，对特定的实体信息进行相似信息补全，实现了从多个维度对科技资源信息的立体精准画像，如图 8-2 和图 8-3 所示。

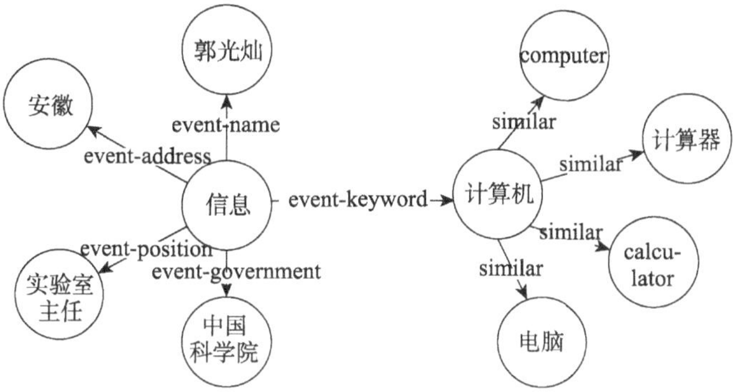

图 8-2　科技资源信息立体精准画像（一）
event-government 即政府事件；event-name 即事件名称；event-address 即事件地址；event-position 即事件位置；event-keyword 即事件关键词；similar 即相似

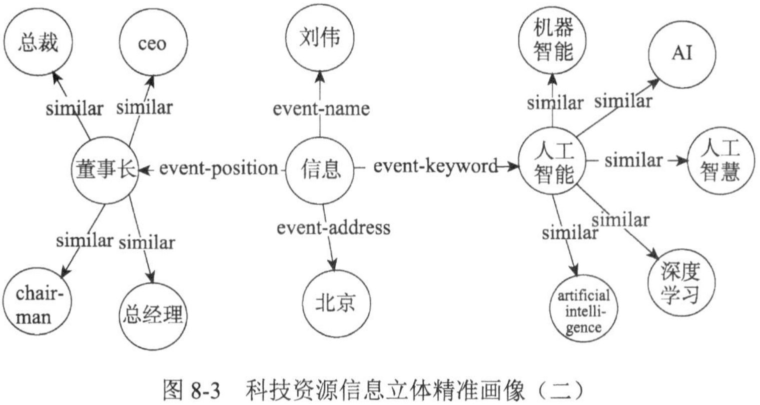

图 8-3　科技资源信息立体精准画像（二）

8.2　基于深度学习的跨媒体科技资源立体精准画像系统

本节根据提出的基于深度学习的科技资源实体的跨媒体语义特征提取与表达方法、科技资源实体信息与实体关联关系挖掘与发现方法、科技资源实体的跨媒体语义关联关系分析与抽取方法，设计并实现了基于深度学习的跨媒体科技资源立体精准画像系统。

8.2.1　系统设计

基于深度学习的跨媒体科技资源立体精准画像系统框架如图 8-4 所示。该系统主要包含以下几个模块：基于深度学习的科技资源实体的跨媒体语义特征提取与表达模块完成对数据的采集与预处理；科技资源实体信息与实体关联关系挖掘与发现模块完成对科技资源立体画像；科技资源实体的跨媒体语义关联关系分析与抽取模块完成对跨媒体科技资源检索与展示。科技资源实体的跨媒体

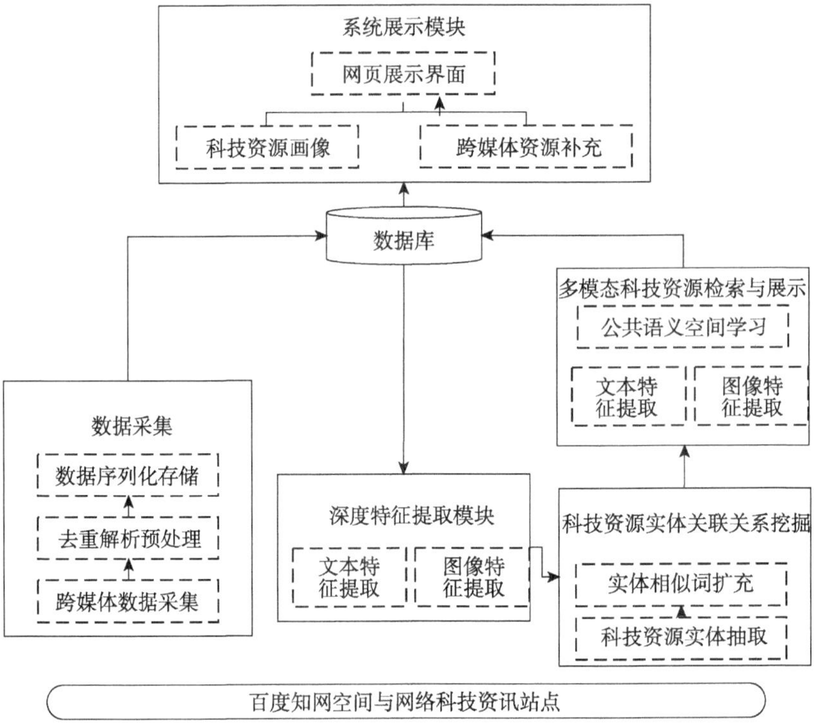

图 8-4　基于深度学习的跨媒体科技资源立体精准画像系统框架图

语义特征提取与表达模块包含对多模态数据的采集与异构数据的语义特征的提取，采用提出的基于大规模科技资源语料预训练模型实现对文本特征的提取，采用提出的基于空间金字塔池化层改进的VGG深度卷积神经网络实现对图像特征的提取。

科技资源实体信息与实体关联关系挖掘与发现模块包括科技资源实体抽取与实体相似词扩充，采用基于 BERT 引入局部特征的注意力机制的实体抽取算法实现对科技资源实体信息抽取，采用提出的基于多重维度的科技资源实体关键词相似关系判定算法实现对相似词的扩充。实现科技资源立体画像构建，利用 Neo4j 技术进行科技资源画像数据的存储，利用 Echarts 可视化工具实现对数据的可视化展示。科技资源实体的跨媒体语义关联关系分析与抽取模块包括公共语义空间的构建与跨媒体搜索，采用提出的基于生成对抗网络与共享语义结构的科技资源跨媒体语义关联算法，实现对跨媒体语义关联关系分析与抽取，实现对科技资源数据进行多媒体资源画像内容的扩充。系统包括数据展示模块接口、立体画像接口、跨媒体检索可视化三部分功能。

8.2.2　系统实现

在对科技大数据进行实体抽取后，需要将知识写入数据库进行持久化操作。考虑到图谱数据结构的特点，本节使用图数据库对关系图进行存储。开发基于深度学习的跨媒体科技资源立体精准画像系统，实现对科技领域资源的立体精准画像。系统分为三个核心模块：基于深度学习的科技资源实体的跨媒体语义特征提取与表达模块针对科技资源数据的特点，构建生成科技资源实体的文本语义、科技资源图像语义模型，实现科技资源实体的语义特征提取与表达。科技资源实体信息与实体关联关系挖掘与发现模块实现对科技资源实体的抽取与实体间相似关系的挖掘。科技资源实体的跨媒体语义关联关系分析与抽取模块实现跨媒体公共语义空间建立，将科技资源文本和图像映射到同一维度的空间。

1. 数据采集

数据采集对科技资讯站点资讯多模态数据、论文和专利数据进行同步抓取，并实现对数据的解析、去重和预处理，将获得的数据进行序列化存储。数据采集的流程如图 8-5 所示。利用抓取到的原始科技资源文本与图像数据，进行去重处理，将解析之后的数据结果，利用持久化数据库 MySQL 与 ElasticSearch 对科技资源文本数据进行存储。

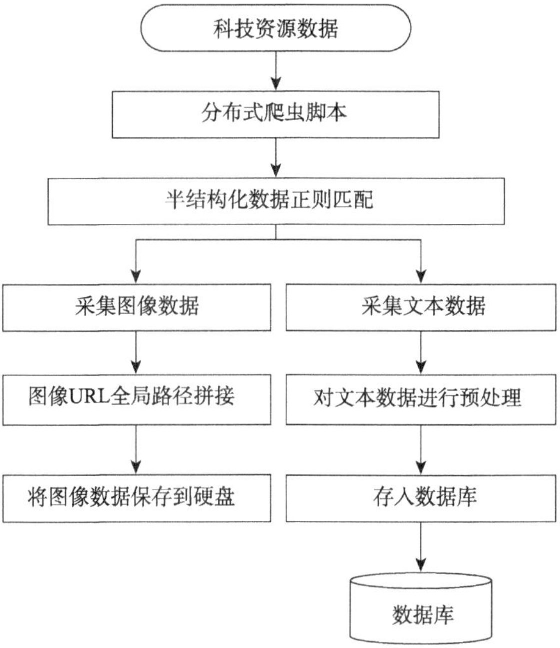

图 8-5　数据采集流程

2. 科技资源立体画像

科技资源立体画像包括科技资源实体信息抽取与科技实体相似词扩充。科技资源实体抽取是对科技资讯进行文本特征的提取，从而实现对数据中核心有效信息的提取与识别。科技资源实体抽取的总体流程如图 8-6 所示。

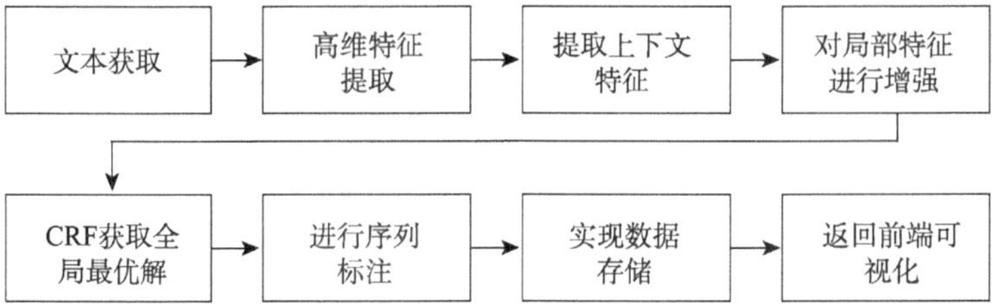

图 8-6　科技资源实体抽取总体流程

利用大规模科技语料进行 BERT 模型的训练，实现对科技资源领域数据的语义加重，获取到文本数据的高维的语义向量。用 BLSTM 网络从序列的前向与后向获取特征信息得到序列信息，提取科技资源数据文本上下文特征，结合局部特征矩阵来对句子中关键词的注意力机制的权重值进行动态调整，实现对局部特征感知的增强。利用条件随机场实现标注序列全局最优解，将抽取到的核心内容进行存储。科技资源实体抽取实现了对输入的非结构化文本进行有效信息抽取，从而进行科技资源实体关键词结构化资源库构建，将抽取结果输出给科技实体相似词扩充，完成科技资源立体画像。科技实体相似词扩充的主要任务是对核心关键词的同义词进行补充，实现对科技资源实体关联关系的挖掘与分析。科技实体相似词扩充的总体流程如图 8-7 所示。

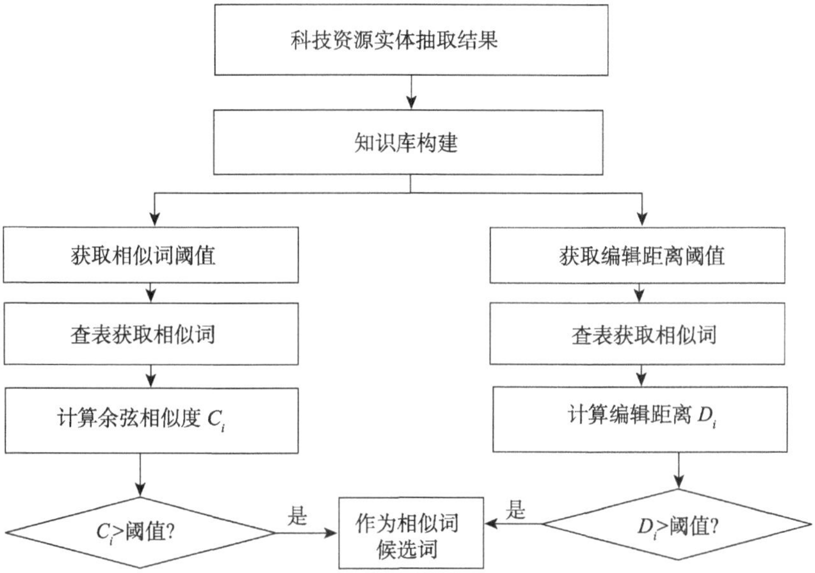

图 8-7　科技实体相似词扩充的总体流程

将构建置信度高的文本语料与结构化的知识库结合，获取大量的相似文本对。再获取到在置信度高的条件下，相似词的语义距离的阈值。通过递归扩充的方式，实现对实体相似关联关系的扩充。将扩充后的内容进行存储，利用前端可视化组件 Echarts 与 JavaScript 实现对数据的可视化展示，利用异步方式进行数据的接口的调用，实现对整个系统性能的提升。将输入的科技资源实体信息进行关联相似关系扩展，将新获取到的相似关系词补充进结构化知识库。

3. 跨媒体科技资源检索与展示

跨媒体科技资源检索与展示的主要任务是对相似关键词相关的图像搜索，实现对科技资源画像的多元信息的补充，提炼出与对应关键词相关的科技资源图像数据。跨媒体科技资源检索与展示总体流程如图 8-8 所示。

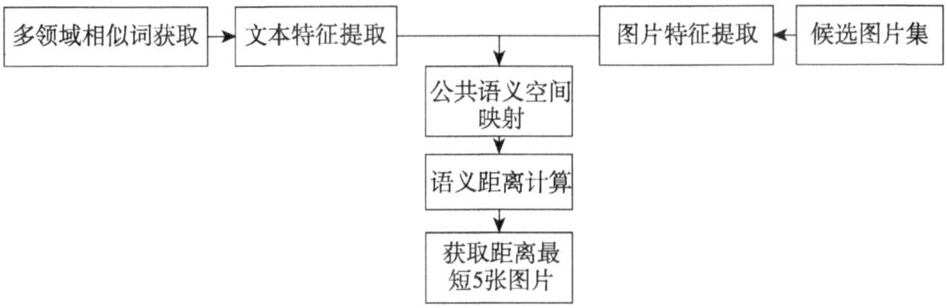

图 8-8　跨媒体科技资源检索与展示总体流程图

将科技实体关键词相似词扩充后的结果进行相关图像内容的检索，利用提出的生成对抗网络，对不同模态数据内容特征进行提取，根据语义相似度进行排序，将无效的检索数据过滤，实现对系统资源利用的最大化。

8.3　本章小结

本章对跨媒体科技大数据的动态精准画像的构建、基于深度学习的跨媒体科技资源立体精准画像系统实现进行了介绍。通过基于分布式爬虫技术完成科技大数据数据集的更新，采用基于机器学习的实体消歧算法来动态更新 Neo4j 图形数据库中的三元组数据，不断地扩展和完善形成的跨媒体资源的画像，形成以时间为单位的每日、周、月的跨媒体科技资源的动态精准画像。本章围绕数据采集接口、科技资源立体画像接口、跨媒体科技资源检索与展示接口进行设计。通过对科技资源进行立体画像，可以直观高效地展示科技资源中的核心内容，提供不同学科之间遇到的语义相似词，立体精准地进行可视化展示。

第 9 章　科技资源跨媒体信息的分布式检索查询

科技资源跨媒体信息的分布式检索查询是科技大数据智能分析的关键部分，是科研领域进步和发展的重要评估依据，对科技资源信息的发现与分析及各研究主题的实现进行了更全面的可视化描述。本章提出了多领域跨媒体科技大数据的检索查询方法、基于学者合作关系和引文影响力融合的专家学者发现算法，可以针对科技大数据进行个性化的高效检索查询，解决传统的分布式检索仅仅根据查询输入与查询候选集的语句相似程度进行返回结果排序的问题。通过集成科技大数据中交叉学科数据的特征与演进规律，科技大数据的检索查询、预测与可视化等服务，保证科技服务基础功能模块的重用及信息共享和互操作，最终形成支持面向服务的高效检索查询系统，为学科交叉领域的跨媒体科技大数据的研究与应用提供有实用价值的工具和平台。

9.1　科技资源跨媒体信息检索查询与可视化

科技资源跨媒体信息检索查询与可视化可保证科技服务基础功能模块的重用及信息共享和互操作。根据数据库中存储的数据资源与查询语句的相似性返回检索候选集，可以从海量数据中快速过滤掉不相关的结果，得到仅考虑关键词匹配程度的近似结果集，如图 9-1 所示。

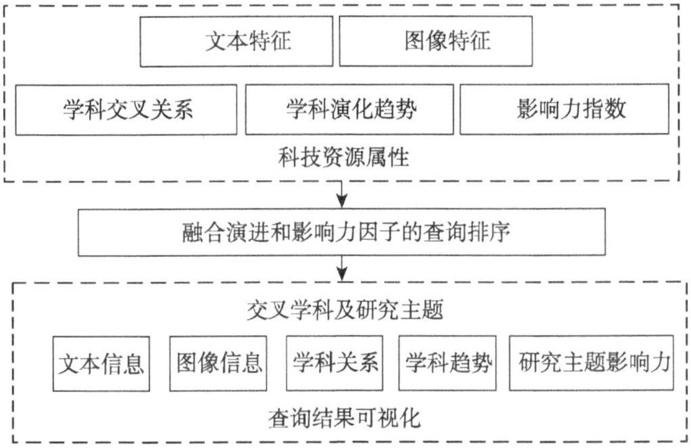

图 9-1　科技资源跨媒体信息检索查询与可视化示意图

9.2 科技大数据索引与检索排序

9.2.1 检索召回阶段

索引模块（indexer）利用不断输入的词（term）创建并增量更新维护一个字典数据结构，对字典按英文字母表顺序进行排序，不断合并相同的词项，得到一个文档倒排链表（posting list）。通过查询语句解析，将非结构的查询语句解析为结构化查询，并通过下式与数据侧的倒排索引协同计算查询文档相关度分数：

$$f(q,d)=\sum_{w\in q\cap d}c(w,q)\frac{(k+1)c(w,d)}{c(w,d)+k(1-b+b\frac{|d|}{\text{avdl}})}\log\frac{M+1}{df(w)},\ b\in[0,1],\ k\in[0,+\infty) \tag{9-1}$$

其中，q 表示用户输入的查询语句；d 表示与之匹配的数据文档；k 和 b 表示控制词汇超高频次惩罚和文档长度惩罚的超参；$|d|$ 表示该文档的长度；avdl 表示统计的文档的平均长度；M 表示文档数量；$df(w)$ 表示包含 w 词汇的文档数量；$c(w,\cdot)$ 函数由下式进行计算词汇的出现频次和对应类型权重的乘积：

$$c(w,d)=\text{count}(\text{num}\,|\,w\_\text{in}\_\text{Document})\times\text{TypeScore}(w,d) \tag{9-2}$$

可以对不同的区域词汇进行区分存储，在检索端触发定向检索的时候能够对指定区域的词汇进行索引的查找。在计算查询语句和候选文档之间的相关性时，对来自不同区域的文本信息赋予不同的规格权重。这些权重超参能够通过查询的过程进行不断优化，调整类型分数（TypeScore）的比例结构，得到最后查询对论文不同区域重要性的权重比例。我们在 CISI 信息检索数据集上测试了召回阶段的性能，得到实验结果如表 9-1 所示。

表 9-1 召回阶段性能衡量

排名方法	CISI					
	召回率	准确率	删除文档率	F1 值	P@10	P@20
BM25(all)	0.8999	0.0402	0.4658	0.0763	0.3752	0.3127
BM25(300)	0.7087	0.0733	0.2055	0.1296	0.3233	0.294
BM25(200)	0.5775	0.0900	0.1370	0.1501	0.2502	0.2395
BM25(100)	0.4807	0.1400	0.0685	0.2021	0.2372	0.1926

召回阶段的候选文档数量与返回精度呈正相关，但随着数量的增加会稀释相关性文档占候选文档的百分比。在具体任务对性能的要求下，能够不断调整召回

检索部分的候选文档超参。在候选文档数量和召回查全率之间取得一个平衡。

9.2.2　检索重排阶段

1. 基于表示的文本相似度网络

将原始的词典通过哈希的方式进行分解，以此减少输入神经网络的数据维度。检索问题的训练数据将正相关的查询–文档对 (Q,D^{+}) 正样本和在非相关文档中随机采样的负样本 (Q,D^{-}) 以 1∶4 的比例进行组织。文本数据通过双塔结构的多层全连接层进行编码，得到的查询和文档的隐向量表示，通过 cosine 函数来计算向量之间的相似度，以此表示查询和文档之间的相关性：

$$R(Q,D)=\text{cosine}(y_Q,y_D)=\frac{{y_Q}^{\mathrm{T}}y_D}{\|y_Q\|\cdot\|y_D\|} \tag{9-3}$$

通过语义相关性分数计算给定查询下文档的后验概率，训练目标如式（9-4）所示，其中，γ 表示 softmax 函数的平滑因子，D 表示待排序的候选文档集合。

$$P(D\,|\,Q)=\frac{\exp(\gamma R(Q,D))}{\sum\limits_{D'\in D}\exp(\gamma R(Q,D'))} \tag{9-4}$$

基于表示的模型出现的问题主要在于网络学习出来的语义表达具有局限性，查询–文档文本向量之间缺少强交互，以至于模型往往难以处理复杂特殊的查询语句。基于表示的模型没能考虑候选文档数据之间的上下文信息，以单一查询语句向量和单一的候选文档向量之间进行相似度推理计算，没能够考虑到相邻的候选文档之间的差异和比较关系。

2. 基于交互的排序学习网络

通过网络的串联，结合了基于交互的网络的准确性优势和传统算法的时间高效性，形成了一个由学术论文信息抽取、文本清洗、索引构建的预处理部分，输入查询语句通过多阶段相关度计算模块，最终返回学术论文检索结果的流程。将候选文档数据通过改善后的富信息的 BM25 算法，由查询语句解析模块处理后得到的结构性查询和预先构建的倒排索引进行相关度计算，得到召回阶段的候选文档集。然后将候选文档集，通过 BERT 点和 BERT 对模块，两阶段重排候选文档数据。随着候选数据规模的不断缩小，算法的计算复杂度不断提高，相关度的精确性排序也对应提高，为检索问题的头部返回项提供最为精确的排序结果保障。

最后将各个阶段模块集成，在 CSIS 数据集上做了相关实验，验证了网络模块串联的有效性。表 9-2 为多阶段的 CSIS 数据测试结果。

表 9-2 多阶段的 CSIS 数据测试结果

模型	P@10	P@20	ERR@10	ERR@20
BM25	0.3652	0.3122	0.3427	0.3482
BERT_Point(bs=4)	0.2775	0.2252	0.3106	0.3115
BM25+BERT_Point	0.3240	0.2749	0.3650	0.3694
BM25(sn=300)+Point	0.3570	0.3234	0.3799	0.3881
BM25(sn=20)+Point	0.4011	0.3146	0.4207	0.4028
BERT_Pair(bs=2)	0.3849	0.2886	0.3643	0.3653
BERT_Pair(bs=4)	0.3912	0.3522	0.4691	0.4807
BM25+BERT_Pair	0.4039	0.3720	0.4703	0.4829
BM25+BERT_Point+Pair	0.4102	0.3912	0.4713	0.4907

可以看出大型预训练模型对检索问题的效果指标有了显著的提升，但是不可避免地增加了响应时延。

3. 基于学科关系及影响力的检索查询算法

本节提出了结合科技资源跨媒体信息特征的基于学科关系及影响力的检索（discipline relationship and influence based retrieval，DRIR）算法。根据特征提取阶段和关系发现阶段获取的结果可以得到学科和研究主题的关联关系，通过定义可以针对科技资源的研究主题影响力指数对研究主题影响力进行量化表示。在对检索结果进行排序展示时，不仅考虑学科交叉关系，还加入影响力指数和趋势预测结果作为因子，最终得到能够有效表达科技资源学科发展情况的结果。在查询论文、基金、资讯等科技资源信息的过程中，系统根据输入的关键词，判断其可能所属的学科。由于交叉学科成果的查询需要选择两个学科，即还需要再选择一次想要的交叉学科，因此，引入研究主题影响力指数的概念，为影响力指数赋予权重作为查询的依据。根据趋势预测结果和影响力指数返回得分排名前五位的学科。完整的系统检索查询流程如图 9-2 所示。

赫芬达尔指数的计算步骤分为三步，将这些数值做平方计算，并将这些平方值汇总，如式（9-5）所示：

$$\mathrm{HHI}=\sum_{i=1}^{N}(X_i/X)^2=\sum_{i=1}^{N}S_i^2 \tag{9-5}$$

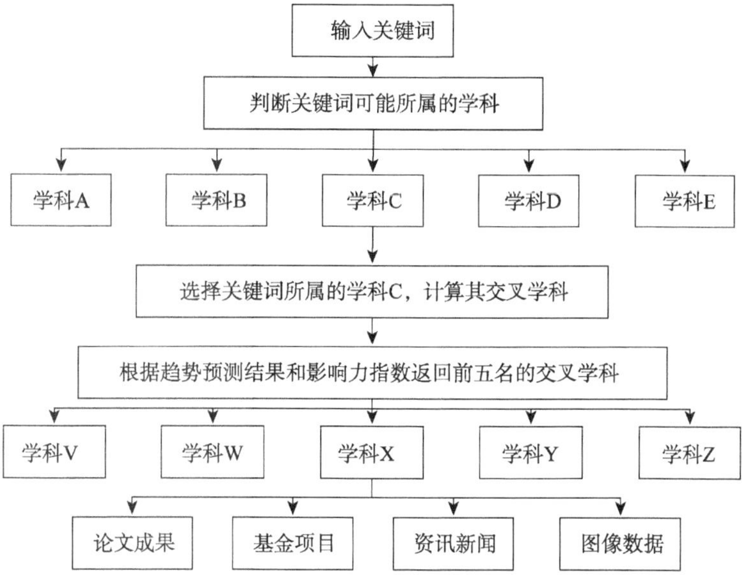

图 9-2　DRIR 查询流程图

其中，X 表示市场总规模；X_i 表示 i 企业的规模；$S_i = X_i / X$ 表示企业 i 的市场占有率；N 表示该产业内的企业数。

研究主题影响力指数的公式如式（9-6）所示：

$$S = \sum_{i=1}^{N} (X_i / X)^2 = \sum_{i=1}^{N} S_i^2 \tag{9-6}$$

其中，X 表示成果总数量；X_i 表示第 i 个研究主题的成果数量；$S_i = X_i / X$ 表示第 i 个研究主题的成果占比；N 表示该学科下的研究主题数。

考虑科技资源中研究主题和影响力的结合方式，具体的计算方式如式（9-7）所示：

$$R = R_o \cdot S \cdot \frac{C_{t+1}}{C_t} \tag{9-7}$$

其中，R_o 表示_score 的评分；R 表示最终评分；S 表示影响力得分；C_{t+1} 表示通过预测得到的未来一年的文献量；C_t 表示近一年文献量。

4. 实验结果及分析

使用科技资源数据集的相关查询来进行评估，对于不同的方法进行实验，并与提出的方法做对比。首先，应用 NDCG 作为评价指标，NDCG 为归一化折损累计增益，其计算公式如式（9-8）所示：

$$\mathrm{NDCG}_k = \sum_{j=1}^{k} \frac{2^{r_j}-1}{\log_2(j+1)} \Big/ \sum_{j=1}^{|R|} \frac{2^{r_j}-1}{\log_2(j+1)} \tag{9-8}$$

其中，$|R|$表示按照相关性的大小有序排列的结果顺序；r_j表示相关值，不同算法在搜索 top K 结果上的 NDCG 的评价结果如表 9-3 所示。

表 9-3　不同算法在科技资源数据集上的 NDCG 指标对比

方法	NDCG@5	NDCG@10	NDCG@15	NDCG@20
LDA	0.5823	0.6057	0.6546	0.7031
DSSM	0.5991	0.6298	0.6461	0.7105
BM25	0.5779	0.6225	0.6478	0.6978
DRIR	0.5803	0.6251	0.6779	0.7367

表 9-4 对比的是不同方法在搜索结果准确率方面的结果。

表 9-4　不同算法在科技资源数据集上的准确率指标对比

方法	P@5	P@10	P@15	P@20
LDA	0.6841	0.6475	0.6427	0.6212
DSSM	0.6972	0.6649	0.6534	0.6236
BM25	0.6823	0.6557	0.6285	0.6259
DRIR	0.6908	0.6810	0.6731	0.6486

不同算法的 mAP 指标对比结果如表 9-5 所示。

表 9-5　不同算法在科技资源数据集上的 mAP 指标对比

方法	mAP@5	mAP@10	mAP@15	mAP@20
LDA	0.6274	0.6310	0.6542	0.6819
DSSM	0.6463	0.6527	0.6508	0.6925
BM25	0.6109	0.6217	0.6477	0.6810
DRIR	0.6591	0.6735	0.6894	0.7146

从结果来看，DRIR 在 mAP 上的表现较对比算法来说更好。同时，从表中的结果也可以看出，随着 K 值的增大，所有结果在 mAP 上的表现都在变好，这是因为候选的正例大于 K 值，因此不同算法的 mAP 都有所提升。

9.3　基于学者合作关系和引文影响力融合的专家学者发现算法

本节提出了一种基于学者合作关系和引文影响力融合的专家学者发现（expert discovery algorithm based on cooperation and citation influence fusion，CF-Rank）算法，该算法融合了学者合作关系图模型和论文引用关系图模型，对广泛使用的评估网络中节点重要性的 PageRank 算法做改进，结合科研领域的一些独有特点，进行学者影响力计算，从而发现和预测学术领域内的专家学者。

模型主要分为三个部分：学者合作关系图的构建、论文引用关系图的构建以及影响力融合机制。在学者合作关系上，本模型充分考虑了合作频次所带来的权重问题，采用加权 LeaderRank 算法的变种计算学者合作产生的学术影响力。对于论文被引所产生的影响力是该算法着重考虑的部分，由于科研成果的复杂性和时效性，论文所产生的影响在传统方法中往往没有被充分考虑。CF-Rank 算法将论文作者个人属性、论文自身属性相结合来综合计算论文影响力。注意到科研成果的影响力随时间变化的特点，算法中也构建了含时变权值的论文引用关系图模型。设计了一种融合机制，将合作影响力和引用影响力基于文章署名顺序进行融合，计算学者的最终影响力得分。根据该得分进行排序，可以发现和预测科研领域内的专家学者。为了验证该方法的实用性，设计了一种基于 CF-Rank 的科技资源检索重排序机制，使其能够落地于真实的场景下并取得比较好的效果。基于 CF-Rank 算法的整体架构如图 9-3 所示。

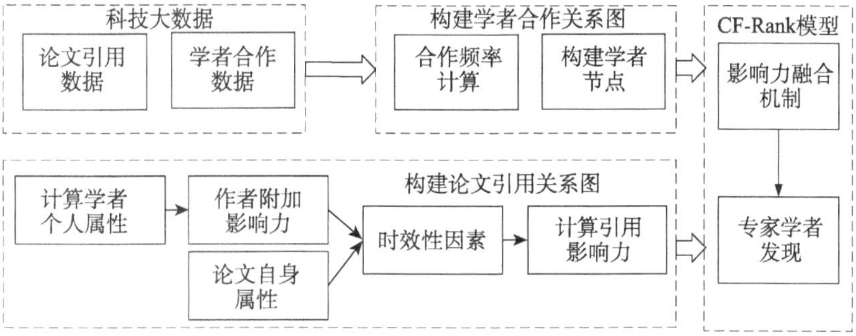

图 9-3　基于 CF-Rank 算法的整体架构图

学者合作关系图模型由节点和边两种元素构成，节点表示学者实体，边表示两个学者之间有学术合作。假设学者 A 与学者 B 有合作，那么就引出一条边连接节点 A 和 B，由于合作关系是双向的，不能人为地偏向某一方，故而该图不加处理的情况下为一个无向图。图中节点用V来表示，边用E来表示，为了保证节点最后的排序只有一种，增加一个全局节点将所有学者节点连接，从而把学者合作关系构建成一个全连通图。

由于 PageRank 算法一般用于解决有向图的影响力问题，为了能适配无向的学者合作网络，将网络中的无向边改成两条方向相反的有向边。同时，为了使排序结果唯一且对网络噪声有更高的容忍能力，在 PageRank 算法的变种 LeaderRank 的基础上，使用式（9-9）计算学者合作产生的影响力权值。

$$\mathrm{PR}_i(k)=\frac{1-d}{n}+d\sum_{j=1}^{n}\frac{\mathrm{PR}_j(k-1)}{k_j} \tag{9-9}$$

其中，d表示阻尼系数；k_j表示节点j的度数。

在学者合作网络中，并非每条合作关系边都是平权的，因为不同学者之间合作次数存在很大的差异，评价合作影响力的时候有必要将这种合作频繁程度考虑在内。给每条边依据合作的次数分配不同的权重，使用加权的 LeaderRank 算法来修正式（9-9），修正后的计算方法如式（9-10）所示：

$$\mathrm{CR}_i(k)=\frac{1-d}{n}+d\sum_{j=1}^{n}\frac{w_{ij}}{w_j}\mathrm{CR}_j(k-1) \tag{9-10}$$

其中，$\mathrm{CR}_i(k)$表示第k次迭代后学者i的合作影响力值；n表示网络中的总节点数；w_{ij}表示学者i与学者j的合作次数；w_j表示学者j的所有合作关系次数。

学者合作关系图模型构建流程如算法 9-1 所示。

算法 9-1　学者合作关系图模型构建过程

输入：学者及其学者合作关系数据

输出：学者合作关系图模型

步骤 1：读取每一个学者信息，以此为依据建立图中的节点集V

步骤 2：读取学者合作关系，(V_1, V_2)数据对表示学者V_1与V_2有合作关系，分别加上V_1指向V_2和V_2指向V_1的两条边E_{12}和E_{21}

步骤 3：根据学者合作的频率，赋予边不同的权值w

步骤 4：加上一个全局节点V_g，让所有学者节点指向节点V_g

步骤 5：进行权值迭代计算，迭代 100 次或者节点权值变化足够小时结束迭代，输出学者合作关系图模型

为了衡量学者发文所带来的学术影响力，下面进行论文引用关系图模型构建，该图为一个有向图，每个节点表示一篇论文。如果论文B引用了论文A，则由B节点引出一条指向A节点的边。因此一个节点的入度表示该文献的被引次数，这在很大程度上反映了该文的重要程度。对于科技实体来说，由于时效性的关系，一般来说在公开发表的前几年被引量急剧增加，而后呈现逐年下降最后趋于稳定的趋势。本节认为对于年代久远的文献，其文章带来的影响力会逐渐衰减，这样做的原因是更希望准确评估学者在近期的热点研究方向上的工作成果，而不希望

学者的一些比较旧的成果占据太多的比重，这比较符合科研热点的时效性。同时算法还要充分考虑到文献被收录的期刊或者会议的影响力，这在很大程度上决定着文章的质量。综上，对于引用时间与发文时间间距小且引用文章所在期刊影响因子大的情况，应该分配更多的权重。不同文献的作者的学术地位也在一定程度上反映了文献的综合影响力。考虑到对论文的贡献程度，这里仅关注第一作者。CF-Rank 算法选取第一作者的个人基本属性作为由作者学术地位对论文附加的影响力，计算方法如式（9-11）所示：

$$Q(i)=\alpha\cdot\text{paper}(i)+\beta\cdot\text{cited}(i)+\gamma\cdot\text{hindex}(i) \tag{9-11}$$

其中，paper、cited、hindex 分别表示文献 i 的第一作者的总发文量、被引量以及 h 指数值，考虑到不同学者的各维度值可能相差较大，对这些属性特征进行数值归一化：

$$V_{\text{norm}}=\frac{V-V_{\min}}{V_{\max}-V_{\min}} \tag{9-12}$$

其中，V_{norm} 表示特征归一化后的值；$V_{\min}$ 和 $V_{\max}$ 分别表示该特征在所有学者中的最小值、最大值；V 表示特征原始值。

基于归一化后的数值，采用式（9-13）计算每篇文章产生的影响力第 k 次迭代的结果：

$$P_i(k)=\frac{1-d}{n}\times Q(i)+d\sum_{j\in B(i)}\frac{\mathrm{e}^{-\sigma(t_j-t_i)}\times I_i}{\sum\limits_{s\in U(j)}\mathrm{e}^{-\sigma(t_j-t_s)}\times I_s}P_i(k-1) \tag{9-13}$$

其中，I_i 表示编号为 i 的文章所刊登刊物的影响因子；t_i 表示其发表时间；n 表示网络中的总节点数；$B(i)$ 表示引用第 i 篇文章的节点集合；$U(j)$ 表示第 j 篇文章的引文集合；σ 表示调控时间差距对影响力衰减作用大小的因子。该计算方法采用牛顿冷却定律的变种来修正时间跨度带来的衰减，式（9-13）中的时变部分可以很好地模拟文章影响力随时间变化的特性。

论文引用关系图模型详细构建过程如算法 9-2 所示。

算法 9-2　论文引用关系图模型构建过程

输入：处理好的文献引用关系数据

输出：论文引用关系图模型

步骤 1：读取输入中的每篇文章及其所有引文（数据集中不包括的文章已经被预先剔除），以此为依据建立图中节点集合 V

步骤 2：根据被引关系，建立图中的有向边，如果论文 B 引用了论文 A，则加上 V_B 指向 V_A 的一条边

步骤 3：为每个顶点 V 计算时间差值以及初始化影响力 Q

步骤 4：加上一个全局节点 V_g，让所有论文节点指向节点 V_g

步骤 5：根据式（9-13）进行权值迭代计算，迭代 100 次或者节点权值变化足够小时结束迭代，输出论文引用关系图模型

对于第 i 个文献节点，采用式（9-14）计算署名顺序为 j 的作者对论文的贡献度：

$$D_i = \frac{1}{j\sum_{k=1}^{m}\frac{1}{k}} \tag{9-14}$$

其中，j 表示署名顺序；m 表示论文的总作者数。

对于学者 i 的总学术影响力，设计一种加权的影响力融合机制，该方案充分考虑了学者的学术合作影响力和由于文献被引用所产生的引文影响力。具体的计算方式如式（9-15）所示。其中，a、b 为加权系数，π_i 为学者 i 参与发表的所有学术论文形成的指标集，署名顺序采用该学者在该文献中的署名顺序。

$$S_i = a\mathrm{CR}_i + b\sum\nolimits_{j\in\pi_i} D_j P_j \tag{9-15}$$

计算完成后，在每个领域内按学术影响力的最终权值进行排序，可以得到学者影响力排名。对于领域内排名 top$K$ 的学者，认为其就是该领域内的专家学者。同时，将与他们合作次数大于给定阈值的其他学者纳入一个集合，进而可以建立起以专家学者为中心的科研合作网络，该网络由学者节点以及其合作关系组成。基于科研合作网络中学者的最新研究方向，可以比较准确地预测近期该领域内的科研热点。

学者的科研经历可以用公开发表和申请的论文、基金、专利等信息来描述。注意到学者的兴趣并非一成不变的，随着时间的大幅推移，可能某些热点逐渐退火，或者学者转移到了新的领域做研究工作。为此，本节提出了一种基于时间窗口注意力的科研领域学者兴趣提取算法（interest extraction algorithm of scholars in scientific research field based on time window attention，IE-TWA 算法）。该算法充分考虑了学者在一定时间周期内的研究领域聚集以及在跨时间周期内的研究领域转移的特点。该算法的总体框架如图 9-4 所示。

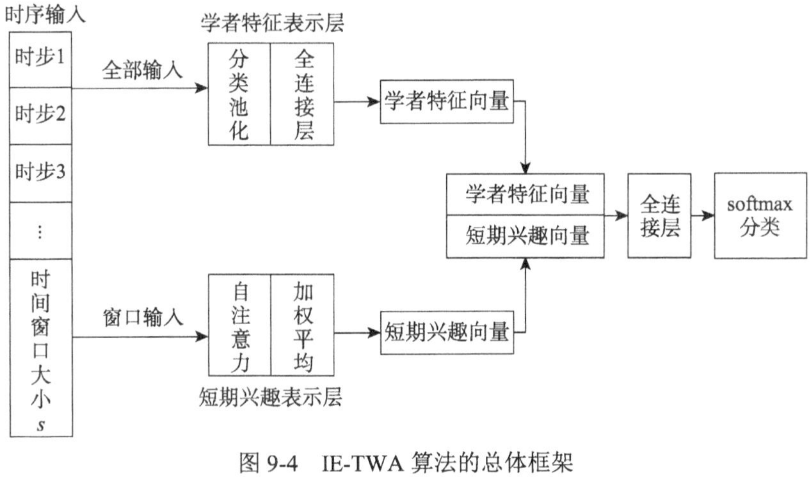

图 9-4　IE-TWA 算法的总体框架

IE-TWA 算法可以进行多领域跨媒体科技大数据的语义空间学习，通过其中的深度特征提取层对学者的历史行为相关联的科技实体进行特征提取，按照时间先后顺序进行排列，从而形成网络的时序输入。首先对学者的所有历史行为通过学者特征表示层获得代表其长期科研行为的特征表示，然后通过引入时间窗口机制对其最近几个行为产生的特征向量开窗，由短期兴趣表示层提取学者近期的科研兴趣表示。通过两个向量的融合可以得到科研学者结合长短期历史行为的兴趣表示，从而为后续个性化的科技大数据检索查询提供基础。为了处理多个时间节点的多种不同类型的行为动作，采用如图 9-5 所示的深度神经网络进行学者特征的抽取。网络主要由特征输入、分类池化、行为向量表示、特征转换、学者个人特征表示共五部分组成，核心目的在于通过学者行为的组合学习到学者个人特征表示。

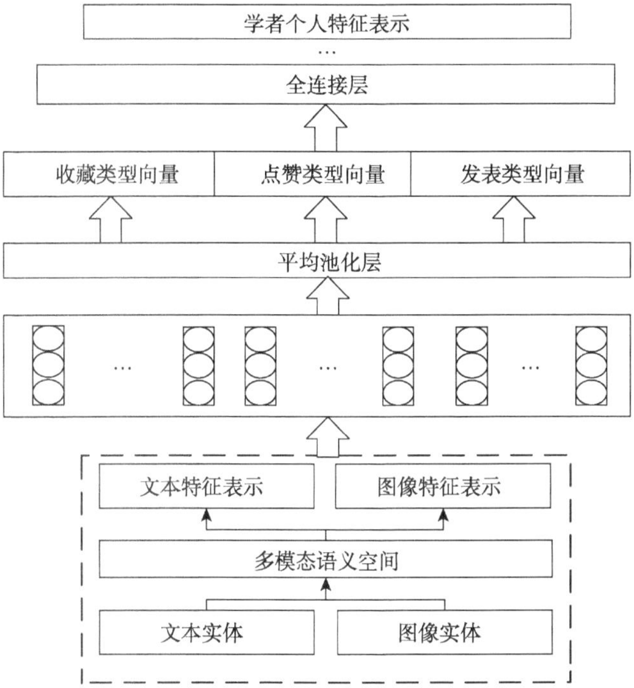

图 9-5　学者特征表示层结构

对于某一特定的学者 i，其所关联的科技实体集合记作 $M_i=\{m_j\in\{v,t\}\}_{j=1}^{n}$，科技实体指科技大数据中的实体资源，如论文的标题、摘要、代表图等。其中 v 表示图像资源，t 表示文本资源。根据学者与科技实体的交互种类又可将集合 M 分为三种，$M=A\cup B\cup C$，分别代表由点赞、收藏和发表所对应的科技实体。对于每一种科技实体，采用 MASC 算法得到其跨模态的公共子空间特征表示。然后按

照 A 、 B 、 C 分为 3 组 $[a_1,\cdots,a_{n_a}]$、$[b_1,\cdots,b_{n_b}]$、$[c_1,\cdots,c_{n_c}]$，通过平均池化层将其分别转化为收藏类型向量 $\tilde{a}$ 、点赞类型向量 $\tilde{b}$ 以及发表类型向量 $\tilde{c}$ 。将三种向量融合之后通过多层全连接层和激活函数的模块后得到固定维度的学者个人特征表示 p_i。

全连接层的输入记为 I_{fc}，式（9-16）为三种向量的融合表示：

$$I_{fc}=[\tilde{a},\tilde{b},\tilde{c}] \tag{9-16}$$

学者个人特征表示层本质上是一个全连接和激活函数的组合结构，记其输入为 x_p ，则最终学者个人特征由式（9-17）计算得出：

$$p=\sigma(W_p x_p+b_p) \tag{9-17}$$

其中，W_p 表示个人特征表示层的参数矩阵；b_p 表示偏置项；$\sigma(\cdot)$ 表示激活函数。这里选用 $\mathrm{ReLU}(\cdot)$ ，其形式如下：

$$\mathrm{ReLU}(x)=\max(x,0) \tag{9-18}$$

学者的短期兴趣建模是更好地理解其科研偏好的一项重要任务，从学者历史行为序列中最近的科研相关记录高效抽取学者的短期兴趣表示。学者短期兴趣表示模型如图 9-6 所示，采用基于缩放点积注意力的自注意力机制，通过序列的匹配进行注意力的表示。

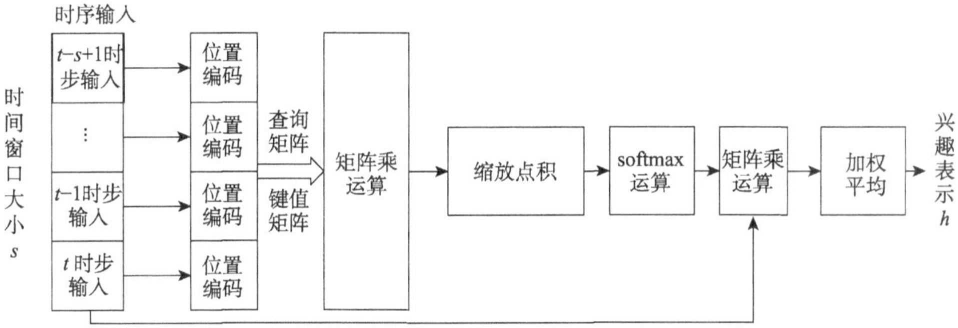

图 9-6　学者短期兴趣提取模型

将一个和输入向量维度一样的 PE（positional encoding，位置编码）矩阵，与输入向量组相加作为模型的输入。PE 矩阵采用三角函数的形式，如式（9-19）、式（9-20）所示：

$$\mathrm{PE}_{2i}(\mathrm{pos})=\sin\left(\frac{\mathrm{pos}}{10\,000^{\frac{2i}{d}}}\right) \tag{9-19}$$

$$\mathrm{PE}_{2i+1}(\mathrm{pos}) = \cos\left(\frac{\mathrm{pos}}{10\,000^{\frac{2i}{d}}}\right) \tag{9-20}$$

其中，pos 表示位置编码的向量在输入序列中的时序编号；d 表示位置向量的编码维数，取其值为输入序列中向量的维度；$\mathrm{PE}_i(\mathrm{pos})$ 表示时序为 pos 的向量的时序编码中第 i 维元素值。

对于学者的历史行为序列，提取后的特征向量组 $X = [x_1, x_2, \cdots, x_t]$，将注意力考虑的时间窗口大小记为 s，则学者短期兴趣提取的输入为 X 中时间距现在最近的长度为 s 的子序列：

$$X_s = [x_{t-s+1}, x_{t-s+2}, \cdots, x_t] \in \mathbb{R}^{s\times d} \tag{9-21}$$

其中，d 表示输入向量的维度，同时也是位置编码向量的维度。模型的核心在于从这 s 个行为对应的科技实体中捕捉学者近期的科研关注点，从而挖掘出学者在科研领域的短期兴趣。考虑到位置编码信息的作用，把时间窗口内的向量与对应时刻的每一个位置编码向量相融合，替换时间窗口内的原始输入，如式（9-22）、式（9-23）所示：

$$C_s = [c_{t-s+1}, c_{t-s+2}, \cdots, c_t] \tag{9-22}$$

$$c_i = x_i + \mathrm{PE}(i) \tag{9-23}$$

由 $\mathrm{PE}(\cdot)$的定义可知，融合位置编码信息的输入向量由在原始向量中偶数位置添加 sin 变量，奇数位置添加 cos 向量构成。对融合位置编码信息的输入向量组做线性变换后，通过激活函数分别得到注意力机制中的键值矩阵和查询矩阵，计算公式如式（9-24）、式（9-25）所示：

$$K = \sigma(C_s W_K) \tag{9-24}$$

$$Q = \sigma(C_s W_Q) \tag{9-25}$$

其中，W_K、W_Q 分别表示键值矩阵和查询矩阵所代表的非线性变换中线性部分的权重参数。激活函数 $\sigma(\cdot)$ 取 $\mathrm{ReLU}(\cdot)$。通过缩放点积和 softmax 运算得到注意力的权重矩阵，如式（9-26）所示：

$$U_s = \mathrm{softmax}\left(\frac{QK^{\mathrm{T}}}{\sqrt{d}}\right) \tag{9-26}$$

把原始的输入序列 X_s 作为注意力机制的值矩阵 V，通过值矩阵与注意力权重矩阵相乘得到用户兴趣提取的注意力值矩阵，如式（9-27）所示：

$$\mathrm{attention}_s(Q, K, V) = A_s = U_s X_s \tag{9-27}$$

对注意力值矩阵取加权平均，即可得到学者短期兴趣的向量化表示，计算过程如式（9-28）所示：

$$h = \frac{1}{s}\sum_{i=1}^{s} A_i \tag{9-28}$$

将学者个人特征表示以及学者短期兴趣表示这两种特征进行融合，组成 IE-TWA 算法的网络模型。通过学者特征表示层，得到学者的个人特征向量化表示 p；通过短期兴趣表示层，得到学者的短期兴趣向量化表示 h。把两个向量拼接在一起，通过一个全连接层之后，得到融合学者长短期行为的兴趣表示，如式（9-29）所示：

$$L = \sigma(W_l[p,h] + b_l) \tag{9-29}$$

其中，W_l、b_l 分别表示全连接层的参数矩阵和偏置项，通过 softmax 分类器得到科研领域分类的概率分布。根据采集到的多领域科技资源数据集，将训练集按照三级学科分类的方式划分语义标签 $Y = \{y_1, y_2, \cdots, y_k\}$，$k$ 为数据集中涵盖的三级学科的总数。

将学者的行为序列进行划分，如式（9-30）所示，学者最近一次行为对应的科技资源的分类反映了由学者历史科研动向所产生的真实科研兴趣：

$$X_t = [X_1 : X_{t-1}, X_t] \tag{9-30}$$

采用式（9-31）所示的损失函数进行模型训练，其中 $y_i \in \{0,1\}$ 表示学者科研兴趣分类的真实标注，$\hat{y}_i$ 表示模型预测的分类概率：

$$f = -\sum_{i=1}^{k} y_i \log(\hat{y}_i) + (1 - y_i)\log(1 - \hat{y}_i) \tag{9-31}$$

9.4　基于学者兴趣和专家学者预测的科技大数据检索查询

为了对科技大数据的海量资源进行高效检索，采用一种两阶段的检索查询架构，检索流程如图 9-7 所示。用户的检索查询语句作为输入通过后端处理后到达 ElasticSearch 分布式检索集群，根据数据库中存储的数据资源与查询语句的相似性返回检索候选集，可从海量数据中快速过滤掉不相关的结果，得到仅考虑关键词匹配程度的近似结果集。

通过 IE-TWA 和 CF-Rank 算法依次对查询候选集进行两次重排序，得到综合考虑了学者用户的兴趣以及学者学术影响力的检索查询结果集，返回给前端页面，使得检索查询更加智能化和个性化。考虑到科技大数据系统的使用者多是科研人员，如果用户在系统中没有行为记录，同时数据库中也没有该用户的论文发表信息，则省略基于兴趣重排序的部分。为了解决传统科技资源检索在异构性、高效性、分布式等方面存在的不足，本节设计基于 ElasticSearch 集群的分布式异构检索系统，能够在大量数据中快速得到近似查询结果，获取粗粒度检索候选集，检索架构如图 9-8 所示。

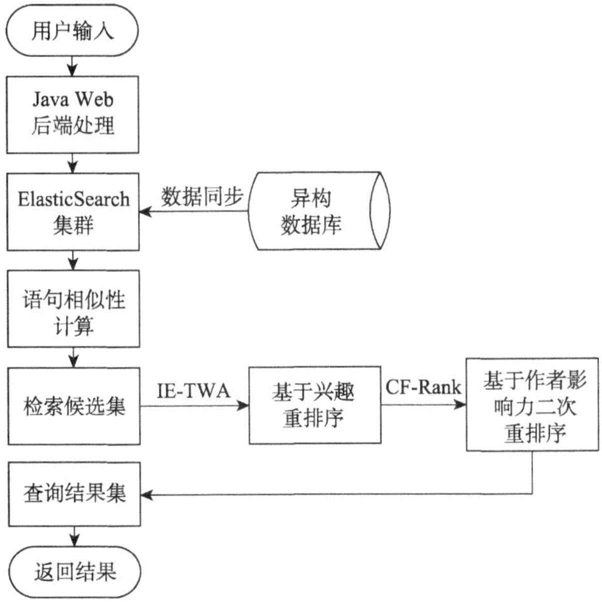

图 9-7　多领域跨媒体科技大数据高效检索查询流程图

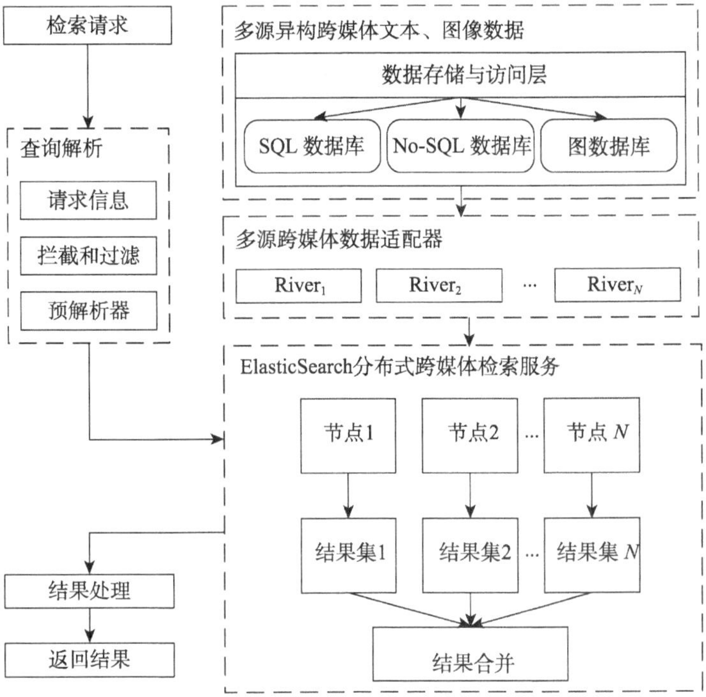

图 9-8　跨媒体科技大数据分布式检索查询体系架构图

对于多源异构的数据，通过数据三层架构中的数据存储和访问层与底层存储交互，支持 SQL 的关系型数据库、NoSQL 数据库以及以 Neo4j 为代表的图形数据库，不同的数据库中存储着不同格式的结构化或非结构化数据信息，引入 ElasticSearch 的 River 机制，以插件化的方式自定义同步方法。在 ElasticSearch 集群中，对于检索语句不同节点的数据都会在本地检索出结果子集，进行交换数据，完成整体结果集合的合并，得到粗粒度的检索结果集。

对于查询 Q，得到查询结果候选集 $W=\{w_i\}_{i=1}^{N}$。通过提出的 IE-TWA 模型中的兴趣表示，对检索查询结果进行重排序。计算查询候选集 W 中每个科技实体 w_i 的特征表示，为了与学者兴趣的表示处于同一语义空间，将该实体的向量表示重复 N 次，填充 N 个时步，输入到训练好的 IE-TWA 模型中，得到其在学者兴趣空间的特征表示 $\tilde{w}_i$。计算其与学者用户的兴趣向量 L 在兴趣语义空间中的相似度 $\mathrm{sim}(\tilde{\mathrm{w}}_i, L)$。设定阈值 δ，过滤掉候选集中相似度小于 δ 的实体。

在科技资源的检索中，作者往往是检索查询中的一个重要信息，该学者的权威与否决定了检索系统的使用者对信息的信任程度。因此，在语义相似的查询结果中，将影响力高的专家学者的排名提高，从而提升科技资源检索的权威性。由于科技资源具有领域内相关性强，领域间差异大的特点，同一个检索语句可能匹配到多个领域内的结果。在基于兴趣的过滤、排序后，检索结果已经具有比较强的领域相关性。引入提出的 CF-Rank 学者影响力计算，对检索查询结果进行二次重排序，提升影响力高的学者发表的科研成果排名。

基于学者兴趣和专家学者预测的科技大数据二次重排序检索流程如算法 9-3 所示。

算法 9-3 基于学者兴趣和专家学者预测的科技大数据二次重排序检索算法流程

输入：IE-TWA 输出的当前学者的兴趣表示 L、CF-Rank 输出的学者影响力集合 I、查询候选集（以论文为例）W、相似度阈值 δ、二次重排序窗口个数 m

输出：根据学者兴趣 L 和论文作者影响力 I 的重排序结果集

步骤 1：对查询候选集中的每篇论文的标题根据 IE-TWA 算法，计算其在兴趣空间的表示 $\tilde{w}$

步骤 2：计算每篇论文和学者兴趣向量 L 的余弦相似度 $\mathrm{sim}(\tilde{w}_i, L)$，过滤掉相似度小于 δ 的实体，同时根据 $\mathrm{sim}(\tilde{w}_i, L)$ 对 W 重排序得到集合 W'

步骤 3：根据 $\mathrm{sim}_{\max}(W, L)$、$\mathrm{sim}_{\min}(W, L)$ 和窗口个数 m 划分重排序窗口 $U=\{u_i\}_{i=1}^{m}$

步骤 4：在每个窗口 u_i 中，根据 I 中每篇文章的作者的影响力对集合 W' 进行二次重排序，得到集合 W''

步骤 5：根据 W'' 的结果作为最终检索结果返回

9.5 实验结果及分析

实验主要涉及多领域的论文及其引文数据、相关联的学者数据以及学者用户的行为数据等三种类型的数据。多领域的论文及其引文数据和相关联的学者数据主要来自多领域跨媒体科技资源数据集。从中抽取 14 320 篇涉及计算机、医学、物理、化学等 10 个领域的论文及其引文和 5500 名学者数据，包含论文的发文时间、引用和被引信息、发表的期刊、会议影响因子等文章自身信息以及学者的发文量、被引量及 H-index 等。为了能够进行学者兴趣提取算法的训练，本节引入了 4000 名学者和用户的行为数据。对于科技资源数据集中近期有公开发表论文的学者，从中抽取 3897 名，将其收藏和点赞行为置空。邀请 103 名来自多个科研领域的老师和学生作为实验人员，让其在未引入重排序的系统中进行检索和交互，采集到其行为记录 3502 条。

将 PageRank 算法、LeaderRank 算法以及 UserRank 算法作为对比算法。PageRank 算法是一个基准算法。LeaderRank 算法结合学者的合作关系和学者自身影响力信息，增加一个全局节点，将学者合作关系图模型构建成全连通图。UserRank 算法综合考虑学者自身属性和学者所发文章的属性特征。覆盖度通过计算权威专家覆盖的合作学者数量来评判算法发现的专家学者是否在领域内具有足够强的影响力。

如图 9-9 中 top K 影响力学者（top K influential scholars）的覆盖度实验所示，CF-Rank 算法在最具代表性的 top 5 影响力学者覆盖度指标上相比其他算法分别多覆盖了 1653 位、1153 位、1086 位学者。并且随着 K 值的增加，CF-Rank 算法相较于对比算法的优势在扩大，说明随着核心节点的增多，能够建立起更强的合作关系网络。CF-Rank 算法可以用最少的核心节点表达最多的学术合作关系，因此在专家学者发现的任务上具有最佳的效果。当 K 值越来越大时，覆盖的学者量增长速度呈现变缓趋势，这主要是因为排名靠后的学者的学术影响力相对较小。

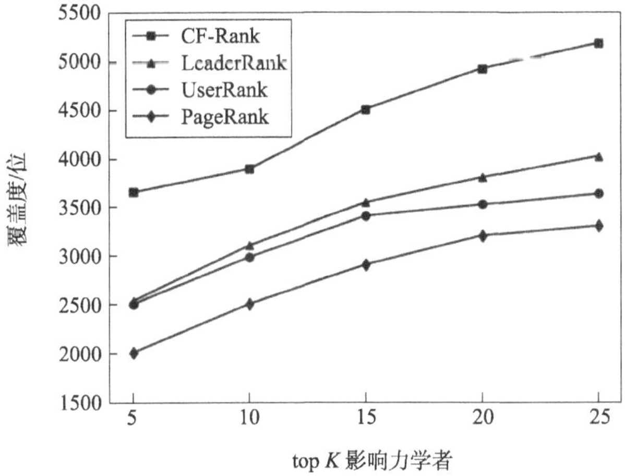

图 9-9　四种算法在覆盖度指标上的对比

四种算法在准确率和 mAP 两种指标上的表现分别如图 9-10 和表 9-6 所示。在准确率上，CF-Rank 算法要优于其他三种对比算法。如表 9-6 所示。

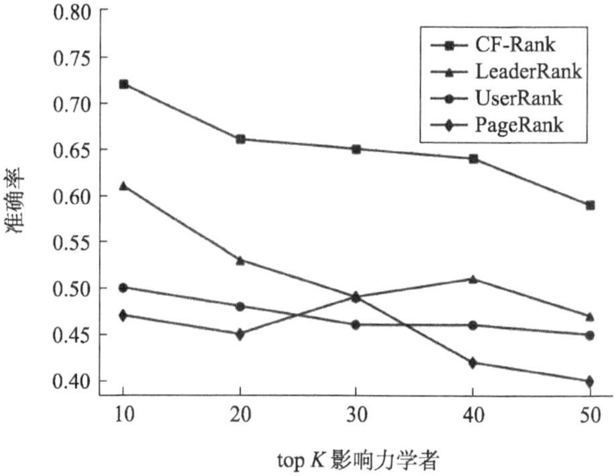

图 9-10　四种算法在准确率上的对比

表 9-6　四种算法在 mAP 评价指标上的对比

算法名称	mAP@10	mAP@20	mAP@30	mAP@40	mAP@50
PageRank	0.47	0.45	0.49	0.42	0.35
UserRank	0.50	0.48	0.46	0.46	0.45
LeaderRank	0.61	0.53	0.49	0.51	0.47
CF-Rank	0.70	0.66	0.65	0.64	0.59

CF-Rank算法无论是在覆盖度还是人工评价指标上均优于PageRank算法及其变体。原因在于 CF-Rank 算法在考虑学者基础影响力的同时，综合考虑了含时变因素和影响因子的引文影响力，又兼顾 LeaderRank 的优点，通过引入一个全连接节点，使关系图模型全连通，使算法变得更加具有鲁棒性。CF-Rank 算法不仅覆盖了学者的合作关系，还结合了学者所发表论文的引用关系，通过两种图权值的加权融合，因此在各项指标上表现更好。表 9-7 展示了其在自然语言处理领域识别出的排名前 5 的专家学者的信息，其中 Id 为系统内部对学者的唯一编号。

表 9-7　CF-Rank 算法计算出的自然语言处理领域 top5 专家学者信息

排名	Id	H-index	发文量	被引量
1	4230	121	464	126766
2	2245	107	335	91643
3	1102	106	310	70267
4	785	101	300	54765
5	3556	97	360	47015

从专家学者发现的结果来看，排名靠前的专家学者在 H-index、发文量和被引量上都比较高，说明其具有足够大的领域内学术影响力。

对使用 IE-TWA 算法进行学者兴趣提取的效果进行测试，由于 IE-TWA 本质上是一个分类模型，选用多个分类器模型作为对比模型。由于 IE-TWA 使用了 MASC 模型提取的特征作为输入特征的向量表示，把输入按照领域分类编码成 One-hot 向量，引入一个全连接层作为嵌入表示层接入网络的输入部分。选用 BLSTM、BLSTM+TimeWindow、FCN+TimeWindow、GRU4Rec 作为对比算法，其中 GRU4Rec 是推荐系统中比较流行的算法，但其本质上是一个基于用户历史会话序列的多分类模型。BLSTM 和 FCN 则指把 GRU4Rec 中的 GRU 结构替换成 BLSTM 层和全连接层。时间窗口则是指对于学者的行为序列根据时间排序之后截取最近的 N 个行为，这主要是考虑到学者的研究兴趣是随着时间不断迁移的。采用准确率、召回率和 F1 值作为评价指标，几种算法在多种指标上的对比结果如表 9-8 所示。

表 9-8 不同算法对于学者兴趣领域提取的对比

算法名称	准确率	召回率	F1 值
BLSTM	0.632	0.601	0.616
BLSTM+TM	0.729	0.747	0.738
GRU4Rec	0.643	0.611	0.627
GRU4Rec+TM	0.724	0.751	0.737
FCN+TM	0.431	0.336	0.378
IE-TWA	0.843	0.852	0.847

从表 9-8 中可以看出，基于全连接神经网络结构的算法效果最差，这主要是因为全连接的结构只是对输入向量的混合，无法学习到时间因素和序列中的上下文关联关系。从 GRU4Rec 和 BLSTM 的实验结果可以看出，使用 BLSTM 结构和 GRU 结构在科技数据集上做学者特征提取的效果比较接近，这主要是因为 GRU 和 BLSTM 结构在本质上比较接近，在该任务中对模型的影响不太明显。对比带时间窗口的算法和不带时间窗口的算法，发现引入时间窗口机制之后，模型的准确率和召回率以及 F1 值都有了比较明显的提升，这说明学者短期的兴趣对下一步的行动的预测具有非常大的指示作用。IE-TWA 模型的三种指标都比较高，且相比于次优的 BLSTM+TM 算法也分别有 11.4%、10.5%、10.9%的提高，这是因为 IE-TWA 模型从学者历史行为中学习到学者个人特征，同时通过时间窗口的注意力机制学习到了学者的短期兴趣，将两者结合考虑，兼顾了学者的长期和短期兴趣，模型预测的稳定性比较强。

在学者短期兴趣的表达上，引入了时间窗口机制，窗口的大小 s 的选取在一定程度上会影响对学者短期兴趣表示的准确性。s 分别取不同的值，通过对比不同窗口大小下各模型分类的准确率的变化情况，可评估不同的时间窗口大小对兴趣提取效果的影响。如图 9-11 所示，三种模型准确率最高情况分别在窗口大小为 10、9、10 时，且 IE-TWA 算法在各个窗口大小取值时的准确率都要高于其他两种对比算法。综合图中准确率随窗口大小的变化趋势可知，窗口过小或过大都会降低模型的准确率。

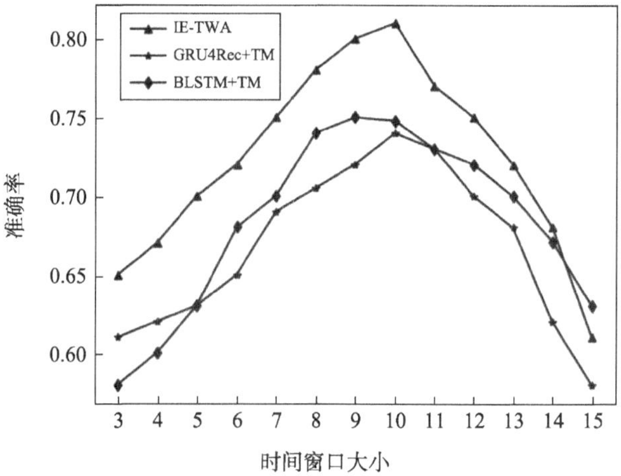

图 9-11　不同时间窗口大小 s 对模型分类准确率的影响

针对种类繁多的科技资源，使用 ElasticSearch 来进行粗粒度的检索，将此检索结果作为重排序的输入。为了对基于学者兴趣和专家学者预测的重排序机制进行实验，从数据集中选取 2300 名学者数据用作测试。对于每一名学者，在检索数据库中移除掉其最近发表的论文数据，对该论文的标题做预处理，从中提取出 N 个关键词，对于每个关键词进行一次检索。将和该学者最后一篇发文在数据集的标注中同属于一个三级科目，且标题包含该关键词的样本视为相关样本，以准确率、召回率以及 $F1$ 值作为指标进行评测，其中四个领域得到的结果如表 9-9 所示。

表 9-9　不同领域学者进行检索时的结果评测

领域	准确率	召回率	F1 值
电子信息工程	0.6342	0.6217	0.6270
生物制药	0.6954	0.7052	0.7002
飞行器设计	0.6142	0.6503	0.6317
电子商务	0.6431	0.6252	0.6340

从表 9-9 的结果可以看出，检索模型在四个不同的领域上各项指标都比较高，这说明模型能够根据学者的研究兴趣对数据库中的不相关数据进行过滤。同时，四个领域的召回率均高于 62%，说明基于 ElasticSearch 的粗粒度检索把绝大多数相关文档都能检索到，而且经过过滤、重排序后，相关文档在最终的结果集中并没有被误舍弃。

为了说明基于兴趣重排序的检索算法比常规检索查询更符合学者用户的需求，考虑返回的结果集中不同文档的顺序性，分别测试了仅基于 ElasticSearch 的粗粒度检索和引入兴趣重排序时的 mAP 值，结果如表 9-10 所示。

表 9-10 学者用户的兴趣信息对 mAP 指标的影响

模型组成	mAP@5	mAP@20	mAP@50
仅基于 ElasticSearch	0.4542	0.4325	0.4013
引入兴趣重排序	0.6342	0.6215	0.5918

在不引入兴趣重排序时，各项 mAP 指标均非常低，因为这种算法仅基于文档和检索信息的语句相似度进行匹配，没有考虑不同科研领域同一关键词的差异性。例如，对于关键词“核”，在生物领域多指细胞核，而在物理领域多与核工程相关。本节提出的算法考虑了用户所在的领域特征，解决了不同领域的同词不同义的问题，取得了 19%左右的较大提升。基于 CF-Rank 算法构建的学者影响力模型，可以对检索结果二次重排序。权威专家的科研成果具有更强的指导意义，为了验证这种因素对用户检索满意度的影响，探究了引入不同的排序模块对检索结果起到的作用。由于个性化检索主观性比较大，对于相关性的判断采用人工评判的方式进行，实验结果如表 9-11 所示。

表 9-11 多次重排序对检索结果 mAP 指标的影响

模型组成	mAP@5	mAP@20	mAP@50
无重排序	0.5431	0.5224	0.4936
引入兴趣重排序	0.6793	0.6741	0.6510
引入学者影响力	0.5406	0.5332	0.4862
全部引入	0.7323	0.7024	0.6985

从表 9-11 的结果可以得到，仅考虑学者影响力排序在 mAP@5 和 mAP@50 上相较无重排序表现更差，在 mAP@20 上也仅有微弱提升，根本原因是这种方式没有兴趣修正，会检索出比较多的具有高影响力但不相关的样本。采用人工评判后，无重排序和引入兴趣重排序的 mAP 指标均高于表 9-11 的结果，这主要是因为之前基于规则的正负例规定太过严格，相较于人工判断会出现一定的偏差。当

引入全部重排序模块后，mAP 值约为 70%。

9.6 科技资源跨媒体信息的分布式检索查询系统

9.6.1 系统描述

1. 系统功能与目标

本节设计并实现了科技资源跨媒体信息检索查询系统，通过集成科技大数据中交叉学科数据的特征与演进规律、科技大数据的检索查询、预测与可视化等服务，保证科技服务基础功能模块的重用及信息共享和互操作，最终形成支持面向服务的高效检索查询系统，为学科交叉领域的跨媒体科技大数据的研究与应用提供有实用价值的工具和平台。为实现上述目标，科技资源跨媒体信息检索查询系统需要具备以下功能。

（1）数据采集：实现对论文、基金项目和资讯等多源异构数据的抓取，对于采集到的数据，应进行预处理，做去重等操作，解析出有价值的字段，保存至数据库中，这些数据是其他模块所提供服务的基础。

（2）学科关系分析：现对科技大数据文本信息和图像信息的特征提取，通过构建学科和研究主题的整体体系，实现分析和判断学科交叉关系的功能。

（3）演进规律分析：结合科技大数据中各学科、科研主题的成果热度，计算各项指标，推演近年的变化情况，帮助科研工作者了解交叉学科的热点和发展方向。

（4）检索与可视化：实现对已经获取的科技大数据进行展示的功能，展示内容除了文本数据，还有图像数据，除了对于既有信息的展示，还有归纳汇总的信息，通过友好的可视化界面，让用户高效获取信息。

2. 系统总体设计

本节设计实现了科技资源跨媒体信息的分布式检索查询系统。该系统主要包括三个功能模块：科技资源跨媒体信息特征提取模块、科技资源跨媒体信息挖掘与演进规律分析模块、科技资源跨媒体信息检索查询与可视化模块。科技资源跨媒体信息的分布式检索查询系统架构如图 9-12 所示。

利用分布式索引技术，结合对 ElasticSearch 提供的持久化的存储、统计和实时搜索等特性，设计并实现面向服务的分布式检索系统框架，各个功能模块松耦合，有效地拆分各个场景下的应用功能，实现敏捷开发和部署，将科技资源之间与学科分类和研究主题相关的关联关系应用到数据检索服务中，实现海量数据的快速搜索。

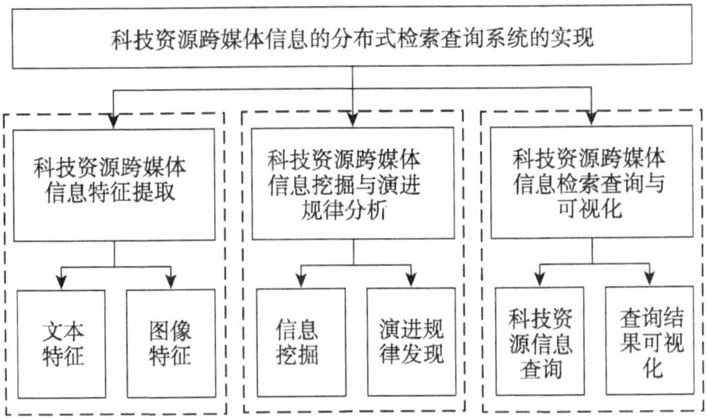

图 9-12　科技资源跨媒体信息的分布式检索查询系统架构图

3. 数据库设计

由于数据存在多源异构的特点，因此把不同类型的数据分成多个表进行存储，又由于科技数据之间存在资源、研究主题和学科之间的对应关系，因此需要把关系转换成表进行存储。这是为了避免数据存储的过程中出现冗余的情况，同时也能够保证满足查询的需求。部分论文数据缺失关键词、摘要、基金信息等属性，于是在数据预处理阶段做了相应处理，针对没有关键词的论文做了关键词提取，并对每一篇论文完善学科类别信息，所以数据库中需要存在关键词表和学科类别表。基金项目是科技大数据的重要组成部分，并且与论文数据有关联，因为有一部分论文是对应着作者所申请的基金项目的，因而论文的 ID 和基金项目的 ID 之间的关系也在数据库中用一张表做了存储。资讯不但包含文本信息也包含图像信息，是跨媒体数据。大部分资讯本身不含关键词，所以需要进行提取，然后对应到不同的学科类别，其对应关系在数据库中另建一张表进行存储。

9.6.2　系统实现

本节将介绍系统中各个模块的实现，包括科技资源中学科关系发现的实现、科技资源跨媒体信息检索查询的实现和科技资源中学科及研究主题演进规律分析的实现，在描述系统实现的同时展示可视化界面作为示例。

1. 科技资源中学科关系发现

在特征提取阶段系统已获得关键词与学科的对应关系，也进一步推演出学科与学科之间的关系，即哪些学科互为交叉学科，因此系统可以根据关键词所属的学科，查询与该学科最相关的五个学科，以及这个五个学科的成果数占比情况。

2. 科技资源跨媒体信息检索查询

在对交叉学科的关系进行查询过程中，根据关键词对这两个学科下的基础资源进行检索，将算法设定的趋势预测和影响力因子的计算结果作为依据进行排序，展示论文名、作者名、关键词、发表时间和被引量数据；展示项目名称、项目的编号、项目获得的资助金额、项目类型、项目的开始时间和结束时间；展示资讯新闻的标题和该资讯的发布时间；展示相关的图片和该图片对应的概要信息。

3. 科技资源中学科及研究主题演进规律分析

根据已经建立的交叉学科及研究主题体系，按照时间顺序构建同一学科或研究主题在不同时刻的资源数量与资源趋势变化情况，分别实现学科趋势可视化和研究主题趋势可视化，科技资源中学科及研究主题的趋势分析流程如图9-13所示。系统计算与该关键词所属学科有交叉关系的学科，展示交叉学科资源发展趋势，展示相关度最高的交叉学科下各研究主题资源发展趋势，在学科趋势图中切换选择其他交叉学科，展示所选交叉学科下各研究主题资源发展趋势。

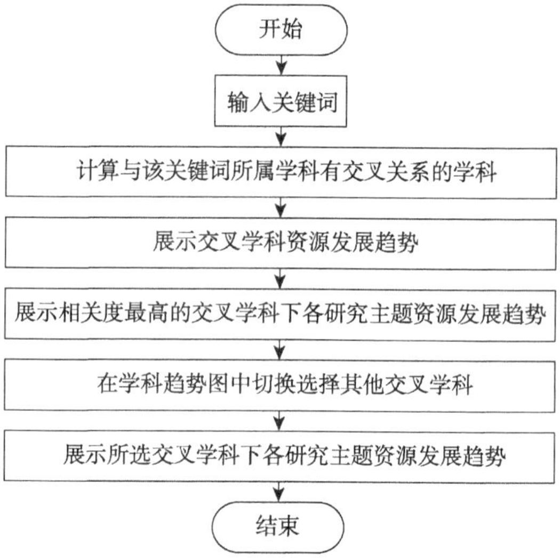

图 9-13　交叉学科及研究主题趋势分析流程图

根据输入的关键词，展示研究主题、指数、成果数量近一年的涨幅及近一年排名变化。其中，指数是针对科技资源中的研究主题所提出的衡量指标，可以评估该研究主题在其领域内的影响力。

9.7 本章小结

本章介绍了科技资源跨媒体信息检索查询与可视化方法，提出了结合科技资源跨媒体信息特征的 DRIR 算法。根据特征提取阶段和关系发现阶段获取的结果可以得到学科和研究主题的关联关系。通过专家学者发现及科研合作关系预测、科研学者兴趣的提取与表示、基于二次重排序的科技大数据检索查询算法渐进式地完成了多领域跨媒体科技大数据的检索查询、预测与可视化。本章设计并实现了科技资源跨媒体信息检索查询系统，通过集成科技大数据中交叉学科数据的特征与演进规律、科技大数据的检索查询、预测与可视化等服务，保证科技服务基础功能模块的重用及信息共享和互操作，实现了支持面向服务的高效检索查询系统。

第 10 章　跨媒体科技大数据的知识服务构件

跨媒体科技大数据从数据采集、数据处理、特征提取、关联关系挖掘到演进规律分析都需要通过可视化的方式进行展示。只有开发跨媒体科技大数据知识服务构件才能高效地完成以上功能。本章提出了跨媒体科技大数据的知识服务构件的开放协同机制。其原理是利用微服务架构完成知识服务构件开发，使用 Docker 容器化技术完成对知识服务构件的部署运行并提供开放接口，同时使用相应的容器编排工具完成对知识服务构件的调度和管理，实现了跨媒体科技大数据知识服务与交互可视化构件系统，开发了实体关系抽取、跨媒体检索、交互可视化等知识服务构件，详细描述了各个服务构件的功能、实现方法和性能测试，实现了跨媒体科技大数据的知识图谱、热点词云等的可视化，并使用测试数据进行了系统测试，基本满足了用户需求。

10.1　跨媒体科技大数据的知识服务构件的开放协同机制

本节提出了基于微服务的知识服务构件的开放协同机制，定义了开发的具体知识服务构件。基于微服务架构的知识服务构件开发，使得知识服务构件具有良好的可扩展性、开放性，实现了知识服务构件的分布式运行。微服务架构相比 SOA（service-oriented architecture，面向服务的架构）架构，具有业务响应快、代码复用率高、可靠性高、开发成本低等优势。同时本节针对检索知识服务构件，提出一种基于对抗生成学习和语义相似度的跨媒体科技大数据检索方法，对科技文本以及科技图像进行检索，并根据语义相似度进行排序。本节所提出的基于对抗生成学习和语义相似度的跨媒体科技大数据的检索知识服务算法，解决了跨媒体数据特征异构性问题，提高了跨媒体检索准确率。

10.1.1　基于微服务的知识服务构件的开放协同机制的提出

通过使用 Spring Cloud 微服务技术完成对知识服务构件的开发，使用 Docker 容器化技术完成对知识服务构件的部署运行并提供开放接口，同时使用相应的容器编排工具完成对知识服务构件的调度和管理，使得知识服务构件具有良好的可扩展性、开放性，实现知识服务构件的分布式运行，实现知识服务构件的协同开放。基于微服务的知识服务构件的开放协同机制，使得每个服务都可以独立部署，每个服务都可以独立扩展，降低了知识服务构件开发的复杂性，提升了知识服务构件开发的效率。通过使用微服务技术对知识服务构件进行开发，通过 RPC（remote procedure call，远程过程调用）完成服务之间的开放协同，使得知识服务构件具有良好的可扩展性、开放性，从而实现知识服务构件的分布式运行，实现知识服务构件开发的协同开放。这里抽象出三个知识服务构件，分别是检索知识服务构件、实体关系识别服务构件、可视化服务构件。各个服务独立进行开发，完成开发后独立进行部署，服务上线后可以使用远程过程调用框架或通用的 HTTP（hypertext transfer protocol，超文本传送协议）进行通信交互。基于微服务架构以服务为单位，拆分的粒度更细，更具有分布式、去中心化的特性。基于微服务的知识服务构件的服务定义如图 10-1 所示，展示了三个服务之间的联系以及分布式架构。

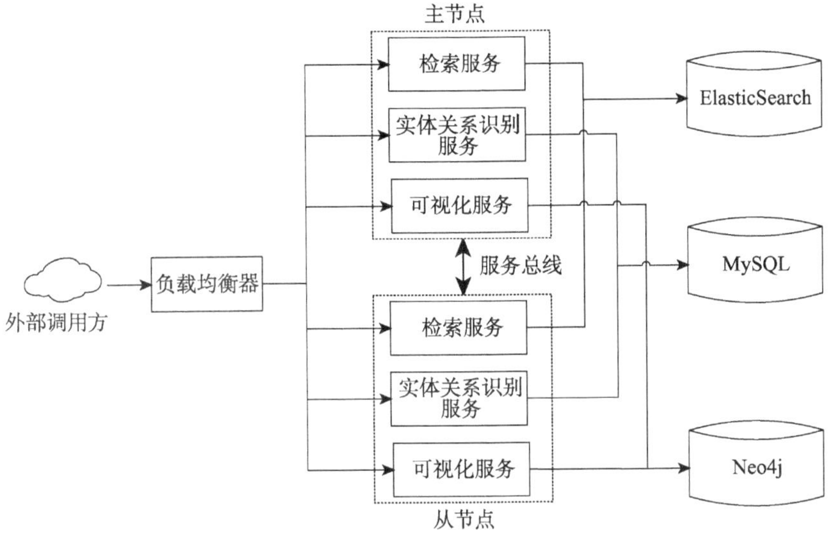

图 10-1　基于微服务的知识服务构件的服务定义

根据业务逻辑，将跨媒体科技大数据知识服务与交互可视化系统分解成三个微服务构件，构件之间可以通过轻量的 HTTP 进行通信。当用户需要访问知识服务构件时，先发送 HTTP 请求，用户请求会先到达后台的负载均衡器，负载均衡器会利用负载均衡算法优化请求的分配，以免造成服务器的负载不均衡现象，提高了服务的可用性。依据用户请求的具体服务，分配到具体的机器后，机器对请求进行处理，将处理结果发送给用户，这样就完成用户的一次相应请求。服务构件相互独立，每个构件都有自己的独立数据库，检索服务主要对应 ElasticSearch

索引数据库，实体关系服务主要对应 MySQL 关系型数据库，可视化服务主要对应 Neo4j 非关系型数据。每个服务构件可以独立开发、独立部署、独立运行。检索服务为用户提供跨媒体科技大数据的检索功能。实体关系识别服务为用户提供抽取文本中实体和关系的功能。可视化服务为用户提供搜索结果可视化、知识图谱等功能。基于微服务架构对知识服务构件进行开发，使得服务可以独立部署，可以独立对服务进行升级或更改，也使得构件的持续集成、持续部署成为可能，从而使知识服务构件的开发开放协同。基于微服务的知识服务构件开发的开放协同流程如图 10-2 所示。

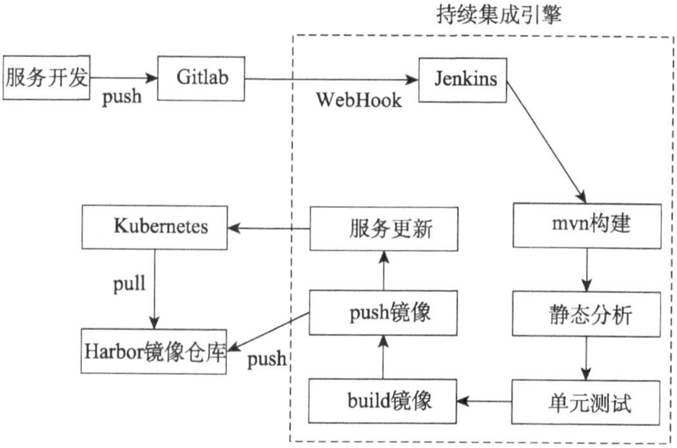

图 10-2　基于微服务的知识服务构件开发的开放协同流程图

10.1.2　基于对抗生成学习和语义相似度的检索知识服务算法

跨媒体科技大数据包含文本和图像数据，跨媒体数据具有特征异构性，实现跨媒体检索需要处理不同模态的数据，把文本和图像数据的特征映射到同一语义空间中，再根据语义相似度对检索结果进行排序，以实现跨媒体科技大数据的检索知识服务。本节提出基于对抗生成学习和语义相似度的跨媒体科技大数据的检索知识服务算法（cross-media technological big data retrieval knowledge service algorithm based on adversarial generative learning and semantic similarity，CMSS-GAN 算法），解决了跨媒体数据特征异构性问题，提高了跨媒体检索准确率。

1. 跨媒体科技大数据的检索知识服务算法总体框架

本节提出 GMSS-GAN 算法，以完成对科技文本以及科技图像的检索，并根据语义相似度进行排序。跨媒体科技大数据的检索方法主要使用对抗学习方法来训练得到两个神经网络模型，即特征映射网络和模态判别网络。特征映射网络作为生成器，它的作用是把跨媒体科技文本和跨媒体科技图像数据的特征映射到同一公共语义空间中。模态判别网络作为判别器，它的主要作用是判别映射到同一语义空间中的数据的原始模态是文本还是图像。其算法总体框架如图 10-3 所示。

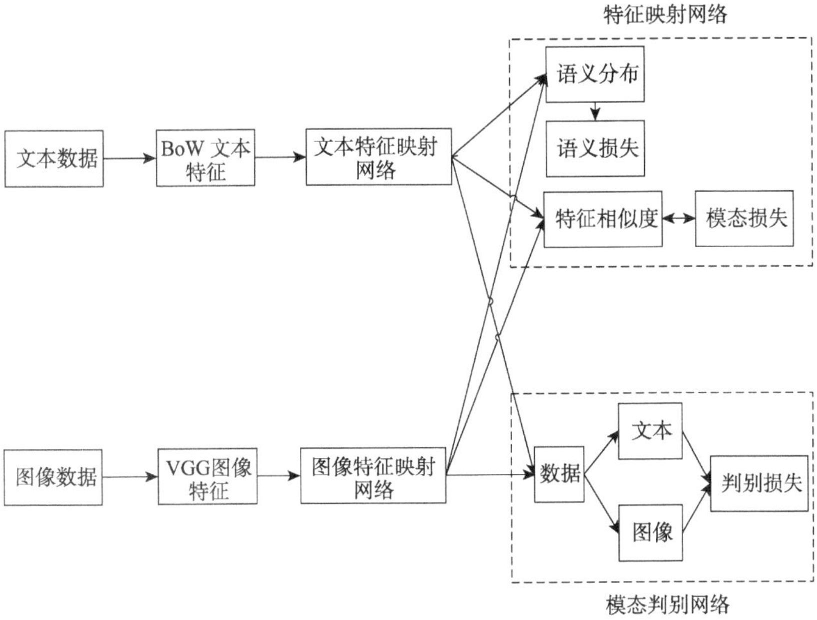

图 10-3　跨媒体科技大数据的检索知识服务算法总体框架图

跨媒体科技大数据的检索算法实现流程主要包括文本特征映射网络、图像特征映射网络、模态判别网络以及特征映射网络。输入一个（科技文本-科技图像-语义）三元组，对跨媒体科技文本和跨媒体科技图像进行提取特征，而后分别进入到文本特征映射网络和图像特征映射网络中，将得到的语义向量作为语义分布网络的输入。特征映射网络将同语义数据映射后的模态偏差和同模态数据映射前后的语义偏差最小化，使得生成模型达到最优。模态判别网络将映射后数据原始模态判定的误差最小化，使得判别模型达到最优。生成模型和判别模型通过对抗学习进行训练，最后都达到较好的效果。

2. 跨媒体科技大数据的检索知识服务算法训练流程

训练流程由特征映射网络和模态判别网络对抗训练组成。特征映射网络的目标是消除模态的同时尽量保持语义，模态判别网络的目标是尽量区分同一语义空间中不同数据的模态。跨媒体科技大数据的检索知识服务详细算法流程如算法 10-1 所示。

算法 10-1　跨媒体科技大数据的检索知识服务算法训练流程

输入：利用小批量思想，VGG 图像特征 $\{v_1,\cdots,v_n\}$，BoW 文本特征 $\{t_1,\cdots,t_n\}$，语义分布 $\{l_1,\cdots,l_n\}$

输出：收敛后的模型参数的 θ_V 和 θ_T

变量定义：定义 k 为特征映射网络单次训练迭代次数，μ 为学习效率，λ 为折损参数，m 为进行一次小批量采样的数据量

步骤 1：随机初始化模型各个参数

步骤 2：朝梯度减小的方向优化 θ_V、θ_T 和 θ_{imd}

$$\theta_V = \theta_V - \mu\cdot\nabla_{\theta_V}\frac{1}{m}(L_{\text{emb}} - L_{\text{adv}})$$

$$\theta_T = \theta_T - \mu\cdot\nabla_{\theta_T}\frac{1}{m}(L_{\text{emb}} - L_{\text{adv}})$$

$$\theta_{\text{imd}} = \theta_{\text{imd}} - \mu\cdot\nabla_{\theta_{\text{imd}}}\frac{1}{m}(L_{\text{emb}} - L_{\text{adv}})$$

步骤 3：步骤 2 重复 $k-1$ 次

步骤 4：朝梯度增大的方向优化 θ_D

$$\theta_D = \theta_D + \mu\cdot\lambda\cdot\nabla_{\theta_D}\frac{1}{m}(L_{\text{emb}} - L_{\text{adv}})$$

步骤 5：重复步骤 2 到步骤 4 直到训练收敛

步骤 6：返回 θ_V 和 θ_T

3. 跨媒体科技大数据的检索知识服务算法实现步骤

根据用户输入的检索条目，利用跨媒体检索算法对数据库中的科技图像和科技文本进行搜索，可以得到不同模态数据下的结果列表。跨媒体科技大数据的检索知识服务算法实现步骤如算法 10-2 所示。

算法 10-2　跨媒体科技大数据的检索知识服务算法实现步骤

输入：用户输入的检索条目 x、科技图像 V、科技文本 T

输出：检索结果列表 res

步骤 1：如果检索条目 x 是科技文本，则语义空间映射向量的结果为 $s = f_T(x;\theta_T)$；如果检索条目 x 是科技图像，则语义空间映射向量的结果为 $s = f_V(x;\theta_V)$

步骤 2：计算语义空间矩阵 R，如果 x 是科技文本，那么 $R = f_V(V;\theta_V)$，如果 x 是图像，那么 $R = f_T(T;\theta_T)$

步骤 3：计算语义空间映射向量 s 和语义空间矩阵 R 的相似度矩阵 S，计算公式为 $S = \text{sim}(s, R)$

步骤 4：将相似度矩阵 S 按照距离进行排序，取排序靠前的 K 个 $\text{res} = \text{argsort}(S)[:\text{top}\,K]$

步骤 5：输出检索结果 res

10.1.3　实验结果及分析

1. 数据集描述

实验数据集包含科技文本、科技图像数据，共采集到跨媒体文本数 116 816 条，跨媒体图像数 18 412 条。将所有跨媒体科技资源数据按照训练数据集∶测试数据集∶交叉验证数据集为 5∶4∶1 的比例分配数据。跨媒体科技大数据集描述如表 10-1 所示。

表 10-1　跨媒体科技大数据集

数据种类	训练集	测试集	交叉验证集	总量
跨媒体文本数	58 408	46 726	11 682	116 816
跨媒体图像数	9 260	7 365	1 841	18 412

对 GMSS-GAN 算法的效果，使用 mAP 的期望作为评价指标。mAP 的取值范围在 0 到 1 之间，mAP 值越大表示搜索结果越好。

2. 基于对抗生成学习和语义相似度的检索算法结果及分析

采用 GMSS-GAN 算法实现数据的搜索。其中的科技文本和科技图像特征映射网络都采用 3 层全连接神经网络结构，并使用 tanh 作为激活函数。科技图像特征映射网络的每层神经元节点数分别是 256、120、40，科技文本特征映射网络的每层神经元节点数分别是 60、100、40。语义判别网络采用的是单层神经网络结构；模态判别网络采用 3 层全连接神经网络，每层神经元节点数分别是 16、8、2。其中，语义判别网络和模态判别网络采用 softmax 作为输出层。使用 mAP 来衡量不同搜索方法的性能，对在科技大数据集中通过文本搜索图像和依据图像搜索文本这两个任务的前 5、前 10 和前 20 个搜索结果计算 mAP 值。在采集的科技资源数据集下，分别与 CCA、DCCA、CMDN 三个对比算法在 Text→Image、Text→Text（文本搜索文本）、Image→Text、Image→Image（图像搜索图像）四个搜索任务上进行对比。算法的实验结果如表 10-2~表 10-5 所示。

表 10-2　CMSS-GAN 算法与对比算法在 Text→Image 上的 mAP 比较

算法	mAP@5	mAP@10	mAP@20
CCA	0.2685	0.2831	0.2543
DCCA	0.4094	0.3895	0.3624
CMDN	0.5225	0.5109	0.4732
CMSS-GAN	0.5504	0.5247	0.5036

表 10-3　CMSS-GAN 算法与对比算法在 Text→Text 上的 mAP 比较

算法	mAP@5	mAP@10	mAP@20
CCA	0.2151	0.2209	0.2178
DCCA	0.3125	0.3102	0.2956
CMDN	0.3987	0.3986	0.3835
CMSS-GAN	0.4964	0.5052	0.4864

表 10-4　CMSS-GAN 算法与对比算法在 Image→Text 上的 mAP 比较

算法	mAP@5	mAP@10	mAP@20
CCA	0.2361	0.2418	0.252
DCCA	0.329	0.3609	0.3498
CMDN	0.4284	0.4606	0.4548
CMSS-GAN	0.4950	0.5234	0.5150

表 10-5　CMSS-GAN 算法与对比算法在 Image→Image 上的 mAP 比较

算法	mAP@5	mAP@10	mAP@20
CCA	0.183	0.212	0.191
DCCA	0.325	0.344	0.327
CMDN	0.442	0.457	0.449
CMSS-GAN	0.474	0.485	0.471

可以看出 CMSS-GAN 在跨媒体科技大数据集上的 mAP 指标都要好于其他方法。相对于传统的方法 CCA、DCCA、CMDN，基于对抗生成学习的方式交替训练模态判别网络和特征映射网络，使得跨媒体科技数据经过特征映射网络之后，在保留映射前的语义分布的前提下还可以消除模态上的差异，从而实现跨媒体科技大数据的准确搜索。

10.2　跨媒体科技大数据的动态推演展示与交互可视化

本节提出了基于 RNN 的动态推演算法，利用 RNN 结构，将知识图谱中的实体和关系向量作为输入，结合上一时刻的状态进行计算，得到当前时刻的隐藏值，经过迭代运算，输出一个融合了知识图谱中的实体和关系的结果向量。利用该算法动态推演知识图谱中的关系数，为构建大规模的科技大数据知识图谱提供基础。针对跨媒体科技大数据内部关联关系复杂性问题，利用可视化技术帮助用户获取数据背后隐藏的价值。采用基于多特征聚集、语义特征、集合模拟等多视角可视化方法，利用基于反馈的人机交互机制，实现跨媒体科技大数据的交互可视化。本节提出了基于 ECharts 的跨媒体科技大数据的交互可视化方案，实现了跨媒体科技大数据的知识图谱、热点词云等的可视化，为用户分析科技大数据提供了便利。

10.2.1　基于 RNN 的动态推演算法的提出

本节提出了基于 RNN 的动态推演算法（dynamic deduction algorithm based on RNN，DDRNN 算法），利用了 RNN 结构对历史信息的依赖性，在每个时刻，分别将抽取到知识图谱的实体和关系向量一起作为输入，再结合上个时刻的历史状态，不断迭代运算融合路径信息。利用 RNN 模型的特性，输出一个融合了知识图谱路径上实体和关系的结果向量。

1. DDRNN 算法总体框架

在 RNN 模型的基础上，将实体和实体对间的关系两个属性作为每个时刻的输入状态。与传统 RNN 结构相比，在每一个时刻，输入状态都从原来的一个神经元变成两个神经元，每两个输入的神经元都与上一个时刻的历史状态进行联合计算，然后得到当前时刻的隐藏状态值。通过这样的迭代过程，可以得到最终的融合信息的向量值。在算法的最后一个步骤，将算法输出的向量值与目标关系做相似度计算，根据相似度值的大小判断并推演结果的准确性。DDRNN 算法可以充分利用识别的实体信息和抽取的关系信息，结合 RNN 的结构，使用历史状态进行迭代计算，可以有效地推演隐藏的实体关系。DDRNN 算法总体框架如图 10-4 所示。

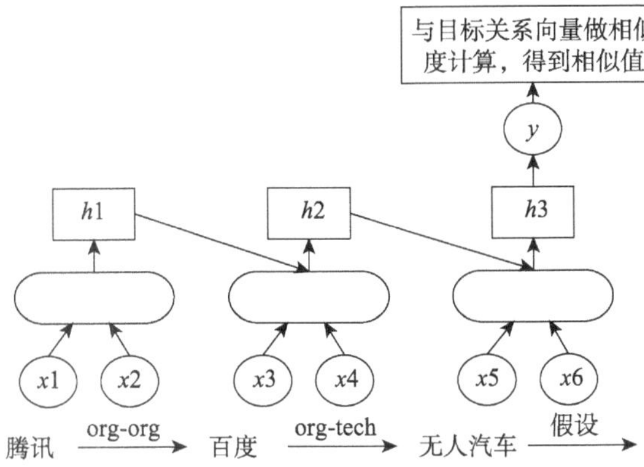

图 10-4　DDRNN 算法总体框架图

2. DDRNN 算法描述

定义一个实体对为(e_s,e_t)，实体之间的关系用符号 r 表示，且$(e\in E,r\in R)$，实体对间的路径表示为$p=\{e_0,r_0,e_1,r_1,\cdots,r_{t-1},e_t\}$。路径上的每一个向量都是一个神经元，路径集合表示为H，定义$H=(p_1,p_2,p_3,\cdots,p_n)$。每条路径$p$的长度用符号len表示，定义$\text{len}(p)=k$，$k$是路径上实体关系和。$t$时刻的输出$h_t$如式（10-1）所示：

$$h_t=f(W_{\text{hh}}h_{t-1}+W_{\text{ih}}\,l_{r_t}+W_{\text{eh}}\,l_{e_t}) \tag{10-1}$$

中间隐藏层状态用h_k表示。其中，$f(\cdot)$是sigmoid函数；W_{hh}、W_{ih}、W_{eh}对应的是RNN模型的隐藏层参数、当前输入层是关系向量和实体向量t时刻的参数。得到的中间隐藏层输出向量h_t则表示整个路径$p=\{e_0,r_0,e_1,r_1,\cdots,r_{t-1},e_t\}$上信息的联合，即$l_p$。从图10-4的框架图中可以看出，每次都是先输入两个神经元，即一个实体向量和一个关系向量。对这两个神经元先进行计算，得到中间隐藏层输出h_k，随后与下一个时刻输入的实体向量和关系向量一起作为输入进行计算。在该路径中，当实体和关系的数量为奇数时，假设一个神经元，会在初始化时设为固定值。实体对间的路径的最终输出结果向量用l_p表示，目标关系向量用l_r表示。最终输出结果向量与目标关系向量之间的相似度通过点乘方式计算，如式（10-2）所示：

$$\text{score}(\pi,r)=l_p\cdot l_r \tag{10-2}$$

两个实体间可能存在多条不一样的路径，但是每条路径得到相似度值是不一样的，这时使用一个得分最高的值作为算法输出结果。通过式（10-3）的计算，可以找到相似度值最高的路径：

$$P(r\mid e_s,e_t)=\max\sigma(\text{score}(\pi,r)),\ \forall\pi\in S \tag{10-3}$$

3. DDRNN算法的训练过程

使用知识图谱中现有的能够观察到的实体关系三元组作为正面示例，未观察到的实体关系三元组作为负面示例来训练提出的模型。令Δ_R^+和Δ_R^-分别表示R中所有实体关系类型中的正三元组和负三元组。以最小化数据负的对数似然函数作为训练模型的参数，训练模型函数如式（10-4）所示：

$$L(Q,D_R^+,D_R^-)=-\frac{1}{M}\sum_{e_s,e_t,r\in\Delta_R^+}\log P(r\mid e_s,e_t)+\sum_{\hat{e}_s,\hat{e}_t,r\in\Delta_R^-}\log(1-P(\hat{r}\mid\hat{e}_s,\hat{e}_t)) \tag{10-4}$$

其中，M表示训练示例的总数；Q表示模型的所有参数的集合。同时模型对每个实体关系$r\in R$具有单独的损失函数。

10.2.2 基于ECharts技术的跨媒体科技大数据的交互可视化

基于ECharts技术的交互式数据可视化，主要是借助图形化手段，将科技数据背后的规律展示给用户。基于ECharts技术的交互式数据可视化工具，可以方便地将科技信息转化为科技知识，同时为用户提供友好的界面。依靠强大的数据图形表示，用户可以实时查看、理解和分析数据趋势。跨媒体科技大数据的交互可视化通常以数字格式呈现逻辑分析形式。ECharts 工具可帮助用户更好地实现目标，并为用户提供良好的思路。跨媒体科技大数据的交互可视化在大多数情况下，信息以条形或饼图、折线图和其他度量等传统格式进行说明。但是，有时候一些交互式数据可视化的高科技工具可提供对实时数据变化、趋势、统计显著性检验的即时图形响应。

1. 基于实体和关系统计的科技大数据知识图谱构建

当用户输入关键词的时候，可以通过跨媒体检索知识服务构件得到科技文本结果。经过实体关系抽取模型就可以对现有的科技文本数据进行实体识别、关系抽取，为科技大数据知识图谱的构建提供最为重要的技术支持。在知识图谱的基础上，运用词频分析、共词分析、网络中心度、聚类分析等方法，结合数据统计与挖掘方法，通过各项统计指标反映技术的热度、组织或个人的影响力等科技实体隐藏在知识图谱中的知识，完成科技大数据知识图谱的构建。利用 Neo4j 图形数据库存储已经获取的实体以及实体关系，然后统计科技资源申请的组织或个人与技术实体的数量。对其进行排序后，再利用 ECharts 技术进行可视化。基于实体和关系统计的科技大数据知识图谱的流程如图 10-5 所示。

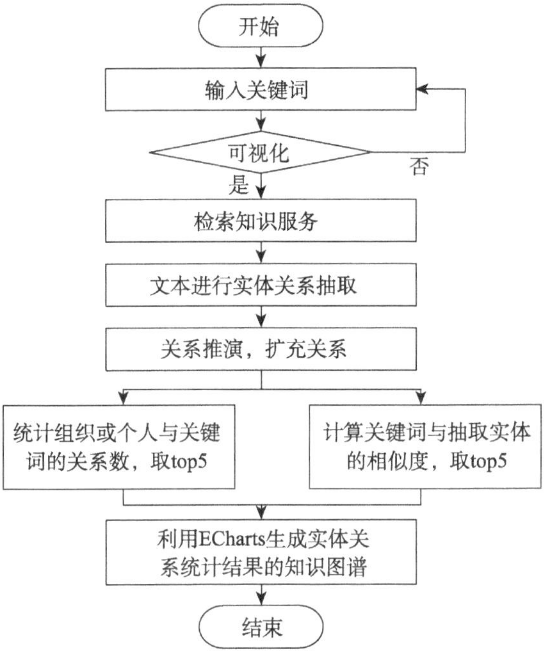

图 10-5　基于实体和关系统计的科技大数据知识图谱实现流程图

2. 跨媒体科技大数据的科技资源发表数量历年趋势图

通过分析专利或论文等科技资源，了解企业所属行业的科技资源发表情况、同行业从业者的科技资源发表情况、新增同行者的科技资源发表情况、上下游合作者的科技资源发表情况、企业自身的科技资源发表情况等。以年份为维度，统计搜索关键词相关的科技资源发表数量，绘制出每年科技资源（专利、论文）的发表趋势图，从而方便用户跟踪科技资源发表热点。科技资源发表数量历年趋势图实现流程如图 10-6 所示。

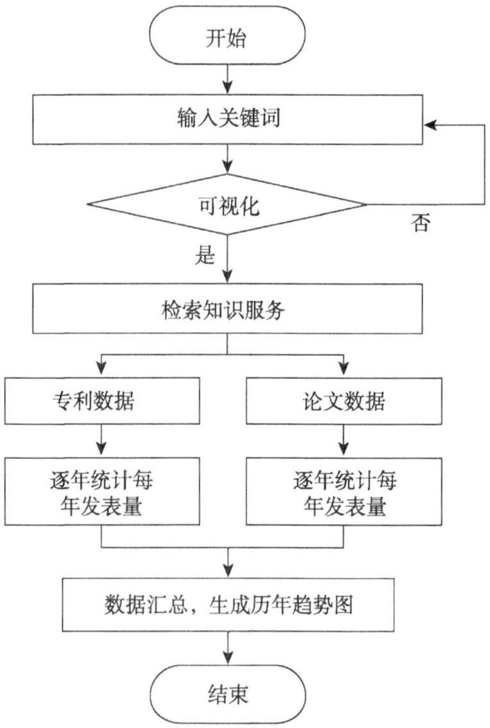

图 10-6　科技资源发表数量历年趋势图实现流程

3. 跨媒体科技大数据的搜索结果热点词云图

训练得到的实体识别模型，对搜索结果进行实体识别，并将实体识别的结果存储在 MySQL 数据库中。统计 MySQL 数据库中识别的实体出现次数，然后按照词频出现次数对识别的实体进行排名，之后取 top25 用于构造热点词云。通过热点词云，用户可以追踪到搜索关键词的一些热点名词，从而实现对热点技术的追踪。跨媒体科技大数据的搜索结果热点词云实现流程如图 10-7 所示。

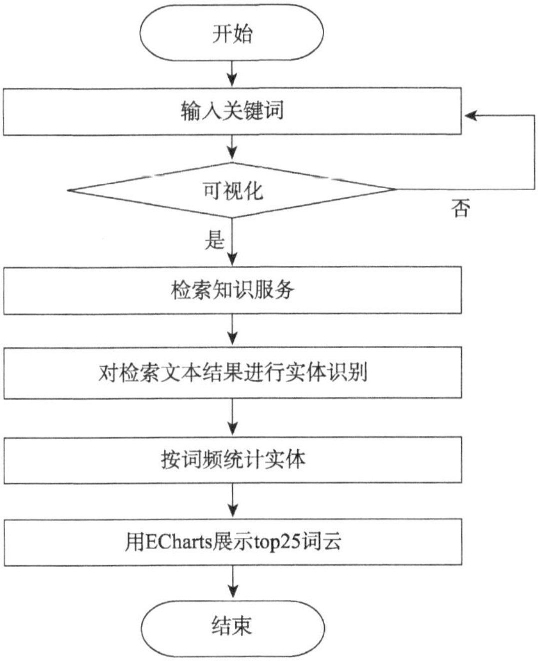

图 10-7　跨媒体科技大数据的搜索结果热点词云实现流程图

10.2.3　实验结果及分析

对原始数据进行预处理，比如去噪处理、删除重复数据，以避免冗余的实体关系三元组对实验结果的影响，最终得到 2088 个实体数、1508 个实体关系数和 1240 个任务数。每一个任务数都是一次关系推演过程。将训练集和测试集按 4∶1 的比例对数据集进行分配。实验所用的数据集如表 10-6 所示。

表 10-6　基于 RNN 的科技大数据动态推演数据集

数据集	实体数	实体关系数	任务数
训练集	1670	1206	992
测试集	418	302	248
总量	2088	1508	1240

为了验证 DDRNN 算法的有效性，设置了 TransE 算法、TransR 算法和 PRA 算法进行性能对比，使用准确率、召回率和 F1 值指标对各个算法的效果进行评测。实验结果如表 10-7 所示。

表 10-7 DDRNN 算法与对比算法的性能比较

算法	准确率	召回率	F1 值
TransE	0.3685	0.2831	0.3202
TransR	0.4094	0.3895	0.3992
PRA	0.5225	0.5109	0.5166
DDRNN	0.6504	0.5247	0.5808

DDRNN 在准确率、召回率和 F1 值方面都要高于传统的 TransE、TransR，以及基于图上随机游走的 PRA 算法。尤其在准确率方面，DDRNN 性能比 PRA 算法有明显的提升。PRA 算法主要是在图结构上进行计算的，而 DDRNN 模型是在低维向量空间上运算，因此，DDRNN 模型在计算效率以及扩展性能方面都要优于 PRA 模型。利用提出的基于实体关系统计的知识图谱可视化处理流程，利用 ECharts 可视化知识图谱，基于 ECharts 实现的科技资源发表的历年趋势图可以为用户提供良好的交互作用，用户可以通过 X 轴或 Y 轴旁边的缩放按钮实现数据的缩放。基于提出的跨媒体科技大数据的搜索结果热点词云处理流程，可以得到搜索结果的词云图，方便用户获取当前的热点实体名词。

10.3 跨媒体科技大数据知识服务与交互可视化构件系统

本节从系统各模块功能描述、系统各模块实现与系统性能测试三个方面对跨媒体科技大数据知识服务与交互可视化构件实现进行介绍。首先定义系统需要实现的各功能模块功能，然后设计数据存储的方式，同时对系统流程进行了详细的介绍，最后实现系统的功能。为了验证系统各模块功能的有效性，使用测试数据对系统进行测试，对各模块功能进行结果验证。验证达到了预期设计目标，基本可以满足用户需求。

10.3.1 系统描述

基于以上研究内容，设计并实现跨媒体科技大数据知识服务与交互可视化构件系统，系统框架如图 10-8 所示。系统主要包括三个功能模块：跨媒体科技大数据的实体识别与关联关系发现、跨媒体科技大数据的知识服务构件的开放协同、跨媒体科技大数据的动态推演展示与交互可视化。模块间的关系为层层递进的串联关系，前面的功能模块是后面的功能模块的基础，为其实现提供可能。

跨媒体科技大数据的实体识别与关联关系发现：针对跨媒体科技资源呈现的

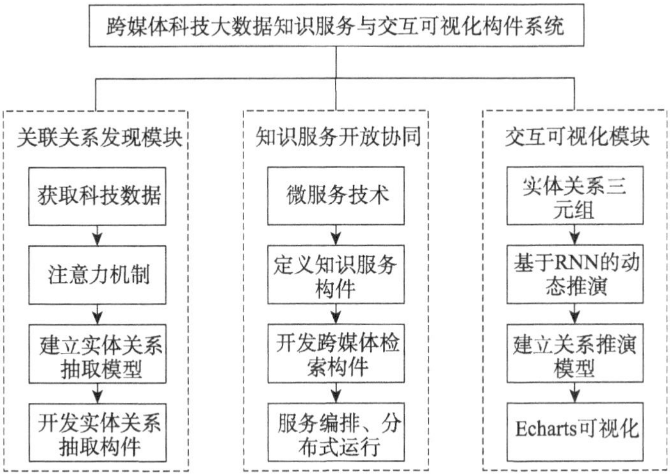

图 10-8　跨媒体科技大数据知识服务与交互可视化构件系统实现

数据量大、价值密度低、时效高的特点，构建深度神经网络模型并设置相应的参数。通过对大量跨媒体科技数据的学习，提取科技数据的深度特征，训练实体关系抽取模型，从而实现跨媒体科技大数据的实体识别与关联关系发现。

跨媒体科技大数据的知识服务构件的开放协同机制研究：开发出检索服务、实体关系抽取服务、可视化服务等知识服务构件。使用 Spring Cloud 微服务技术完成对知识服务构件的开发，使用 Docker 容器化技术完成对知识服务构件的部署运行并提供开放接口，同时使用相应的容器编排工具完成对知识服务构件的调度和管理，使得知识服务构件具有良好的可扩展性、开放性，从而实现知识服务构件的分布式运行，实现知识服务构件开发的协同开放。

跨媒体科技大数据的动态推演展示与交互可视化：利用 RNN 对实体关系进行动态推演，扩充实体关系三元组的规模。采用基于多特征聚集、语义特征、集合模拟等多视角可视化方法，利用基于反馈的人机交互机制，实现跨媒体科技大数据的交互可视化。

10.3.2　系统各模块实现

跨媒体科技大数据知识服务与交互可视化构件实现包括三个基本模块，分别是跨媒体科技大数据的实体识别与关联关系发现模块、跨媒体科技大数据的知识服务构件的开放协同机制研究模块与跨媒体科技大数据的动态推演展示与交互可视化模块。训练得到实体识别以及实体关系识别的模型，并用该模型对现有的科技文本数据进行实体抽取以及实体关系抽取，为知识图谱的交互可视化提供最为重要的两个技术支持。利用已经获取的实体以及实体关系，通过 Neo4j 图形数据库进行知识图谱的构建工作，这样用户可以得到抽取结果的可视化图像展示，同时向用户展示基于实体关系统计的知识图谱、科技资源发表的历年趋势图、关键词搜索结果相关的热点词云图，向用户呈现搜索关键词相关的热点组织或个人，极大地方便用户追踪相关组织或个人的最新科技动态；呈现的搜索关键词相似词可以使用户对搜索关键词有更好的认知。基于 ECharts 实现的科技资源发表的历年趋势图可以为用户提供良好的交互作用。

10.4　跨模态科技大数据的知识服务构件系统实现

本节设计并实现了跨模态科技大数据的知识服务构件系统，主要针对跨模态科技大数据的知识服务构件系统的系统设计以及实现进行分析，给出相应的系统实现结果。

10.4.1　系统描述

对跨模态科技大数据进行数据采集，对获取得到的科技需求大数据图片数据以及科技需求大数据图片数据分别进行特征提取，利用提取得到的深度特征进行跨模态科技数据统一语义表示，利用统一语义特征向量进行关联关系挖掘，通过图团体检测算法对获得的关联关系进行科技实体分类，利用得到的分类结果结合附加的科技需求数据进行科技实体的演进规律分析并进行可视化展示。

1. 系统功能与目标

系统的主要目的是利用知识服务构件提供的功能，从跨模态科技大数据当中进行跨模态科技数据的统一语义表示，最终利用统一的语义特征向量实现对科技需求的精准检索以及对科技实体的演进规律分析。跨模态科技大数据的知识服务构件系统需要具备以下的几项功能。

（1）数据的采集功能。利用定时的分布式爬虫来实现对科技需求大数据的定时爬取，将获得到的科技需求大数据进行预处理操作，对没有意义的字段进行删除，将有意义的需求数据进行持久化存储，方便之后的构件模块利用。

（2）跨模态科技需求数据精准检索功能。通过计算得到的跨模态科技大数据统一语义空间数据，能够实现在语义空间当中进行跨模态检索，通过文本数据检索相应的图片信息，或者通过图片信息检索相应的科技需求相关的信息。

（3）跨模态科技需求关联关系查询功能。利用实时的跨模态科技需求数据，通过计算得到的科技需求当中的科技实体之间的关联关系数据，可以通过可视化的方式对科技实体的关联关系进行查询，实现科技实体关系查询功能。

（4）科技实体演进规律分析功能。对用户搜索的科技实体进行演进规律分析结果展示，展示的内容主要包括科技实体根据时间的热度变化情况以及当前科技实体所属的领域类型占比情况。通过可视化的方式对以上功能进行展示。

2. 系统总体设计

跨模态科技大数据的知识服务构件系统主要包含四个模块，分别是数据采集模块、跨模态科技需求数据精准检索模块、跨模态科技需求关联关系查询模块和科技实体演进规律分析模块。跨模态科技大数据的知识服务构件系统的总体框架设计如图 10-9 所示。

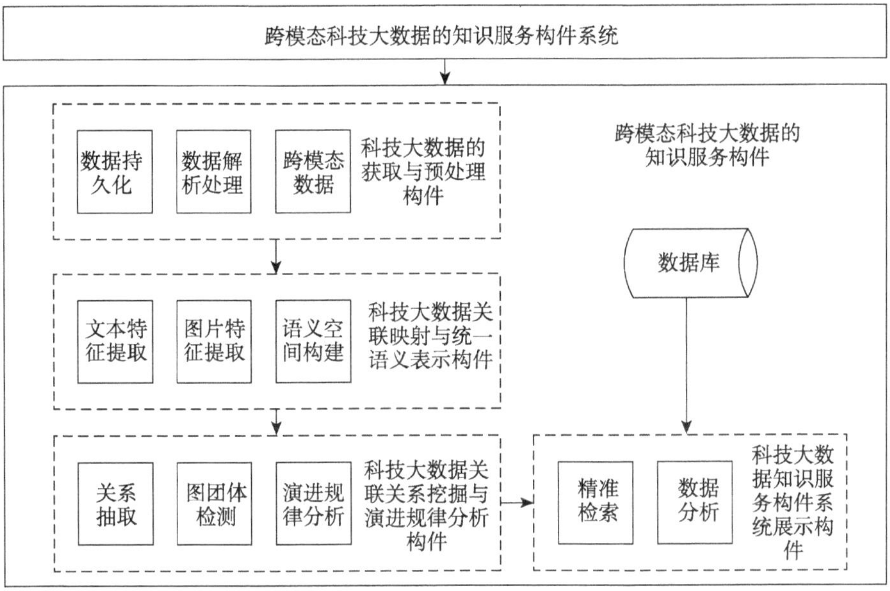

图 10-9　跨模态大数据知识服务构件系统框架图

科技需求大数据的采集部分主要包括以下三个部分：跨模态的科技需求大数据采集、科技需求大数据预处理和科技需求大数据的数据持久化。跨模态的科技需求大数据采集主要通过定时分布式爬虫来实现。科技需求大数据预处理则是对爬虫获取得到的结构化科技需求大数据解析进行预处理操作，主要包括去除没有意义的词语、补充意义不完整的科技需求信息，以及进行标点符号去除等操作。最后的科技需求大数据的数据持久化部分主要是对结构化数据在 MySQL 数据库中进行保存。科技需求大数据的图片数据将存入图形数据库 Neo4j 当中。跨模态科技需求数据精准检索模块主要包括文本特征提取、图像特征提取，以及跨模态统一语义空间学习三部分功能。

跨模态科技需求关联关系查询模块主要是实现语义关联关系挖掘功能。科技实体演进规律分析模块主要实现演进规律分析可视化功能。其可视化主要通过生成一个能够与用户产生交互的前端页面来实现科技需求大数据科技实体演进规律分析可视化的功能。系统的每个模块功能通过微服务的形式提供接口服务支持，每个单项功能部分部署在服务器上，从而形成不同组件的服务支持形式。提供的三个模块服务支持分别构成独立的知识服务构件，每个构件之间相互独立，对外提供数据访问接口，并能够对输入的数据进行处理。系统通过访问每个知识服务构件提供的服务来完成用户的交互任务。知识服务构件通过微服务的服务形式提供构件服务支持，分成三个部分，分别是科技大数据收集处理与持久化构件、科技大数据关联映射与统一语义表示构件，以及科技大数据关联关系挖掘和规律分析构件三个部分。

10.4.2　系统实现

1. 跨模态科技需求数据精准检索模块的实现

该模块主要功能是对科技需求数据进行精准检索，并完成对检索需求内容的可视化展示。计算得到的统一语义空间，当每次进行关键字检索时，对语义空间当中与检索关键字距离最近的文本内容进行检索，将检索的结果与从数据库中获得科技需求的基本信息进行展示。该模块能够实现通过输入的文本关键字进行相关的科技需求图片的检索，同时也能实现根据用户输入的图片信息，进行与图片相关的科技需求文本内容检索。跨模态科技需求数据精准检索服务部分通过知识服务构件的形式提供服务支持，系统对服务接口进行调用，对服务处理的结果进行可视化，以便能够对服务的支持进行灵活的更新。

2. 跨模态科技需求关联关系查询功能模块的实现

跨模态科技需求关联关系查询功能模块主要的任务是对输入的科技实体文本进行关联关系分析和挖掘，然后通过可视化的方式对科技实体之间的关联关系进行可视化展示。将科技需求数据按照时间段进行划分，需要先通过语义扩展算法对科技需求标题数据进行语义扩展，然后利用扩展之后的数据进行科技需求数据的语义特征提取。首先需要将科技需求文本数据通过深度特征降维网络得到科技文本数据的语义特征，然后获得科技需求图片数据的特征向量，最后将获得的科技需求特征向量进行持久化存储。

跨模态科技需求关联关系查询功能模块会结合之前获取的统一语义空间的数据进行处理，获得科技实体之间的关联关系。利用计算得到的科技实体之间的关联关系对输入到图形数据库 Neo4j 中得到可视化的关联关系图谱，最后根据科技实体之间的关联关系知识图谱从后台返回相应的关系数据进行可视化展示。当启动系统时，用户需要输入希望得到的科技实体的关键字，系统根据用户输入的科技实体的关键字进行相应的模型计算，并将计算得到的关联关系结果进行可视化展示，用户会看到一个科技实体关联关系知识图谱。跨模态科技需求关联关系查询功能模块的模型计算服务支持通过知识服务构件的形式获取。后台通过访问构件接口来进行相应的模型计算，并根据得到的计算结果在前端进行展示。

3. 科技实体演进规律分析模块的实现

科技实体演进规律分析模块的主要功能是对科技需求数据当中每个科技实体进行演进规律分析。模块的总体框架如图 10-10 所示。

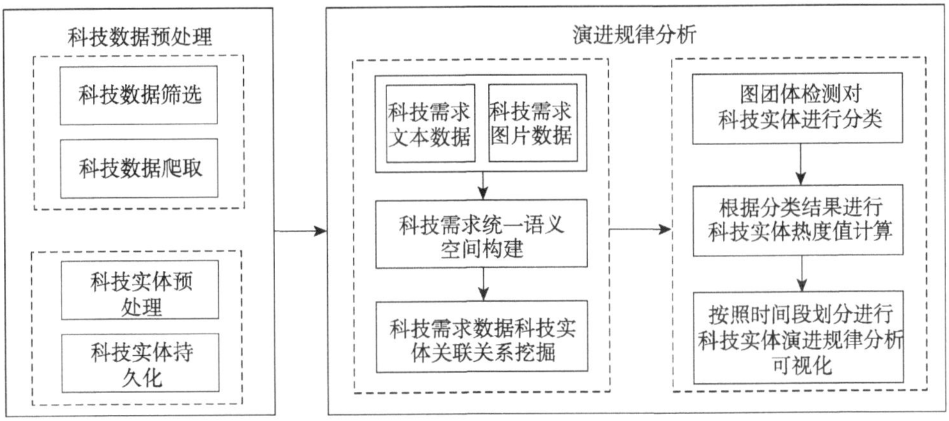

图 10-10　科技实体演进规律分析模块总体架构

科技实体演进规律分析模块主要利用关联关系挖掘模块所输出的数据作为输入。首先利用聚类划分算法获得到科技实体的分类结果。然后根据不同的时间段进行科技实体的热度值计算，根据提出的科技实体演进规律分析算法得到不同的科技实体在不同时间的热度值。最后将获得到的科技实体演进规律按照时间段的热度值分布返回给前端进行演进规律分析的可视化展示。科技实体演进规律分析模块的模型计算服务支持通过知识服务构件的形式获取，后台通过访问相应的构件接口来进行模型计算，并根据得到的计算结果在前端进行科技实体演进规律展示。

10.5 本章小结

本章通过使用 Spring Cloud 微服务技术完成对知识服务构件的开发，使用 Docker 容器化技术完成对知识服务构件的部署运行并提供开放接口，同时使用相应的容器编排工具完成对知识服务构件的调度和管理，使得知识服务构件具有良好的可扩展性、开放性，实现知识服务构件的分布式运行，实现知识服务构件的协同开放。本节提出了跨媒体科技大数据的动态推演展示与交互可视化的方法，还提出了 DDRNN 算法，实现了跨媒体科技大数据的动态推演；利用可视化技术帮助用户获取数据背后隐藏的价值，实现了跨媒体科技大数据的知识图谱、热点词云等的可视化，为用户分析科技大数据提供便利；构建了跨媒体科技大数据知识服务与交互可视化构件，从系统各模块功能描述、系统各模块实现与系统性能测试三个方面对跨媒体科技大数据知识服务与交互可视化构件实现进行介绍；开发了实体关系抽取、跨媒体检索、交互可视化等知识服务构件，实现了一个功能完备、操作友好的跨媒体科技大数据知识服务与交互可视化构件系统。